国外经典哲学教材译丛
Philosophy Textbook Translation Series

哲学是什么

[英]克里斯 · 霍奈尔(Chris Horner)
[美]埃默里斯 · 韦斯科特(Emrys Westacott) 著
夏国军 等 译

Thinking through Philosophy:
An Introduction

中国人民大学出版社
· 北京 ·

总 序

回归哲学的爱智慧传统

受中国人民大学出版社的邀请，我与该社李艳辉女士一起策划了这套“国外经典哲学教材译丛”，覆盖哲学的各主要学科，按最初的设想，每一门学科选一本比较权威的教科书，同时选一本相应的经典文献读本，其主要意图是：让国内读者知道欧美大学究竟是怎么教哲学的，讲授什么样的内容，是怎么讲授的，教科书如何编撰，等等，以此为国内的哲学教学提供某种参考、借鉴。

从词源上说，哲学源出希腊语“philosophia”，即“爱智慧”，它意味着“对智慧的真诚热爱、忘我追求和批判性反省”，因此被称为“智慧之学”。但我认为，国内先前的（也许包括当前的？）哲学教育偏离这一传统甚远，把过多的注意力放在了对哲学知识的传授上，把哲学当作了某种知识体系、某种命题系统、某种智慧形态，哲学教育变成了上课讲条条、听课记条条、考试背条条这一习惯的周而复始，从中学到大学、一直到研究生阶段不断地循环往复，造成了学生对哲学课的某种反感甚至是厌烦，在一门号称“爱智慧”的学科中，他们却感受不到多少智慧的撞击以及由此撞击出的智慧火花。因此，国内的哲学教育有必要改革，我个人认为，其改革的目标就是回归到哲学的爱智慧传统，教学的重点不是传授某种固定的哲学知识形态，而是培养学生对哲学智慧的强烈好奇心和兴趣，以及传授追求、探索这种智慧的方法、途径和能力。具体来说，回归哲学的爱智慧传统包括以下做法：

第一，回归重要的哲学问题。

例如，是否存在一个独立于我们的心灵、并且成为我们的认识对象的外部世界？如果有，我们能否认识它？如何去认识它？其途径、过程、程序、方法、准则是什么？什么是真理？我们能否达到真理？区别真理与谬误的标准和途径是什么？语言在人认识世界的过程中有何种地位和作用？语言、思想与实在之间是什么关系？我的心灵与我的肉体是什么关系？除我自己的心灵外，还存在他人的心灵吗？我们如何证明它们的存在或不存在？在人死后有所谓的灵魂世界吗？死亡对人生意味着什么？究竟有没有上帝？信仰或不信仰上帝的理由和根据是什么？是一切都被必然性决定，还是存在人的自由意志，因而人可以自由选择、连带地也要负道德责任？人生的意义和价值是什么？什么是善？什么是恶？区别善恶的标准是什么？什么是公平、正义、自由？不平等和非正义现象有哪些根源？什么是美？什么是丑？什么是崇高？如何区分和鉴别美与丑？如此等等。这些问题是终极性的，每个人在他的日常生活中都会以某种方式遇到，并且也会以某种方式作出解答，在这个意义上，每一个人——无论是男人还是女人——都是哲学家。职业哲学家们则对上述问题提出有条理的、系统的回答，形成了形而上学、认识论、逻辑学、语言哲学、心灵哲学、宗教哲学、伦理学、社会政治哲学、美学等众多的哲学分支学科。

第二，回归严格的哲学论证。

自然科学方面的争议与分歧，最终可以通过诉诸外部对象和外部世界，凭借观察、实验、证实、证伪等手段来解决。而哲学方面的争议和分歧无法诉诸外在世界，没有最终的上诉法庭，哲学命题因此没有真（truth）、假（falsehood）之分，只有“有道理”（reasonable）与“没道理”（unreasonable）、“可接受或不可接受”（acceptable or unacceptable）以及相应的程度区分。也就是说，检验哲学命题或哲学学说的惟一手段就是逻辑手段，就是看一个哲学命题是否受到了很好的支持与论证，是否被置于与其他哲学命题的逻辑关系中，是否被整合到某种更大的知识架构中。正是在这个意义上，我们可以说：论证是哲学活动的本性，哲学不仅仅是陈述你的观点，而且还要用论证对你的观点提供支持，并且对可能出现的异议进行反驳；对于哲学来说，论证的过程甚至比论证的结论更重要，这是因为：对于主张者来说，论证把一个思想置于与其他思想的逻辑联系之中，或者从该思想演绎出某些进一步的结论，这一过程就有可能把自己的思想引向深刻、细致、全面和正确；对于接受方来说，论证使某个思想具有了可交流性、可理解性和可批判性，从而使他能够进入对方的思想世界，并与对方进行理性的沟通和对话。

哲学应该展现先哲们对上面那些问题的各种主要回答，并详细重构他们对这些回答所给出的各种哲学论证及其反论证，并引导学生去理解、评价、重构或者反驳这些论证，在此过程中感受、领悟、理解、锻炼出哲学的智慧。2002—2003 年，我在美国做访问研究期间，曾经听过一门宗教哲学课程，它是这样上的：教授预先布置与课程有关的阅读材料，要求学生课下完成阅读，教授则在课堂上通过提问来检查学生的阅读情况；每次课两小时，只重点讨论关于上帝存在的一个论证，教授先陈述这个论证，并做必要的诠释和引申，然后学生举手发言，提出支持或者反驳这个论证的种种理由，其他学生再对此进行辩驳，教授则不时插话，或补充信息，或参与对话，以此引导、控制着整个讨论进程。下一次课教授则陈述一个与前次课刚好相反的哲学论证，学生再就其进行讨论。在这样的课堂上，学生的注意力自然不是被引向论证的结论，而是被引向论证的过程、方法或程序，并且学生的思路被打开了，对同一个问题给他提供了各种可能的解答，并且向他说明每一种解答都有支持或反驳它的种种理由，但这些理由都不是完全充分的，要求他本人通过创造性思考，对这些论证再作出重构、评价、支持或者反驳。我认为，这种教学方式值得借鉴，因为它使学生与哲学史上的大师们一起思考，并有可能促使他贡献出自己的一份洞见。

第三，回归哲学史上的大师和经典。

有一种说法，哲学其实就是哲学史，后来的全部西方哲学只不过是以苏格拉底、柏拉图、亚里士多德为代表的古希腊哲学的注脚或展开。黑格尔说，不应该把哲学史看作是“人类精神的错误的陈列馆”，而应该看作是“神的形象的万神庙”。每一种哲学体系都是对理念发展过程的一个特殊阶段的描述，它既受历史条件的限制，又包含着绝对的东西，永远有它的价值。通过学习哲学史上大师们的原典和著述，学生们与他们一道思考，也就学习了应该如何去做哲学的工作，其方法和规矩是什么。因此，西方哲学教学特别注重原典和大师，每一门课程都有与之配套的经典文献选本，通常篇幅不小，里面是节选的哲学大师的原创性论著，供学生课下阅读。在构思本系列时，我们最初也是这样来规划的，每一门哲学课程都有一本与之配套的经典文献读本，由此把学生的注意力引向原典，引向大师。但由于在联系版权时，在每一个读本中都会有当代哲学文献，这需要分别与其中每一篇文献的原作者联系版权，过于麻烦，我们就放弃了这一设想。但是，哲学教学要把工夫放在大师和原典上，这一点却是无论怎样强调也不过分的。优秀者是少见的，对于哲学史上的大师和经典文本，我们要永远保持一份必要的尊敬与敬畏，并且它们也是我们获得新的灵感和洞见的源泉。

第四，回归哲学的反思、批判功能。

我认为，哲学首先是一种反思、批判的人生态度。它对一切问题都要追本溯源、寻根究底，作一番反省性或前瞻性的思考；它在别人从未发现问题的地方发现问题，对人们通常未加省察和批判就加以接受的一切成见、常识等进行批判性的省察，质疑它们的合理性根据和存在权利。科学的一切领域和人生的一切方面都向哲学思维敞开，接受哲学家的质疑、批判与拷问；同时哲学思维本身也向质疑、批判和拷问敞开，也要在这种质疑、批判和拷问中证明自身的合理性。我把这一点叫做哲学思维的敞开性。哲学活动因此成为一种质疑、批判和拷问的活动，其具体任务包括两个：一是揭示、彰显暗含或隐匿在人们日常所拥有的各种常识、成见和理论背后的根本性假定和前提；二是对这些假定或前提的合理性进行质疑、批判和拷问，迫使它们为自己的合理性进行辩护，从而为新的可能性开辟道路。卡尔·波普尔把这种哲学活动的必要性说得十分清楚和恰如其分："如果不对假定的前提进行检验，将它们束之高阁，社会就会陷入僵化，信仰就会变成教条，想像就会变得呆滞，智慧就会陷入贫乏。社会如果躺在无人质疑的教条的温床上睡大觉，就有可能渐渐烂掉。要激励想像，运用智慧，防止精神生活陷入贫瘠，要使对真理的追求（或者对正义的追求，对自我实现的追求）持之以恒，就必须对假设质疑，向前提挑战，至少应做到足以推动社会前进的水平。"①

第五，也要适当关注当代的哲学论战。

如果说，哲学史是仍然活着的哲学，那么，当代哲学就是正在发生着的历史，它既是以往哲学的延伸，更是对当代人的生存境遇的哲学反省与回应，与我们的生活密切相关，有强烈的现实感。因此，在哲学教学中，有必要引导学生适当关注当代哲学家的工作，阅读他们的著述，参与他们的讨论，或者评价他们之间的论战，在这个过程中锻炼哲学智慧。

要言之，哲学就是爱智慧，哲学教学也应该能够培养、锻炼、激发出学生的智慧。

陈 波

2005 年 5 月 5 日

于京郊博雅西园

① ［英］麦基编：《思想家》，周穗明等译，4 页，北京，三联书店，1987。

纪念凯思琳·霍奈尔（1914—1999）

序 言

V 思考这些问题：

- 一旦我做出觉如自由的选择，我确实在自由地行动吗？
- 在现代，何以解释科学之惊人的进步？
- 在科学时代，宗教信仰是非理性的吗？
- 当我们说种族主义简直是错误的时候，我们是在陈述一个客观的真理还是只是在表达我们个人的情感？
- 抛开艺术给予的快乐，我们所重视的艺术如何？

这些是哲学家所讨论的问题类。不过，几乎每一个人都会不时地思考哲学问题。在他们生命的某个时刻，有谁不曾思考过他们的心灵是否可以脱离他们的肉体而存在，或者上帝是否存在，或者我们是否能绝对肯定我们没有做梦呢？诸如此类的问题相当有趣。但它们并不容易。试图以我们一己之力通彻地思考它们，而不借鉴曾经研究过相同问题的其他人的见解，其前景令人悲观——这有点像没有其他登山者经验的辅助和缺乏任何专门设备而着手测量一块岩石的表面，导致"超出"地表几米的几率是相当高的。

此书为那些希望开始思考诸如此类哲学问题的人而写。没有任何先决的哲学知识被假定。我们的初衷是帮助读者逐步领会某些最具吸引力且重要的哲学问题。此书并非一部哲学史，尽管我们有时确实讨论西方传统的某些重要思想家的理念。此书也不是哲学学说的汇编，尽管在我们研讨的过程中我们确实辨别、描述和评价具体的学说。我们努力之所为无非是表明**哲学地思考**是什么意思。

八个章节绝非是对所有哲学分支的描述。在这样一本书中做到这一点是不可能的。因此，我们不得不进行选择，但是我们所选择关注的领域是长期以来一切哲学研究的中心领域——并且，时至今日它们依然是非常令人兴奋的研究领域。

每一章的研究或多或少是自足的并且是可以自解的，不存在任何与其他章节的通晓关系。然而，一个哲学分支的问题通常与另一个分支的问题紧密关联：例如，我们在政治哲学中探讨关于正义之实质问题的方式必定受我们在伦理学中回答有关善与权利之实质问题的方式的影响。这意思是说，有时在一个语境下对于一个话题的讨论与在其他语境下所谈的内容重叠，但不是在使一章依赖于另一章的意义上。 vi

我们据此着手每一项研究：提出一个问题或设定一个可能为大多数读者熟知的论题。而后，我们以这样的方式讨论该问题，即与可能首次遵循这种理路的某个人提出的思想和问题保持联系。出于此目的，我们在文本中处处插入表达此类思想的质疑和断言，这种方法还有助于赋予这些讨论以哲学对话的结构和氛围，甚至是孤寂的哲学反思也经常采取哲学对话的形式。

没有任何一章试图涵盖它的整个领域。相反，每一章一般都集中于少数密切关联的话题。例如，形而上学一章主要致力于两个争论：自由与决定论，以及唯物论与唯心论。同样，艺术哲学一章是关于我们为什么重视艺术问题的持续研究。这种探究符合于我们的一般目的：证实哲学反思的特征，而非传递关于现有哲学分支的整个领域的信息。

然而，哲学史当然是值得了解的，一则因为它内在的关切，一则因为它决定性地塑造了我们今天用以理解和解答哲学问题的方式。从而，我们运用对我们讨论其思想的某些重要思想家的简要描写来增补我们对重要哲学立场的解释。为了不中断哲学讨论，这些增补的内容独立于主要的文本。出于同样的理由，“批判地思考！”文框（“think critically!” boxes）对于在文本中所提及的有关推理方面的某些基本定义和区别提供单独的解释，并以示例而结束。

尽管本书的首要目标在于普通读者，它也显然适宜做中学和专科学校的教科书或在导论课中做其他读物的增补本。但是，无论读者出于何种理由关注这里所讨论的问题，我们都希望该书给予他们一种关于何谓“搞哲学”（do philosophy）的意识，一种对于“搞哲学”何以能吸引人的评判，以及一种进一步探讨他们所发现的那些最令人兴奋的问题的愿望。

致 谢

因为各种各样的支持和帮助，我们想感谢我们阿尔弗烈德大学（Alfred University）和剑桥地区学院（Cambridge Regional Colledge）的同事们。此外，我们特别感谢下述个人：霍华德·凯基尔（Howard Caygill）、吉姆·布克（Jim Booker）、阿里森·埃里（Alison Ainlie）、贝尔·迪波里尔（Bill Dibrell）、内尔·加斯考格恩（Neil Gascoigne）、费尔纳·托尔瑟斯特（Fiona Tolhurst）、菲利普·布兰德（Phillip Blond）和弗朗西斯·弗吉安尼（Frances Viggiani），因为他们宝贵的建议和支持；感谢西蒙·克里斯特马斯（Simon Christmas），此项目一位早期的合作者，他执笔了心灵哲学一章的初稿；感谢诺埃尔·凯范内格（Noel Kavanagh），因为他的鼓励、耐心和编辑指导；还要感谢德朱纳·瑟雷（Djuna Thurley）和维吉·韦斯科特（Vicky Westacott），他们作为读者、批评者、合作者和朋友的奉献是无价的。

目　　录

第1章

形而上学

- 宿命论：任何事物将是什么，就会是什么
- 决定论：一件事情引起另一件事情
- 自由与决定论
- 责任的根源：一种非决定论的观点
- 自由的感觉
- 唯物论
- 唯物论与唯心论
- 心灵如何塑造世界
- “物自体”：理解的限度

1 “形而上学”这个术语是由伟大的希腊哲学家亚里士多德（公元前384—前322）的学生们在他逝世后编辑他的著作时创造出来的。在其最初的用法中，这个语词的字面意思是“在物理学之后”，这是亚里士多德著作集的编辑者们为他们置于名为**物理学**的著作之后的专著给出的题目。但是，目前讨论的专著在一种哲学意义上也**超出了**物理学的范围，因为它在某些方面涉及比物理学和人类研究的大部分其他学科更为深刻的问题：关于这些其他研究的理论基础和基本假设的问题。因此，“形而上学”逐渐意指解答有关实在本质的基本问题的哲学分支。例如如下基本问题：

- 事物显现给我们的方式与它们真正存在的方式之间有区别吗？
- 心理的或精神的实体最终依赖于物质世界呢，还是相反？
- 发生的任何事情都是预先决定的吗？假如是的话，会排除我们进行真正自由的选择的可能性吗？
- 是什么使得某个东西在两个不同的时间里成为相同的事物呢？
- 是什么使某一个人纵贯他或她生活的一生成为同一个人呢？

即使这几个小小的范例就能表明，形而上学涵盖了十分广泛的哲学话题，但是这些问题常常趋向于捆扎在一起，因为它们全部与形而上学的这样一个中心问题直接相关：实在的终极实质是什么？具体科学把精力集中于某一部分或某一方面的实在。哲学的各个分支探讨某些部分或方面的人类经验：美学探讨艺术，认识论探讨知识，伦理学探讨道德生活和价值。但是，形而上学则探讨的是整体——无论以何种方式存在的任何事物——并且试图得出有关其基本实质的结论。在这简短的一章之内，我们不能希望囊括形而上学家所讨论的全部问题，但是我们可以努力去通彻地思考形而上学提出并试图解决的几个最令人感兴趣的问题。让我们从对于发生的每一件事情是不是预先决定的这个争论开始吧。

宿命论：任何事物将是什么，就会是什么

说每件事情是预先决定的，听起来很像宿命论。一种宿命论的态度也许有时候是有用的——例如，当应对灾难时——但是，我们是否有理由假设，存在一种力量，或者说“命运”，主宰了

世界上的事件的过程？

我们需要在宿命论和决定论之间做出区分。**宿命论**，被作为一种信条 2
而不仅仅是一种态度来理解时，能呈现出不止一种形式。存在着某种控制我们命运的超自然力量的这种观念对我们来说也许是最熟悉不过了，因为它是许多希腊神话中的主要成分。正如古希腊人看到的，命运注定了普特洛克鲁斯（Patroclus）会被赫克托耳（Hector）所杀，赫克托耳会被阿基里斯（Achilles）所杀，阿基里斯反过来会被帕里斯（Paris）所杀，甚至诸神也不能改变这些事件的先后顺序。这种信条表达了人们面对自然的和超自然力量所感受到的他们无法对其进行控制的一种无助的情感。这种观点今天已不太流行，大概是因为我们并不那么感到无助。

宿命论也曾被作为一种关于真理无时态性的信条而提出。以“1603 年 3 月 24 日，英国的伊丽莎白一世（Elizabeth I）女王逝世”这个陈述为例。这在当天是真的。从那以后它一直是真的，并且将永远是真的。由于同样的原因，该陈述在伊丽莎白逝世前的任何时间里都是真的。因此在她生活的无数年前，她将在那个具体的时间逝世仍然是真的。就此而言，在伊丽莎白逝世的那天你或许正好在那个时刻及时地阅读了这个句子，这也是真的。假如我们打算据此推断出什么结论，那么结论为何？当然，我们可以说，这种无时态性看起来好像是我们的真理概念的一种特性。但是，难以看出，这如何蕴涵下述惊人的结论：我们的生活在某种程度上是预先决定的，并且我们所做的任何事情都无法改变已经为我们预先规定好的事情。

也可以用一种非常普遍的方式把宿命论理解为这样一种观点，即未来事件的进程不能由它即将呈现的状态所改变。我们的希望、愿望、意向和行为无力造成任何影响，因为它们本身也是这种必然发生的序列的组成部分。这不同于上面提到的第一种形式的宿命论，因为它没有把命运设想为一种主宰自然事件的超自然的力量。的确，它没有对为什么未来是不可改变的提出任何解释。因此，尽管它不同于决定论，但与明确说明了为什么未来必定是其将来所是的样子的决定论是相容的。

决定论：一件事情引起另一件事情

按照决定论的观点，发生的任何事情都是由先在的原因决定的。“被决定的”这个语词在这里指两个事件或事态之间的一种关系。说A决定B，就是说A**引起**B，并且A使B**成为必然的东西**（也就是说，给定A，B**必然**产生）。因此决定论主张，任何一个事件都是一直通向它的那个原因链条的必然结果，沿着这个链条可以无限地回溯到过去。更一般地讲，给定宇宙在那个紧接在前的时刻的状态，宇宙在任一特定时刻的状态都不可能是另外一种情形。这种观点的一种含义是，根据一种既定的宇宙状态，仅仅能够存在一个可能的未来。另一种含义是，宇宙的所有未来——至少在原则上——是完全可以预测的。

3 任何事情都有一个原因，这种观点似乎是合理的。但是，从这一原则不能显然得出这种观点，即宇宙的整个历史遵从一条必然的、预先决定的路线，它并非明显是真实的。因此，我们为什么要相信它呢？

每一事件都是被引发的这种原则被称作**因果原则**。它在科学（除了量子力学的一些领域以外）而且在日常生活中都是被预设的。如果你开始感觉到你的脖子疼痛，你会想当然地认为，有某种东西正在引发这种疼痛。如果你的医生试图告诉你，这种疼痛是那些鲜有发生的事件的一种，一个没有原因的事件，你会马上认为你必须更换你的医生。成为一名好医生却不知道什么东西正在引起一个患者的疼痛，是有可能的；成为一名好医生却相信一些疼痛是无缘由的，是不可能的。这样一种信念会立即毁掉无论作为一位科学家还是作为一个具有常识的人的信誉。

因果原则本身不能在逻辑上衍推出决定论，这是完全真实的。但是，从一种形式走向另一种形式的途径却是相当地直接。首先由希腊人提出的关于因果原则的一个老版本，宣称“没有无源之水，无本之木”（nothing can come from nothing）。这显然排除了这样的可能性：对象无任何发祥地、无缘无故地突然存在。但是，它也排除了这样的可能性：一个结果能够以某种方式包含超出它的原因所“内含的”（in）东西。例如，一辆小汽车不可能重于它的部件的重量之和；一个平锅里的水不可能比正在给它加热的燃具更热些。这些思考导致了所谓的**充足理由原则**，该原则以其最简明的形式宣称：每一事情都具有一个完全的解释。这一原则原本同样适用于事件、事情和事态。为了简便起见，如果我们仅仅谈及事态（我们将允许它包括自然规律），则这个原则断定，对任何事态（S），存在某一其他事态或事态组合（C），它**足以**产生S。说C“足以”产生S，意思是说，给定C，S将必然随即产生。因此，对S的完全解释是对C的一个准确描述。

让我们用一个例子来阐明我们刚才所说的内容。假设S代表**泰坦尼克号**（Titanic）的沉没；C将代表有助于引起这一事件发生的所有相关因素：这艘船的航道和航速、它所撞击的冰川的航道和位置、冰川的大小、船的外壳的厚度、冰和被撞击的钢板的物理结构，以及解释冰撞破钢板而不是被钢板弹回或在撞击钢板前碎裂这一事实的物理学定律，如此等等。显而易见，这个列表可以无限地延伸下去；能包含在这种完全的解释中的事物的数量没有任何限度。例如，在一个完全的解释中，我们将不得不提及那艘船准时离港的事实、在地球的两极有冰川的事实以及那时还没有发明雷达的事实。

尽管假设S是目前整个宇宙的状态，按照充足理由原则，这还是具有一个完全的解释。这个解释会是一种对宇宙以前所有时代的存在方式以及对支 4
配宇宙随时代而发生变化的方式的自然规律的一种描述。可是，假如这的确是一种完全的解释，那么宇宙目前的存在方式就是其先前时期的状态和自然规律**所产生的必然结果**。不可能出现相反的情形。说可能存在相反的情形，就是说宇宙在其目前状态下的一些特征无法得到解释；它们完全碰巧是那种样子，没有任何特殊的原因。这种可能性正是充足理由原则所要排除的东西。

因此，决定论似乎被充足理由原则所蕴涵，这使它在理论上看起来相当合理。它的可靠性得到了这一事实的支持，即它长期以来一直是现代科学的一个基本预设。科学在过去的四个世纪以来取得的令人惊奇的进步，大多数是在一种机械论和决定论的世界观的基础上取得的，这种世界观将宇宙看做是一个按照固定的规律运行和相互作用的对象系统，就像一张台球桌上的球那样。这种类比实际上是非常有用的，它阐明了我们上述内容的更加深刻的含义。

设想一张没有袋子的台球桌。如果我在这张桌上击打一颗球，那么或多或少有可能预测那颗球在10秒钟之后所处的位置。对于一台程序精良的计算机，在对其提供有关那张球桌的维度、那颗球的初始位置和速度及运动方向、它与球桌表面的摩擦程度、球桌四周的边库的弹力以及球发出去后出现的旋转运动和类型等精确数据的情况下，它就能非常精确地预测这颗球在未来任何时刻所处的位置。如果要增加另一颗球，这颗球也在这张台球桌上运行，那台计算机也能够考虑到这种额外的复杂性，并能预测这两颗球是否会相撞，如果两颗球相撞的话，那么它能预测相撞的时间、地点和产生的结果。原则上，不管那张球桌有多大，不管在桌上运动的球有多少颗，一台被赋予了精确、充分信息的且能量足够大的计算机应该能够预测到每一颗球在任何确定的未来时刻所在的位置以及所处的状态。

过去几个世纪以来一直都取得非常惊人的成功的这种科学观点，认为台球桌和我们生活的现实世界之间存在的是量的差别而不是质的差别。这个世界可以包含许许多多的对象，这些对象或许不那么具有统一性，并且它们之间的相互作用难以置信的复杂。尽管如此，它们的行为却受少数几个基本的、一般的规则的支配。一台被严格程序化和被赋予了充足信息的能量足够大的计算机在原则上能够完全准确地预测宇宙在任何未来时刻的状态。

> 这的确仍然是科学家们观察世界的方式吗？诸如不确定性原则，或者最近问世的混沌理论这样的发现如何？它们没有给决定论当头一棒吗？

在某种程度上，量子力学削弱了决定论的威望。按照不确定性原则，
5 有一些事件——在某些条件下个别电子的行为——不是因果决定的，因此不可能预测。我们可以预测，比方说，在一种既定的情况下，10 个电子中有 7 个会以某一种方式运行；但是我们不能确定任何一个特定的电子将如何运行。对这一点的自然反应是想当然地认为，我们不能预测该电子未来的情形，这归咎于我们不了解决定其行为的原因因素。但是，大多数量子物理学家旗帜鲜明地反对这种看法。他们说，不确定性不仅仅是我们自身不确定的问题，它在本质上即属于自然。

关于这种主张有两点值得注意。第一，总是有一些怀疑它的物理学家，最著名的是反对“上帝不掷骰子”的阿尔伯特·爱因斯坦（Albert Einstein）（与他同道的物理学家尼尔斯·玻尔［Niels Bohr］回答说：“阿尔伯特，别再说上帝要干些什么！”）。我们有朝一日完全有可能获得一个不同的理论模型，它会对按照我们现有的模型看起来是不确定的因而无法解释的事件提供一种解释。第二，正被讨论的这种不确定性只关注亚原子微粒，大一些的对象，包括大小不等的从微观的细小物体到巨大的天体的活动，仍被认为是完全可以预测的——至少在原则上是如此。

混沌理论在某种程度上有所不同，因为它与决定论是不相容的，它只是说，存在一些如此复杂的系统和亚系统，其中在初始条件下的微细变化就能导致差异巨大的结果，以致准确的预测是不可能的。众所周知的全球经济中的长期气候模式或趋向正是这种不可预测性的案例。但是，复杂性，无论如何巨大，并不等同于不确定性。固执的决定论者能够接受混沌理论，因为它对不可预测性设定的界限来自于我们的知识和推理能力的局限性，而不是来自于事物本身的内在实质。

自由与决定论

> 如果我们承认，在亚原子物理学领域之外，决定论似乎得到预设它的科学所取得的成功的支持，那么，这不是意味着人类的行为正好与一切其他事件一样是预先决定的，因此是可预测的吗？如果这样，在假定我们具有自由意志这一事实的情况下，决定论不明显是假的吗？

这里我们谈到了哲学史上重大的形而上学的争论话题之一：决定论与对通常所谓的自由意志的信仰之间的争论。这一争论实际上是当世界的科学图像与所谓的常识相冲突时而产生的几个争议中的一个。正如我们所看到的，科学的成功似乎为接受决定论提供了一个合理的理由。但是，如果决定论是正确的，那么，人类的决定和行为就会像其他所有事件一样必定是先在原因的必然结果。可是，我们中的大多数人相信，至少在某些时候，我们对自己的行为负责，正如我们赞扬和责备其他人一样，我们按照我们所做的事情来赞扬和责备自己。主张我们自己是需要负责的，意思是说，我们受制于我们的行为，我们可能以另外的方式行动，在采用一种而 6
不是另一种行动策略时，我们做出了一个自由的选择。但是，决定论似乎会排除这种自由的真实的可能性。

清晰地认识受到决定论威胁的这种自由是十分重要的。让我们在“形而上学的自由”和“实践的自由”之间做出一个区分。**实践的自由**是一个人去做向往的事，去实现其愿望的那种自由。这是人们可以在不同程度拥有的那种自由。身陷囹圄的某个人比具有自由之身的某个人较少拥有这种自由。中彩票会增加我的实践的自由：它能使我在更加广阔的地域旅行，参加更多的音乐会和在更奢华的酒店里就餐。失去双臂会减少我的实践的自由：它会使我不能拉小提琴、装饰我的卧室或者打网球。

这种实践的自由与**形而上学的自由**截然不同，形而上学的自由经常被认为是一种**意志自由**。行使这种自由意味着最终应对一个人的选择负责任。我可能会被困于牢笼，实践的自由受到严重限制。但是，是与我的处境做斗争还是使自己屈从于它，是和监管我的狱卒亲近还是继续绝食抗争，是做白日梦打发时间还是哼唱我喜欢的歌曲、练习心算或者创作五行打油诗，这仍然取决于我的选择。尽管我们承认，幼儿和精神受损的人并不能与正常的成年人在同等程度上拥有这种自由，但是我们一般认为，它是某种这样的东西，即如果我们完全拥有它，我们都在或多或少的同等程度上拥有了它。然而，自由意志通常不归属于其他动物。与实践的自由相比，它因此被看做是一个人依据其基本的心理承受力从而拥有或者不拥有的某种东西。应该清楚的是，正是自由的这种形而上学的观念——意志的自由——受到决定论的威胁。

假定我们一定要使我们的信念彼此一致，我们有三种明显的方式能够借以对这场争论做出回应：

选择1：接受决定论，反对自由意志的信念。

选择2：证明决定论和自由意志的观念是如何相容的。

选择3：赞同我们拥有自由意志这种观念，反对决定论（至少就人类行为而言）。

让我们依次思考这些选择。

选择1：决定论是正确的，自由是一种幻想

这种观点通常被称为**强决定论**。它的支持者们认为他们自己对我们在自由和责任方面的难能可贵的但却（如他们所认为的）错误的信念持一种顽固的态度。我们已经看到，决定论是一种具有表面合理性的信条，为科学的成功所支持。那么，一个明显的问题是，自由意志的辩护者们能否说出一些反对它的东西。

7 主张自由是真实的而不是虚幻的一个理由不过是它如何给人以感觉。塞缪尔·约翰逊（Samuel Johnson）在以典型的教条方式宣称“先生，我们**知道**意志是自由的，而它有一个限度”时明确地表达了这个论点。当我做出某些选择时，不管这些选择是微不足道的还是意义重大的，通常似乎

对我而言，我可以做出另外的选择并且因此对我的选择负责。当我买一种饮料时，买茶还是买咖啡完全在我的掌控之中。假如我在一场庭审中提供证据，则我可以选择说真话或撒谎。

这个论点实质上是对直觉的一种诉求。它极度简单，并且对许多人来说非常具有说服力。但是对那些怀疑自由意志的人来说，它太简单——甚至过分简单化了。哪一种论证完全是由对事物**似乎存在的方式**的诉求构成的呢？太阳**好像**在天空中运行，并且成千上万年以来，太阳是运动的而地球则是静止的这种信念是一种常识。但是表象是靠不住的，常识是错误的。同样，感觉也容易误导人。无数人觉得，他们正在被一种神秘的力量监视着，但是这几乎不能构成一个关于上帝存在的论证。因此，强决定论者不可能会为对未经审查的感觉的一种诉求所打动。

支持我们拥有自由意志这一观念的另一个理由是，我们所有的道德原则和规范依赖于我们是自由的这一假定。我们一般按照自身的所作所为而赞扬和责备自己和他人。我们认为，至少一些违法的人得到了公正的惩罚。并且我们相信，那些因取得重大成就而得到称赞和奖励的人配得上他们的荣誉。可是，如果决定论是正确的，则任何人**应得到**任何东西这一整个观念就是无意义的，因为没有人真正对他们的任何行为负责。

这一论证有多强？它的确表明了，决定论与我们一些最根深蒂固的信念和实践相冲突。但是，它难以证明决定论是假的。一个决定论者可以回答："那些信念和实践就更糟糕了，如果它们理由充足，那么情况会好些，可是它们并没有充足的理由。真理有时并不是我们所期望的那样。"另外，就奖赏和惩罚而言，这些也许可以从一种决定论的观点出发得以辩护，因为它们有助于用一种有益的方式来确定行为方案。奖赏促动善举，惩罚压制恶行。的确，我们都相信这一点的理由正是因为人类行为是完全可以预测的。决定论者甚至可以主张，我们越早接受这种观念的全部含义越好，因为那样的话，我们将受到激励去着手好好调整我们已经用来决定和控制人们在某些方面的行为习性的这种机制。当然，这也许对保持整个赏罚神话的活力具有一些社会意义，那也就是社会科学家们将不得不去研究的另外一些东西。但是，这并不构成一个关于这一神话的真实性的论证。

这两个论证——从事物给人以感觉的方式出发的论证和从道德准则出发的论证——可能有助于解释这么多人相信自由意志之实在性的原因。但是，这两个论证却几乎或者根本没有**证明**我们是自由的，因此不可能给严 8

谨的决定论者留下印象。但是，决定论可能容易受到一种不同的、相当微妙的批评，即怀疑决定论自身的内部一致性的批评。

如果我们信奉一种哲学学说，那么我们总是有权利追问我们为什么应该相信它。而后，我们通常会被提供相信这种学说而不是某种其他可供选择的理论的理由，这些理由典型地包括所提及的这种学说从我们所支持的其他信念、对敌对立场的反驳等推演出来的经验证据、逻辑论证和证明。在其中提出了这些理由——不管是说出来的还是写出来的——的学说，隐含地预设了言说者和听众应该仅仅为这种合理的考虑所打动（参见“理由和原因”文框）。

批判地思考！ **理由和原因**

分析一个论证时我们总是要区分理由和原因。这是一种非常重要的区分。假设我问某个人，为什么他们相信堕胎是不合乎道德的。这里，他们可能会做出两种可能的回答：

1. 我相信堕胎是不道德的，因为我是作为一个天主教教徒被抚养长大的。

2. 我相信堕胎是不道德的，因为我认为，胎儿具有一个人的地位，而杀害一个无辜的人是不道德的。

在某种意义上，答案（1）为他们的信念提供了一个理由，但是它不是那种具有任何说服力的理由。实际上，他们运用（1）对他们的信念援引了一个**原因**，而不是为它提供了一个合理的辩护。我可以承认他们所说的是正确的——他们作为天主教教徒被抚养长大的经历的确使得他们谴责堕胎——但是仍然反对正在讨论的这个信念。另外，如果他们用（2）来回答我的问题，那么他们就在为之提供一个合理的辩护的意义上为他们的信念提供了一个真正的理由。在这种情况下，我不能始终如一地接受他们所说的而是仍然反对他们的结论。

理由和原因之间的这种区别与辩护和解释之间的一种区别相关联。我们的行为和信念也许可以通过确定它们的原因而得以**解释**；但是它们却不能以这种方式得到**辩护**。只有理由可以辩护。并且只有理由才会被视为是具有合法说服力的东西。

所有这一切是如何与关于决定论的争论相联系的？按照决定论者的观

点，我们做的每一件事情都是因果决定的。但是，如果这的确是一个普遍真理，那么它必定包括我们对某些信念的接受和对其他信念的反对。从决定论者的眼光看，一个人将支持哪一种哲学立场，就好像他们会喜欢哪一种食物或选择哪一种合作者一样，应该是有可能预测的。决定论者因此必须承认，尽管他们玩的是以合理的论证来支持他们的决定论哲学的游戏，9
但是这些论证并不是必然能促使他们信奉决定论的东西。他们的观点，与他们其他所有喜好一样，只不过是他们根本无法控制的原因所导致的结果。而且，同样的思考也适用于他们劝说其他人采纳他们的观点的企图。他们的论证有无说服力大概与它们的内在合理性没有任何关系。更不清楚的是，为什么决定论者应该关心他们的论证是否合理。提供合理的论证是一种说服的方法，而创造有效的修辞则是另一回事。一个决定论者有什么理由宁愿选择前者而不选择后者呢?

决定论者可能试图通过主张合理的证明在他们眼里仍然是重要的来摆脱这一困境，因为可靠的证据和合理的论证比不可靠的证据或无效的推理具有更大的因果效力。我们的头脑如此高度兴奋，以至于非常容易受合理思考的影响。但是，这种回答在两个方面是靠不住的。首先，较强的论证总是——或者说只是通常——驳倒较弱的论证，恰恰不是这样。不幸地，可靠的论据和合理的推理可以轻而易举地被有效的修辞所击垮。其次，并且更重要地，这种回答没有认识到该问题的深刻性。因果作用和合理的劝说是两种完全不同的活动，相应的概念从属于不同的论域（spheres of discourse)。决定论者必须回答的关键问题是：假设他们主张这种信念最终只不过是一条长长的因果链条中的预先决定的结果，我们为什么要尊重任何一个人对于决定论的信念？如果他们自己认为合理的劝说只不过是一种因果作用的形式，那么我们为什么要认真考虑他们的论证?

因此，决定论似乎会破坏了合理讨论的一个基本预设：至少在原则上，我们应该完全在证据和论证的基础上得出我们的理论信念。

选择 2：自由和决定论是相容的

> 为什么决定论和我们是自由的这种观念被视为不相容的？难道关于自由和决定论的整个争论的产生不是由于自由被视为某种神秘的东西，或者说是自然序列中某种超自然的裂隙吗？但是，

> 成为自由的仅仅意味着能够做一个人想做的事情。而如果我们坚持自由的这种常识观念，则必定没有任何问题，因为它与决定论是完全相容的。

这种调和两种立场的企图常常被称为**弱决定论**。它已吸引了许多追随者，其中有托马斯·霍布斯（Thomas Hobbes）、约翰·洛克（John Locke）和大卫·休谟（David Hume）。顾名思义，弱决定论是决定论的一种形式，它不考虑无缘由的事件。不过它认为没有必要考虑这些事件，因为它主张，即使所有事件都是因果决定的，但在自由和不自由的行为之间仍然存在着一种明显的差别。我在此时此刻是自由的：离开我的办公桌去
10 散步，但是我不能自由地像一只小鸟那样飞翔。我可以自由地来到地下室，但是，如果持有武器的强盗突然闯入我的房间，用枪口逼迫我来到地下室，那么我将不会自由地行动。那么，根据弱决定论者的观点，只要我不是被迫去做一件事或被阻止去做一件事，那么我实施一种行动就是自由的。反之，如果我是受限制的或受胁迫的，那么我就是不自由的。

弱决定论当然具有一种表面上的合理性。但是对许多哲学家而言，它解决自由意志和决定论之间的冲突的主张会成为一种变戏法的把戏、一技形而上学的花招。回顾我们早些时候在实践的自由（那种人们为所欲为的自由）和形而上学的自由（为人们的选择负终极责任）之间所做的区分。我们正在讨论的问题是如何协调决定论与关于形而上学的自由（也被称为自由意志）的观念。弱决定论声称能做到这一点，但是它只有通过转换目前正在讨论的自由概念才行。

为了说明这一点，考虑如下场景。假设你对20个人实施了催眠术，而当他们处于催眠状态时，你告诉他们，当接下来提供一种在香草冰激凌和草莓冰激凌之间进行选择的机会时，他们应该选择香草冰激凌。过一会儿，当他们清醒后，他们被赋予这种选择机会，并且可以预测，他们全部选择香草冰激凌。现在让我们问这样一个问题：当他们选择香草冰激凌时，他们的选择自由吗？当然，这里不存在任何外部的制约：两种冰激凌都是可得到的、买得起的，并且其中任何一种选择都不伴随着任何危险。这里也不存在任何外来的强迫。没有人用枪对着任何一个人的脑袋强迫他们选择香草冰激凌。此外，如果你问他们为什么选择香草冰激凌，那么他可能会简单地说，在那种特定的场合他们喜欢这种冰激凌。换言之，他们

那时正在做他们要做的事情，正在实现他们的愿望。既然这正是我们定义**实践的**自由的方式，那么我们必须得出这样的结论，即至少在这种意义上，他们正在自由地行动。

然而，将这种选择描述成自由的有些古怪。在任何情况下，这种选择来源于一种特定的愿望。但是，那种愿望不是那个人应对其负责的某种东西，也不是他已掌控的某种东西。也许不存在任何外来的强迫，但是存在一种内心的强迫。这种强迫来自于你，也就是那个催眠师，你的暗示决定了每个人的选择。因此，他们的选择是完全可以预测的，尽管在自由这个术语的一种意义上他们是自由的，但是在那种形而上学的意义上他们是不自由的。简单地说，在进行选择的时刻，他们并不是在行使自由意志。

弱决定论可能会充分地表明，**实践的自由**这个概念与决定论是相容的。但是，没有人曾经真正怀疑过这一点。该问题与自由的形而上学观念有关，而弱决定论没有做任何事情来表明，**这种**自由观与决定论是可以相容的。通过将自由等同于实践的自由，弱决定论实际上驳倒了强决定论。面对着我们是否最终应对我们的任一选择负责这一问题，弱决定论者必定会给出否定的答案。和强决定论者一样，他们完全怀疑这种可能性，即人类通过运用某种称为自由意志的东西能够影响事件的过程。

在我们考虑在道德上具有重大意义的行为或选择的时刻，弱决定论超 11
越强决定论的这种失败最明显。假设即使我一直在喝酒，我仍决定驾驶我的汽车。如果因此造成了一起交通事故，那么我应不应该受到处罚？常识表明，我应该受到处罚，并且理由是简明的：醉酒时我不应当开车。但是，按照首先由伊曼纽尔·康德（Immanuel Kant）陈述的一个著名的公式："应当蕴涵能够"。也就是说，它不过是说明了，如果我有**可能**做某件事情，我就**应当**去做。相反，如果一种行为不在我的能力范围内，那么，我就没有去实施它的义务。这就解释了为什么我告诉你应当治愈癌症没有任何意义，但我告诉你必须遵守你的诺言却是明智的。

因此，我是否应该因醉酒驾车受到处罚与我是否可以选择不去驾车相关联。根据自由意志辩护者的观点，我能够做出这种选择。根据强决定论者，给定一切前提条件，我的选择是不可避免的。而根据弱决定论者的观点呢？弱决定论者也许会说，如果我做出了一个不同的选择，那么我就不会去驾车，并且如果某些其他条件有所变化的话，那么我将会做出一个不同的选择：这些变化包括，在选择时我的头脑结构、我的基因遗传、我的受教育状况，或者在我的生命历史中的特殊时刻。但是，以这种方式回答该问题肯定是一种逃避。这个问题不是**在不同的条件下**我能否进行另外的选择，而是在那种特定的情况下我能否做出一个不同的选择。而弱决定论者一旦直接面临这一问题，就不得不说：我不能。

选择 3：自由是真实的；决定论是虚假的

确定强弱决定论方面的问题是一回事，为相信人类真正拥有被称为意志自由的那种非凡的能力——做出并非预先决定并设法开启新的因果链条的选择的能力——提供可靠的根据则完全是另一回事。决定论也许具有自身的困难，但是这种观念，即我们每个人都是事物的自然序列中出现了一种奇怪差错的点——一个因果序列能够被中止、被打破，然后被赋予一个新的开端的地方——无疑是有问题的。所有那些即使认为自由意志与决定论不相容，但又为自由意志辩护的人所面临的主要问题可以简单地表述为：自由意志如何可能？

回答这一问题的一种方法只是将自由等同于因果决定的缺失，这是一种有时称为**非决定论**的观点。根据这种观点，一种“意愿”（will）（哲学家称之为“意志”[volition]）行为是自由的仅仅由于它是无缘由的。这种观点所产生的自由行为的模式大致如此。我一直受各种因果作用的影响，生理上的和心理上的。这些决定了我的许多性格、爱好、愿望和行为。但是，至少在某个时刻，我能唤起一种并非任何东西之结果的意志，它只是自然发生了。然而，尽管它是自发的，这种意志本身却可以是一个原因，
12 它使我按照一定的方式行动。例如，当面临着在茶或咖啡之间进行选择时，这种意志就是那种我借以选择这个或那个的心理行为。然后我照着去做，由于我的行为源自一种非决定性的意志，我们将其描述为自由的。

这种非决定论有一个明显的问题。如果那种意志是我“唤起”的某种东西，那么它就不完全是自然发生的：它是我唤起行为的结果。而如果它的确以一种自发的方式完全出现，那么它就是正好发生在我身上的某件事情。但是，假如情况是那样的话，它似乎就更像一种间歇性的痉挛而不像一种深思熟虑的行为，因此它难以成为我们视为自由的、应负责任的一种选择的基础。假设尽管那种意志是由我唤起它的行为所引起的，但这后一种行为仍是不确定的，这种方式也无助于重新确定那种不确定的事件。这只不过是将这个难题推后了一步而已。现在，完全可以对唤起或引起一种

意志这种不确定的行为提出同样的反对意见。如果它是自发的，那么它是碰巧发生在我身上的某种事情，而不是我选择或促使其发生的某种事情。因此，它不是我可以对其负责任的某种事情。

责任的根源：一种非决定论的观点

明显地，纯粹的非决定论会行不通。可是，许多想捍卫自由意志观念的哲学家相信，某种不确定性必定影响这种自由是如何可能之任何肯定的解释。毕竟，如果不那样的话，那么似乎留给我们的只是完全确定的事件序列，难以看出这些事件中任何一个是如何被称为自由行为的。近来，哲学家因此提出了更加成熟的尝试，认为上面提到的科学领域的某些反决定论的成就——显著的有量子力学和混沌理论——为作为行为者的我们提供了在影响我们生活的因果序列中偶尔进行有创造力的干预的机会。让我们考虑对这一类尝试的一种解释。（下面给出的解释不严谨地依赖于美国哲学家罗伯特·卡恩［Robert Kane］对自由意志的辩护。）

要辩护的核心思想是，我们在某一方面和在某种程度上对我们的行为负责。即使如此，我们实施的每一种行为也不一定都是完全自由的。我们对我们做出的相当少的一部分选择——那些在确立我们的行为模式、道德品质和我们的生活轨迹上具有特别重大作用的选择——负责也许就足够了。例如，如果我是一个吸烟者，那么我在任何时候戒烟也许都不是完全自由的。我可以今天上午下决心一整天不吸烟，但是生理和心理的依赖感可能显示得太强烈了，以致对我的行为而言相当于一种不可抗拒的强有力的因果决定。但是在过去，在我不可救药地上瘾之前，当我还能避免点燃雪茄并选择不去点燃的时候，还存在一些机会。

按照这种观点，拥有自由意志是一种至少对某些关键性的生活模式和性格塑造的决定负责的事情。要使这一点成为可能，看来我必须能够利用 13
一种心理行为（一种意志）来影响在我头脑中发生的事件的自然次序。确切地说，我怎样做到这一点是不清楚的，也许我通过确定其他什么东西会是亚原子层次上一种不确定的事件来做决定。我的意志对我头脑中的亚原子事件所造成的这种影响——实际上利用由亚原子的不确定性提供的决定论方面的漏洞——最终可以是非常深刻的。因为混沌理论告诉我们，在极其复杂的系统中（而头脑当然是这样一个系统），一个序列的某一点上的细微变化可以导致后来的巨大差别。

对自由是如何可能的这种解释至少包括了两个重要的观念。第一，世界的当代科学图像不完全是决定论的这一事实的确削弱了反对自由意志的情形，不确定性原则之类的东西也许的确提供了一种自由的必要条件。第二，即使我的个人行为中有许多也许绝大多数是完全由过去的事件决定的，我最后还是可以对我的行为负责。但是，它也遭遇到两种严厉的反对意见。其中之一与意志影响的要素有关。头脑是一个物质系统，并且与其他物质系统一样按照因果定律运行。这些定律支配着**物理**事件相互作用的方式。不管我们是在谈论行星运动、化学反应、光合作用、细胞再生、电磁学，还是在谈论量子力学，我们总是在谈论物理事件和力量。不确定性原则同样是一种关于物理实体、力量和过程的理论。可是，按照上面对自由的那种解释，我的一个决定或一种意志，一个我们通常理解为**心理**事件的事件，在某种程度上影响着我头脑中的**物理**过程；原本可以做一件事的电子却做了另外一件事情成为我之决定的结果。

然而，这种情况如何可能，仍然是一个谜团。如果我为之负责的那种意志或决定本身只不过是我头脑中的一个物理事件，那么它也许像几乎所有的其他物理事件那样是由因果定律决定的，在那种情况下，它不可能是自由的。但是，假如它不是一个物理事件，那么它如何能够对物理事件产生一种影响呢？这种影响的预期结果也许是微小的，只不过是电子运行中的一种细微的变化，这一事实丝毫不能消解这一谜团。公正地说，这个问题——任何一种心理上的因果作用如何可能——已经困扰了哲学家达几个世纪，这也是心灵哲学中主要争论的话题之一。然而，它是把自由意志与物理的不确定性连接起来的任何尝试所不得不面临的一个问题。

对于我们一直在讨论的自由意志的不确定性解释，存在着另一种反对意见。按照这一理论，我们看到了，即使我的大多数行为是因果决定的，因此就其本身而言被认为是不自由的，那么我如何能够被认为是要对我的行为负责的。那种责任所要求的不过是，我的行为源自我最终对其负责的行为模式或者我某些方面的品格。以这种方式，这种理论无须做出这样的

14 假定，即自由意志所需要的那种不确定性会不断出现，并且我们不断地利用它，以某种方式在我们做出任何一种决定的每一时刻影响我们头脑中电子的其他不确定的行为。但是，在这里，这种理论和某些常识性直觉失去了联系，这些直觉促使我们相信，我们首先拥有自由意志。常识告诉我

们，不是在我们人生的关键性十字路口，我们**偶尔**运用自由意志，而是我们实际上始终在运用自由意志。我现在正在坐着。如果我愿意，我现在也可以站起来。的确，在我写这个句子的时间内的每时每刻，如果我选择的话，我可以停止写作而站起来。**那**就是拥有自由意志感觉所是的样子。对自由意志的一种恰当的解释将需要去接受和（如果可能的话）解释这种基本的直觉。但是，不清楚的是，像我们讨论过的那种不确定性的理论如何才能做到这一点。

自由的感觉

> 为什么不停地为如何调和自由的观念和决定论伤脑筋呢？我们都拥有的这种基本意识——我们是自由的——不是至少与任何一种哲学理论同样重要和同样可信吗？

大胆地肯定自由的实在性是在就自由意志和决定论展开的纠缠不清的这场争论中快刀斩乱麻的一种方式。实际上，这是20世纪最著名的形而上学自由的捍卫者之一，法国哲学家让-保罗·萨特（Jean-Paul Sartre）（参见下页文框）采取的措施。根据萨特的观点，我们是自由的这一事实，是关于我们所是的那种存在物的一个根本的真理，或者更确切地说，**就是**根本的真理（... is a，or rather the，fundamental truth）。它是一个我们不断地意识到的真理，即使有时仅仅是模糊的。萨特没有试图表明，在一个决定论的领域内自由是如何可能的。确切地说，他把关于作为一个人所应具备的经验——它的核心内容是自由经验——看做是决定论在这里不占统治地位的不可动摇的证据。

但是，萨特的确试图在另一种意义上解释自由是如何可能的。按照他的看法，我们的自由是由意识的特有本质引起的。当我专注于某种活动时，例如，当我聆听一首音乐时，可以说，我的意识中充满了它正在专注的东西。同样地，当我全身心地投入一种活动时——譬如跳舞——我几乎完全“沉溺于”那种活动。但是，不管我是多么沉醉或投入，不管我自己如何迷恋那个主题或活动，但我从来没有完全迷失自我。总是有一种残留的自我意识存在，即正在发生的事情是正发生在我身上的这样一种背景意识。有鉴于此，我随时对我的处境和我正在做的事情都能变得完全自觉。

这种残留下来的自我意识充当着一种信号灯，它总是在某些条件下迸发出一种更加成熟的自我意识。由于充分的自我意识，正在支配我的事物以及向某一个备选对象或活动的转变中会产生退缩、脱离的可能性。

脱离一种活动而反过来参加另一种活动的这种能力，正是我们所说的自由之意义，尽管正如我在我继续做我正在做的事情时表达我的自由一样，

让-保罗·萨特（1905—1980）

让-保罗·萨特出生在巴黎，在那里度过了他的大半生。作为一个多产的作家，他获得了哲学家、小说家、剧作家、文学批评家和新闻工作者的荣誉。尽管他从未参加任何政治团体，但他仍然是一个著名的政治活动家。他最著名的著作包括小说《恶心》（*Nausea*），戏剧《死无葬身之地》（*No Exit*）和《苍蝇》（*The Flies*），以及两部哲学巨著《存在与虚无》（*Being and Nothingness*）与《辩证理性批判》（*Critique of Dialectical Reason*）。萨特的早期作品是以存在主义著称的哲学运动的代表作，这种主义强调生活经验（而不是抽象的理论原则）的重要性，把它看做是哲学反思的出发点和恰当的题材。

与名字经常和存在主义联系在一起的那些哲学家（例如，克尔恺郭尔［Kierkegaard］、陀思妥耶夫斯基［Dostoevsky］、尼采［Nietzsche］、海德格尔［Heidegger］、卡夫卡［Kafka］和加缪［Camus］）一样，萨特以个体的处境为研究重点，这样的个体生活在一个充其量对他或她的愿望漠不关心的世界里，感到本质上的孤独。萨特对这种状况的解释最引人注目的在于他对人类自由的强调及其人类自由的概念。萨特反对大多数关于人类本质的传统解释，认为就人类而言，“存在先于本质”。其意思是说，我们没有任何决定我们将来做什么的固有的本质，这是一块石头、一棵树、一条狗所具有的那种方式；我们也不是根据一种特定的目的——它是我们要履行的职责——设计而成的，就像任何人造制品的情形那样。相反，我们必须为我们自己选择要实施的行为、要信奉的价值、要采纳的生活方式以及要追求的目标。在当今世界，我们是在没有早些时候人们所依靠的形而上学的和宗教的学说的指引、慰藉或保护的情况下做出选择的。我可以努力遵守基督教的十诫（Ten Commandments）。但是，将它们视为客观的道德或宗教真理，这仍是我的决定。

> 我可以参加一场政治运动，为社会正义而战斗。但是我不能提供任何这样的绝对证明，即我的理想好于任何其他人的理想，或者我从事的事业从长远的角度看一定会胜利。因此，虽然萨特认为，我们是绝对自由的——随时自由地废弃我们已经拥有的以及我们所期望的东西——他也认为这种自由是一种负担。用他的话说，我们是“被判为自由的”，并且我们是“在极度痛苦、遗弃和绝望之中”做出我们的选择的。

也在转换活动时表达我的自由。两种行为过程都同样是我做出的一种选择 16
的结果。这些选择可能是微不足道的也可能是事关人生改变的，但它们表达的自由本质上是相同的。当我在给一个班的学生讲课时，我也许会彻底专注于正在讨论的问题和我的教师角色上。但是，假如我通过窗户注意到温暖的空气、绿色的草坪、丁香花的香味和春天的其他气息，那么我有自由选择立即停课，不顾我的教授形象，直冲大门口。同样地，我可以自由地选择明天或者永远都不去授课，放弃我的工作以便于追求某一个其他目标或体验一种不同的生活方式。当然，我们大多数人不做这种事情。总的看来，我们的行为实际上确实是可以预测的。而一些选择当然比其他的选择容易得多：例如，如果一个人尼古丁成瘾，那么他选择吸另外一种烟要比他选择当场戒烟要容易一些。但是，这并没有改变这一事实，即如果萨特是对的，那么对有意识的成年人来说，我们生命中的每个时刻都是一个可做选择的时刻。

从我们对自由和决定论问题的讨论中，我们可以得出什么结论呢？我们已经表明，由弱决定论提出的中间道路没有解除这一困境。因此留给我们的是两种显然不可调和的观点之间的那种起初的尖锐的对立。决定论以传统科学的力量和权威作为它的后盾。如果决定论者认为他们对它的接受是因果决定的，但是如何能捍卫自身立场的合理性这一点是不清楚的。此外，在当代物理学某些分支中已经出现的非决定论为自由意志的辩护者提供了一个可乘之机，而常识和道德利益激励我们努力翻越它。不幸的是，我们不能确定如何做到这一点。一个理由是，科学主要是决定论的，此外，它也是唯物主义的：它认为实在完全是物质的。如果这是正确的，那么每一个所谓的心理事件，不管它是一种感官感觉、一种观念还是一种意志，都必须用物理学术语表明自己。每一种思想、每一种愿望和每一种选择都不仅仅在头脑中具有一种物质联系，而必定在某种程度上等同于头脑中的某个事件。情况是否如此在心灵哲学中是一个颇有争议的问题。虽然，这里与我们有关系的是这种事实：即我们再次发现，对世界的科学解释明显消除了自由意志的可能性。因为要行使自由意志，情况似乎是，一个心理事件必定有可能决定一个物理过程：例如，我的关于醉酒驾车是不合法的**思想**和我按照这种信念行为的决定一定会使我将我的车钥匙交给一个朋友。确切地说，如果实在实质上完全是物质的，那么这是如何可能的仍旧是一个谜题。

唯物论

正如在哲学上经常发生的，一个问题导致另一个问题。我们是否拥有
17 自由意志这一问题结果表明是与身心如何相互关联这个问题联系在一起的。并且心灵哲学上的这一中心问题还与更广泛的形而上学问题相联系：宇宙是一种纯粹的物质实体吗？或者就实体而言，我们有恰当的理由设想存在着比物质实体更多的东西吗？

> 为什么假设宇宙最终是物质的，或者就此而言，最终是任何一种类型的东西？我们目睹我们周围世界巨大的变化——对照一块鹅卵石、一杯水、一条蛇、人的头脑和太阳——并且这都仅仅出现在我们碰巧居住的宇宙的微小的角落。

假定我们遇到的各种各样的现象，哲学家如何轻易断言所有的实体都最终属于一个单一范畴，这是相当引人注目的。这种观点叫做**一元论**，而在西方哲学史上，一元论最普遍的形式是**唯物论**。这种唯物论哲学学说不应该和关于高度重视攫取和占有财富和消费者商品的那种唯物论混为一谈。形而上学意义上的唯物论只不过是这样一种观点，即实在本质上是物质的。

唯物论的确是一种古老的学说。一些最早的希腊哲学家就是唯物论者，最著名的是那些一元论者，他们认为，实在是由围绕一个虚空运行的不可分割的物质颗粒（原子）组成的，它们结合在一起构成了世界上有待发现的所有不同类型的事物。用这种大胆的猜测，原子论者正沿着先前的思想家——他们假定了一种核心理念，即在我们居住的世界的明显多样性

的背后存在着一个根本的统一体——的足迹前行。例如，米利都的泰勒斯（Thales of Miletus）通常被认为是西方传统中的第一个哲学家，他相信这个统一体在于这样一个事实，即任何事物都源于水或者在某种意义上是由水构成的。尽管这种理念起初可能会使我们觉得奇怪，但是些许的反思就会减少我们的怀疑。也许泰勒斯对水产生的深刻印象在于，除了它对所有生命都是必需的，它还能根据其温度呈现出液态、固态或气态的形式。在这些变化了的形式背后正好存在着一种能够以不同形式出现的物质。必须承认，得出水是世界上一切事物的基本成分的结论，仍然是一个小小的跳跃。但是，泰勒斯的猜测是值得注意的，因为它是实在实质上是这一普遍原则的最早形式之一。这意味着，当我们观察变化时，我们不是在观察一种事物的消失和另一种事物的产生，而是在观察一个单一事物从一种形态向另一种形态的转化过程。它也意味着，从一种形而上学的观点看，我们在世界上遇到的一切惊人的变化都是表面性的；引起这种变化的更深层次的实在具有一种独一无二的、统一的实质。根据这种观点，对现象最深层次的理解涉及获得对构成差别和变化的基础的统一体的深入了解。

18

前苏格拉底哲学家

西方哲学通常把它的起源追溯到一群引人注目的人物，他们大约生活在公元前600年到公元前400年之间，主要居住在古希腊世界的东部。他们常常被称为前苏格拉底哲学家，是因为他们在时间上早于苏格拉底（Socrates，公元前469—前399），即通过他杰出的学生柏拉图（Plato）决定性地影响了西方哲学的发展方向的那个雅典思想家。虽然只保存了其著作的一些片段，但是我们所拥有的至少足以重构他们的一些思想（尽管他们的一些观点仍然是令人困惑的）。在任何划分人类研究之不同领域的严肃企图形成之前，那些前苏格拉底哲学家们将科学研究和形而上学的思辨结合起来，常常用诗歌或比喻的语言表达他们的思想。

米利都的泰勒斯就是这些最早的思想家之一。他在他的时代获得了声誉，因为在哲学之外，他成功地预测到了一次日食。但是，他对哲学的贡献在于这样一种假设，即统一的实在是事物对我们显现的许多方式的基础。泰勒斯认为，这种实在是水，他把水看做是四种基本元素之一（其他三种元素是土、气和火）。

米利都的阿那克西曼德（Anaximander of Miletus）改变了将终极实在看做本质上像我们经历中遇到的某种具体物质的想法。他把这种实在设想得更加抽象——科学发展中关键性的一步——认为它是他所谓的“无限”，即没有时空限制的某种东西。从这个源头出发，产生了像热和冷、湿和干的对立物，它们相互作用产生我们所熟悉的现象。这种“无限”也用来保持对立物之间的一个整体平衡，确保任何一个元素都不会占据支配地位。

爱利亚的巴门尼德（Parmenides of Elea）也避免将终极实在等同于任何一种具体物质。但是，他的确认为，理解其真正实质的唯一方式是通过反思而不是通过感官的知觉。并且他断言，这样的反思揭示了实在必定在本质上是同一的、静止的、不可分割的、不变的和完善的。这一立场得到了他的追随者芝诺（Zeno）的巧妙支持，芝诺构建了大量的悖论，旨在证明像变化、运动和可分割性这些为常识所相信的东西不可能是真实的。

爱菲斯的赫拉克利特（Heraclitus of Ephesus）与巴门尼德一样具有一种多少令人费解的风格。的确，他晦涩的表达或许应对他的所谓的“晦涩者”（the Dark One）这一绰号负责任。但是与巴门尼德不同的是，
19 他不倾向于把多样性和变化看做是虚幻的。相反，他认为它们从属于实在的那种真实的本质，他认为这种本质是一个过程而不是一个庞大的物质。这一理念可以在他最著名的两句形而上学的格言中捕捉到。一句是，为了强调短暂变化的连续性和不可逆转性，断言不可能两次踏入同一条河流。另一句是在下述意义上把实在比做火，即它频繁的、持续不断的变化本身形成了一种规律性和稳定性，连续不断的变化因此为我们提供了一种根本的常量（constant）。

对构成差异和变化的基础的统一性的这种探究直到今天一直是西方哲学和科学的特色：的确，它常常正好是新理论设法证实的东西。牛顿（Newton）在物理学方面的部分伟大成就是他证实了同一种基本力量——引力——控制了行星的运行轨道、海洋潮汐和苹果的下落运动。原子论背后的基本思想是，不同的元素是由相同的质料，即中子、质子、电子等构成的，因此那些元素间的差别不是绝对的，而是可以按照亚原子颗粒的数量和排列加以解释的。根据唯物论，宇宙的基本质料是物质，因此所有的

解释最终必定是对物质实体和过程的描述。这的确是支撑了现代科学之诞生的重要的形而上学的预设之一。虽然目前许多科学家和哲学家喜欢**物理主义**这个术语胜过唯物论；这是因为，根据相对论，物质和能量是可以相互转化的，这就意味着能量恰好与物质一样是基本的。物理主义，断言终极实在是物理的——一个涵盖物质和能量的概念——因此可以看做是一个更加准确的称谓。

不难发现，由引力论或原子论说明的这种解释性的还原可能最终形成一幅宇宙的一元论图像，它就像按照少数几条基本定律运行的一个物理系统。但是，至少有我们一方面的经验似乎为这幅图像提出了一个问题：即意识。我对我周围世界的意识和我对视、听、痛苦和高兴的体验似乎属于另一个范畴。它们是主观的或精神的。它们为我所**拥有**——痛苦还是快乐视具体情况而定。它们也许和物理领域的事件相联系或者是这些事件引起的，但是那并不使它们成为物理的。对许多哲学家而言，物理的东西与精神的东西之间的这种差别并非可以清除，或者可以还原为某种基本元素。因此，他们提出了对实在的一种二元论解释，按照这种解释，物理的东西和精神的东西二者都同样是基本的范畴，并且存在的每一事物要么属于这个范畴要么属于那个范畴。（对于二元论的进一步讨论，参见心灵哲学这一章。）

唯物论与唯心论

> 心灵和肉体，精神的东西和物质的东西在性质上似乎是不同 20
> 的。但是，物质的东西不是更根本吗？它可能首先生成并且产生了精神的东西。

我们在这里遇到了已成为现代形而上学的核心的另一个重大的争论。哪一个是优先的或更基本的，是物质的东西还是精神的东西？物理主义显然认为物质的东西是初始的。对立的观点，即把精神置于优先地位的观点，习惯上称作**唯心论**。（用术语“唯心论”表示一种形而上学的立场的做法不应该和这个语词的另一种普通含义混为一谈，根据后一种含义，“唯心论者”就是那些树立玄虚的理想，俗不可耐地抵制愤世嫉俗的想法，并且拒绝放弃他们的原则的人。）自然地，这里许多的东西要根据我们所说的像“优先于”或“更基本的”这样的表达式的意思而定。一种优先性是**时间上的**优先性。该问题在这里是指：哪一个在时间上首先问世。按照许多传统宗教的看法，被视为纯粹精神的上帝先于他在某一确定的地点及时间创造的物质世界而存在。被这样一种宗教思想渗透了的任何一种形而上学会因此同意精神在时间上的优先性。相比之下，现代科学观是这样一种观点，即在被赋予感知能力或者意识的任何生物之前，物质世界就已经存在了。根据这种观点，物质先于精神而存在，后者只有在某些物质条件得到满足的时候才会出现。

还有另一种不太为人熟悉的关于优先性的观念：**本体论的**优先性。（“本体论的”这个术语源自**本体论**，本体论是形而上学的分支，它涉及存在的实质和存在物的种类。）现代科学在这里也倾向于赞同物质世界的本体论的优先性，因为它认为心灵依赖于肉体，而不是相反。从历史上看，这种观点因为一个简单的理由直到现代都不能为大多数西方哲学家所接受：它破坏了这样一种观念，即心灵或灵魂——一个人的精神部分——可以独立于肉体而存在。因此，它与人的肉体死亡之后人的灵魂还继续活着这一传统的基督教信条是不相容的。它也与这样一种宗教思想相冲突，即物质世界依赖于上帝，因为它时时刻刻永存。在这两个问题上，每个接受宗教教育——在这种教育中用基本的宗教术语理解上帝或人类——的人都可能会完全反对物理主义。

这样一来，由于一种宗教观容易使人倾向于某种唯心论，而现代科学观倾向于物理主义，我们也许期望现代哲学已经和唯心论分道扬镳了。可是令人惊奇的是，甚至在当代职业哲学家中也有许多人继续赞同一种形式的唯心论。在大多数情况下，他们不追随贝克莱（Berkeley）主教，并且否认物质实际上存在（参见认识论一章对现象主义的讨论）。他们的立场也不是建立在关于宇宙是怎样创造的任何假定的基础之上的。继续对今天
21 许多人显露说服力的这种唯心论依赖于这样的观念，即我们所居住和科学所描述的世界具有它所具有的性质，至少在部分上，**因为它是由我们了解到的**。心灵不**创造**世界，但是它的确在一种非常深刻的层次上**塑造**世界。这种立场首先得到了伟大的德国哲学家伊曼纽尔·康德的详尽阐述（参见下页文框）。为了区别他的观点与他认为是幼稚的或极端的贝克莱以及其他的唯心论者的观点，他称之为“超验唯心论”。由于它内在的兴趣和后来思想的巨大影响，它值得更加仔细的考查。

和一些思想家一样，康德对人的心灵能否获得知识不持怀疑态度。相反，他一开始就断定，我们的确具有关于周围世界的知识，并且自然科学代表了人类最高的智力成就之一。然后他继续通过引入两个关键性的区别划分主要的知识类型：(1) 分析陈述和综合陈述之间的区别；(2) 先验知识和后验知识之间的区别。让我们依次考虑这些问题。

康德说，我们借以表达我们知识的所有陈述或者是分析的或者是综合的。**分析性**真理就是其否定会引起矛盾的陈述，例如，"所有的父亲都是男性的"。因为"父亲"可以定义为"双亲中之男性"，这个句子断定了所有的双亲中之男性都是男性的。否定这个句子就是肯定并非所有的双亲中之男性都是男性的。这就意味着，至少有一个父亲既是男性的又不是男性的，这是互相矛盾的。康德称这样的陈述为"分析的"，所依据的理由是谓词（在这个例子中是"男性的"）"包含在"主词（"父亲"）之内。因此我们可以简单地通过**分析**这种陈述中的主项得到这种知识。通过进行一场调查或仔细检查人口调查统计数据试图证实所有的父亲都是男性的，这将会是荒谬的。要知道这个陈述是真的，我们只需知道它所包含的语词的意义。

相比之下，**综合性**真理是这样的陈述，即它们是真的，但可以否定而不会陷入矛盾，例如，"所有人的父亲都大于 2 岁"。康德称这样的陈述为"综合性的"，因为它们结合或**综合**了两个非常不同的概念：在这个例子中，是一个人的父亲这个概念和大于 2 岁这个概念。后者没有"包含在"前者之内。我们是根据经验而不是简单地依靠理解语词的意义来得知这种陈述为真。如果一家追求轰动效应的通俗小报打出"1 岁男孩生双胞胎！"这样的标题，我们无疑会认为该声明荒谬而对它不予理睬。我们甚至会说这样的事件是不可能的。但是，我们认为它不可能，仅仅是由于我们对于自然规律的知识和我们的这一假定，即这些规律不允许出现例外。就"在阿根廷（Argentina）发现四边三角形！"是不可能的而言，这不是不可能的。一个 1 岁的父亲是可以想象的，一个四边三角形是不可理解的。

伊曼纽尔·康德（1724—1804）

伊曼纽尔·康德是一个马鞍匠的儿子，他在东普鲁士（East Prussia）的哥尼斯堡（Königsberg）——一个大学城和一个重要港口——度过了他的整个人生。当康德还是孩子的时候，一个教堂牧师发现了他的天赋并惠助他继续接受教育，直到他能上大学。除有一段短暂的时光担任家庭教师外，康德一生都是靠在大学执教维持生计。尽管他在18世纪50年代和60年代出版了几部包括太阳系是怎样形成的理论在内的著作，但直到18世纪80年代（在一个认真反思的“沉静的十年”之后）他才出版了一些让人们纪念他的著作。其中最重要的是：《纯粹理性批判》（*Critique of Pure Reason*）、《道德形而上学原理》（*Groundwork to the Metaphysics of Morals*）、《实践理性批判》（*Critique of Practical Reason*）和《判断力批判》（*Critique of Judgement*）。到他逝世时，这个马鞍匠的儿子已成为欧洲最著名的思想家，并且现在他也一直被公认为最伟大的哲学家之一。

康德最重大的成就在形而上学、伦理学和美学方面。他所面临的基本问题是如何协调自然科学的主张与道德、宗教的主张。康德对这三者最为重视（宗教在这里以一种完全个人主义的方式被理解为对个人德性的一种辅助手段），但是他认为决定论和科学的唯物论是对人类存在的道德—宗教维度的威胁。他的解决方法，用他自己的话说，就是“否定知识从而给信仰让出空间”。

《纯粹理性批判》因此包括了对康德称为思辨的或超验的形而上学的深刻批判，这种理论旨在证明关于上帝、灵魂、自由意志或在我们经历的世界背后存在的实在的本质的一些主张。康德宣称经验论者是对的，我们不可能拥有关于这类东西的知识。知识是科学赋予我们的，并且它只与我们用感官感知的世界相关联。可是，康德也认为，这个世界不能被当做“终极的实在”。它就是**如它对我们所显现的那样的**世界，因此也仅仅是一个现象世界。因此，无论是科学还是形而上学都不能为我们提供有关终极实在的**知识**。这使我们**相信**那些给道德提供支撑的信念——例如，我们是自由的和需负责任的信念，或者存在某种确保美德会最终得到回报的普遍正义的信念——是正确的。

23 现在让我们看一看先验知识和后验知识之间的差别。**先验**知识是由我们在不考查经验的情况下就能知其为真的陈述构成的（“先验”意味着“独立于经验”）。这里不需要经验证据、观察、实验、调查等诸如此类的东西。根据康德，先验真理总是不仅必然地真而且普遍地真。这里的必然性是相对于偶然性而言的。一个陈述是**偶然地真**，仅当事物的存在方式恰好是这个陈述断言它们所是的样子。例如，不难想象，人的进化可能不同，但恰恰都有两只眼睛。相反，一个陈述是**必然地真**，仅当我们不能设想这个陈述在其中为假的任何可能世界。例如，“2＋3＝5”似乎在这种意义上是必然地真的。**普遍性**是相对于**特殊性**而言的。康德的主张是，先验真理从未涉及特殊的实体；说得更确切些，它们总是表达像规律一样的毫无例外地成立的一般性——例如，“所有的父亲都是男性的”。这就是为什么开展经验调查以确定它们的真实性没有意义的原因。

然而，我们的绝大多数真信念不是独立于经验而是基于经验得到的。这些信念构成**后验**知识。“地球是圆的”、“蛇是冷血的”和“拿破仑（Napoleon）入侵俄国（Russia)”是这类真理的例子。判定这类陈述是否为真的唯一方法是进行观察、收集证据、做实验、阅读报告、进行访谈，如此等等。那么根据康德的观点，这些是划分我们知识的主要方法。

	分析的	**综合的**
先验的	例子：“所有的父亲都是男性的”	例子：……？
后验的	没有合适的例子	例子：“木星大于火星”

正如这个表所显示的，陈述可以既是分析性的又是先验的，它们也可以既是综合的又是后验的。的确，大多数哲学家会同意，**所有的**分析性真理被认为是先验地真的，而所有的后验真理是综合性的。还存在着这样一种共识，即一个陈述不可能**既是**一个分析性真理**又是**一个后验真理（如果后验的这一术语的意思是**只有**在经验的基础上才能认知的话）。然而，最令康德感兴趣的，也是存在着最大的哲学争论的范畴是综合的先验真理。

经验论哲学家主张，我们关于世界的一切知识都来源于经验。因此他们坚决认为，不存在任何既是综合的而又被认为是先验地真的陈述。按照他们的看法，我们能拥有的唯一的先验知识是由分析性真理构成的，这种真理实际上就是仅仅依据定义而真的重言式。可是，根据康德，我们的先验知识有一些是综合性的：它是关于世界的存在形式的，而不仅仅是关于术语的意义的。他认为，数学知识就属于这种类型的知识。按照他的看法，欧几里得几何原理（例如，“两条直线不能围成一个空间”）以及可以
24 从这些原理推导出来的所有定理构成了一组综合性先验知识。在数学的其他分支中同样也包含这种知识。康德还坚决认为，构成自然科学基础的某些相当普遍的原则包含着综合性的先验真理：例如，断定任何一个事件都是被引起的因果原则和断定物质（在当代科学领域是指物质和能量）既不能被创造也不能被毁灭的守恒原则。

这些是否真正构成综合性先验知识仍然是一个有争论的问题。绝对的经验论者把数学陈述看做是复杂的重言式，进而看做是纯粹的分析性真理。并且他们把任何事件都是有原因的这个陈述仅仅看做是一个经验性的概括，因此也看做是一个综合性的后验真理——和诸如“所有人都是要死的”或者“所有行星都在椭圆的轨道上运行”这样的陈述处于一个层次上。可是，康德观点的辩护者们认为，我们在因果原则方面的信念不可能来源于经验。如果来源于经验，那么我们会毫不费劲地接受它可能为假的可能性。不过，我们从来不承认任何事物违背这个原则。面对一个看起来好像自发性的事件，我们总是假定我们不知道其原因而并非不存在任何原因。同样地，面对一个关于突然消失的某个东西的明显事例，我们会假定它已经去了某个地方或者被转化成某种其他形式，我们认为，我们是预先知道它不可能完全消失的。

那么，假设我们接受康德的这一主张，即像因果原则这样的真理是必然的和普遍的而不是分析性的。这样就出现了一个问题：这如何才能得以解释？在没有完全通过观察世界获得这种知识的情况下，我们如何了解关于世界的某种情况。正如康德对它的著名陈述：综合性的先验知识何以可能？这是一个深奥的问题，他为之花费了多年的时光去沉思，并且这个问题最终使他提出一种关于心灵和世界相互联系之方式的全新观点。

康德认为，对于我们如何能够获得这种知识的方式，只存在一种解释：如果世界具有某些必然性的特征，那么这必定是因为我们将它们置于其中的。在我们对事物的经验中，存在着大量的完全的偶然性：一个物体是圆的而不是方的，是光滑的而不是粗糙的，是红的而不是蓝色的，如此等等的这种事实。这些属性是偶然的，因为它们很容易成为相反的情形。但是对象的某些属性并非如此，例如，我们所遇到的一切物质对象都存在

于空间和时间中。我们甚至不能想象一个没有时空位置的物质实体。空间上的存在和时间上的存在因此似乎是对象的必然性特征。根据康德的观点，这是因为它们是我们的心灵附加在我们的感觉经验的内容之上的“形式”。这就是为什么像几何学这样的一门学科——康德称之为“空间科学”——产生关于世界存在方式的先验知识。

以一种大体相同的方式，他宣称，我们的心灵把因果作用的形式附加在世界之上。这就是为什么我们自动地把每个对象看做是因果链条中的参与者，以及为什么我们不能想象任何不受因果律支配的对象或者任何不是某种原因的结果的事件。我们的心灵附加在事物之上的另一个“范畴” 25
（使用康德的术语）是物质范畴。我们经历的任何一个对象因此不仅仅被看做是感官属性（颜色、味道等）的一个集合，我们总是假定，存在某种东西构成这些属性的基础并将它们整合在一起，这种东西永恒存在并在任何绝对的意义上都不会消失。

为什么我们的心灵按照这些形式组织经验？简单地说，这样做是为了使经验容易得到理解。康德对这个问题的论证是极其复杂和难以领会的，我们在这里无须深究它。他的主要论点是，除非通过给我们的经验内容附加形式来组织它，我们就不会拥有我们完全能称之为可理解之经验的任何东西，更谈不上关于自然的一种科学知识。最多只存在——用威廉·詹姆斯（William James）的话说——“一种讨厌的、闹哄哄的混乱现象”。

一个被多次试用但仍不乏启发意义的解释康德根本理念的类比是有关这样一个人的，他只能通过有色眼镜才能观察世界。假设出生前你已做了一次外科手术，给每只眼睛都装上了某种绿色的接触晶状体，以至于你看见的所有事物都会是某种绿色的阴影。这造成的后果之一显然是，你可以完全自信地预测你所遇见的任何一个物体都是绿色的。并且如果假定你沿着康德的路线进行哲学式的思考，你也许最终会得出这样的结论，即这种完全的可预测性表明了事物的绿色性质不是事物自身的一种固有的特性，而是**由于被你认知**它们才具有的一种特性。这种类比抓住了康德论证的实质。它也阐明了其基本含义：如果我们认知的事物的一些基本特性仅仅由于它们被我们认知才呈现，那么正如我们所了解的，这些事物在某种意义上是**依赖于心灵的**。这就是康德的形而上学立场是唯心论的一种形式的原因。

康德将他的思维方式描述为一场“形而上学领域内的哥白尼式的革

命”。哥白尼通过假设地球不是静止的（这是它使人感觉到的方式）而实际上绕着它的轴旋转并围绕太阳运行为天体运行提供了一种更恰当的解释。同样地，康德相信，通过假定心灵并非被动接受对于事物存在方式（这是它使人感觉到的方式）的印象，而是就它们是我们的经验对象而言它积极地决定了它们的实质，他为事物呈现在我们面前的方式提供了一个更好的解释。但是，这个解释不可逃避的结果是，我们每天所经历的世界，也就是科学调查研究的自然世界——空间、时间和因果联系的世界——**似乎是它对我们显现**的世界，而不是它本身实际所是的实在。康德并不否认这一世界的实在性，相反，他坚决认为，它是“在经验上真实的”，意思是说，从日常经验和自然科学的角度来看，它客观地存在着，并且展现了我们必须通过考察才可发现的客观性质。但是，从一种哲学的观点看，这个世界是“超验地理念的”（transcendentally ideal），因为它的存在依赖于人的心灵。康德用“物自体”（things in themselves）这个短语来指称实在，
26 因为它独立于我们也许对它拥有的任何关系（当然，这包括任何认知关系）。并且，它明显是从他的这一普遍的形而上学立场，即我们无法拥有关于这种实在的任何知识得出来的结论。

“物自体”：理解的限度

> 假如我们不能拥有关于独立于我们对它的经验而存在的任何实在的任何知识，那么我们如何能够知道它存在呢？

康德的一些后继者马上提出了这个问题，并且他们中的一些人把康德的唯心论压缩成它的逻辑结论。如果我们对如其本身实际所是的实在一无所知，那么这个所谓“物自体”的真正的概念就是无意义的。根据康德，我们的知识局限于构成我们可能经验之物之组成部分的那些事物。这里的关键词是“有可能的”。因此，尽管人类或许**实际上**从来不知道仙女座星系（Andromeda galaxy）上有没有生命，但是我们却可以容易地设想，那种可以确证我们关于那里存在着生命的猜测性信念的经验。但是根据定义，物自体不可能是经验的对象，因此我们没有真正的资格对它们发表任何见解。即使称它们为“事物”（things）意味着复数概念在这里适用，可是我们甚至不能知道那一点。我们也不应该像康德似乎所做的那样假定，

物自体在某种程度上通过赋予我们的感觉以“内容”产生我们的经验，然后我们的心灵通过对形式的施加使之成为可理解的。这种假设把因果作用的观念不合理地扩展到可能性经验之外。因此，他的批评者们对待康德的“物自体”概念的唯一合理的做法就是摈弃它。

但是，如果我们摈弃了物自体这个概念，那么我们将被迫得出这样的结论，即**所有的**实在都是完全依赖于心灵的——我们的经验内容和其形式完全一样。正如像约翰·费希特（Johann Fichte，1762—1814）这样的德国唯心论者所主张的，这种观点变成了众所周知的“绝对的唯心论”。由于其内在的不合理性，大多数人都自动拒绝接受它。我们应该认真考虑观念——我们的周围世界，从我们自己的身体到最遥远的星系的每一事物，是由我们的主观性持续编造的——吗？从表面上判断，这听起来的确像那种能给哲学强加恶名的形而上学的思辨。但是，对唯心论者公平而言，始终重要的是要牢记他们不是在试图**重述**我们的经验，他们只是在试图**解释**它为什么是其实际所是的样子。此外，虽然像费希特那样的某个人把客观世界起源于一个精神主体的那个过程描述为“自我设定非我”（ego positing a non-ego），但他实际上并不认为，每一个个体的人都对世界的存在负责任。说得更确切些，按照他的观点，在比喻的意义上说，“设定”客观世界的那个“自我”必须被看做是一种来自于我们而非脱离于我们的非个人的或超个人的力量。

然而，与大多数其他现代唯心论者一样，康德并不准备接受唯心论的这种极端形式。在他看来，存在着一个哲学必须尊重的关于我们的经验的基本事实，即这样的事实：我们一直感觉到我们似乎遇到了并非我们自身 27
的某种东西。讲得直接些，我们遇见了事物！从哲学上讲，我们的经验有一个范围，它看起来拥有超出我们自身的来源，并且他把这种来源称为物自体的领域。因为我们只是通过感官感知一个事物呈现在我们面前的形式，所以认为物自体是我们不能真正认识的一种实质性的物质（material substance），这很诱人，但却是错误的（这是在下一章即有关认识论的一章我们将更加充分讨论的一种有问题的观点）。根据康德的观点，实质性的物质从属于我们认识和居住的世界，即时间、空间和因果联系的世界。物自体这个概念必须更加抽象地加以理解。它指出了我们可以希望去认知的东西的范围，即在我们拥有的每一种经验中产生的谜团，这种谜团不能通过哲学或科学加以消解，无论它们会变得多么先进、深奥和成功。

康德有时建议，完全的理解将要求主体和客体是同一的，可以说，客体那时可以从内部被认知。但是，我们与我们试图理解的世界是不同的，即使我们的心灵给它强加上次序从而使之在某种程度上成为可理解的，但是关于它永远存在着某种陌生的且不可理解的东西。科学可以揭示那些描述我们的宇宙的运行方式的基本定律，但是它不能回答我们想询问的每个问题。并且即使我们最终得到一条定律，通过它可以推导出其他所有的定律，但是我们仍然要回答这样一个问题：为什么是这条定律而不是某一条其他的定律呢？以这种方式宽泛地理解，正如他自己常说的，康德的物自体概念确定了一个原因，即为什么自问我们不能回答的问题是我们人类状况的一部分。

我们是否应该设法不再问这样的问题则是另一回事。当然，明智的看法是，对我们不能希望得到最终解决的问题绞尽脑汁确实毫无意义。一些人甚至会说，不应认为那些不能回答的问题是真正可理解的或有意义的，特别是假如他们使用像“上帝”、“存在”、“终极实在”或“宇宙意志”等与我们日常经验所熟悉的任何东西不相适应的术语的话。但是，一个事物的价值有时不在于其公开宣布的目的。形而上学的推动作用，正如它一直被宣称的，也许的确促使我们去探求没有人能够拥有的知识。但是，它并不意味着我们应该试图对自身清除这种倾向。形而上学的思辨也许没有创造大量的堪与生物或物理学相媲美的知识，但是存在各种形式的洞见和理解而不是那些钤有科学赞同之印的东西。此外，思辨的意志力创造了极其美妙的哲学体系；它有助于扩展我们的知识范围；它已使我们深深地感受到发现一种表达的方式的需要和愿望；并且也许最为重要的是，它对事物的神秘性保持着一种鲜活的意识。马丁·海德格尔（Martin Heidegger）曾经提出，哲学的基本问题是：为什么存在某一事物而不是一无所存？这并不是一个有答案的问题。但是，对它的沉思可以更新和深化亚里士多德所说的惊奇是哲学的起源之含义。

第2章

认识论

怀疑论的挑战
实践必然性与理论必然性
笛卡儿的方法论怀疑
一个不能被怀疑的信念
唯理论和经验论
超越主观性
直接的实在论：接触实在
感觉的掩饰物
典型的实在论
贝克莱的唯心主义："存在就是被感知"
现象论
唯心主义的洞见
相对论
规范的认识论与自然化的认识论

正如我们在前一章所看到的，形而上学探讨实在的根本实质。从古希腊时代到中世纪末，这通常是研究的中心领域，围绕着它其余的哲学领域被整合起来。但是到了 17 世纪，在诸如哥伦布（Columbus）的发现、文艺复兴、宗教改革以及新科学的诞生等事件的影响下，哲学发生了所谓的“认识论的转向”（epistemological turn）。杰出的哲学家开始主张，在我们能够解答关于实在的本质这一问题之前，我们需要探讨某些其他的问题。尤其是，我们需要探讨如下问题：

- 人能够认识什么？
- 我们如何能够为我们的认识主张辩护？
- 是否存在人类知识的限界？
- 假如存在限界的话，它们是什么，以及是什么决定了它们？

另外，或许最重要的是：

- 什么是知识？
- 认识某个事物所指为何？

认识论（epistemology），或知识论（the theory of knowledge），是处理这些问题及相关问题的哲学分支。（“认识论”［epistemology］这个语词导源于两个希腊语词：**知识**［epistēmē］，意思是知识，以及**逻各斯**［logos］，意思是理性的解释。）这应该已经是显而易见的，认识论的某些问题与形而上学的某些问题交叠。从而，在上一章的结尾，对心灵塑造它所认知的实在之方式的讨论引发了对人类知识限界的讨论。但是，不难看出，认识论如何在现代哲学中逐步占据一种核心地位。其他每一研究领域——无论是哲学内部的还是哲学外部的——都提出认识主张，并从而预设诸如上述提及的那些问题的答案，或者至少预设它们是可以回答的。

怀疑论的挑战

真正认识某个事物意指你不可能是错误的。但是，常常出现这种情况：我们认为我们认识某个事物，而结果表明我们是错误的。有了这样的经验，我们到底如何能够肯定我们认识某个事物？

对我们根本认识事物的能力提出质疑是一个怀疑论者的态度。我们所 29
有的人都对我们所面对的某些认识主张表示怀疑。或许提出它们的人曾经犯过错误。或者，也许这些主张隶属于诸如其方法并不为我们所重视的占星术这样一门学科。然而，**哲学怀疑论**比这更普遍。它挑战我们根本认识任何事物的主张。作为一个物种，我们因我们的知识而感到骄傲（**智人**意思是“有见识的人”），并且作为个体，我们通常对我们自己的常识和智慧颇具自信，所以，怀疑论代表了一种令人不愉快的威胁——可能会彻底刺爆我们的气球的大头针。因此一个好的想法是，通过试图确定它是一种如何严重的威胁来开始我们的研究。

像许多其他的“主义”（isms）一样，怀疑论表现出不止一种形式。出于我们的目的，让我们仅辨别三种：极端的怀疑论、温和的怀疑论和方法怀疑论。最极端的怀疑论主张，认识至少对人类而言是不可能的。几乎没有严肃的哲学家支持这种观点，但表面上支持它的哲学家却存在一些。一位希腊哲学家应该曾经说过诸如此类的话语：“我们不能认识真理。即使我们能够认识它，我们也不能传达它。并且即使我们能够传达它，我们也不能被理解”——这大概是一个人所能达到的最大怀疑程度。不过，存在一个合理的理由来解释为什么几乎没有哲学家支持这种怀疑论（完全不考虑自身职业方面的自我利益）。假如我说认识是不可能的，那么或者我的主张构成了一项认识或者构不成。假如构成的话，那么认识一定是根本可能的，在这种情形下，我最初的主张就是虚假的。假如它不构成一项认识，那么我没有必要做出这种断言，我和其他任何人都没有任何理由去相信它。或许它将避免落入这样的圈套，即一位古希腊怀疑论者通过对他们莞尔一笑并且摇晃手指来回应任何试图与他展开争论的人。

然而，怀疑论不必如此极端。一种更温和的怀疑论观点并不否认认识可以是可能的，或者甚至我们的一些信念事实上可以是真实的。它仅仅认为，我们不能**肯定**我们的任何信念都是真实的。这种观点并不是明显地自我否定的：毕竟，一个人可以谦恭地表述它，始终容许这个人可能是错误的。而且，它是一种能够用有说服力的论证给予支持的观点。例如，为了决定是否相信某件事情，我们需要某种用以判定我们应该相信哪些陈述的标准。但是，我们可以采纳的标准有很多：

- 信念是由感觉证据支持的吗？
- 它能够从自明的前提推演出来吗？
- 它与《圣经》相符合吗？
- 它为大多数人所接受吗？
- 它能够通过可重复的实验加以证实吗？

30 显而易见，我们需要决定我们应该运用哪些标准，同时我们应该拒斥哪些标准。但是这种决定要求我们使用一个更进一步的标准——一个区分好标准和坏标准的标准。假如我们不能提供这样一个标准，那么我们就是在承认，我们的信念最终不能用合理的术语进行辩护。假如我们只是一如既往地使用同一个标准，那么我们就是在使用一个标准去为它自身辩护，这是循环论证。假如我们引入一个更进一步的标准，那么这同样的问题可能再次提出——什么能够证明这一标准比其他标准更合理——这样我们就开始了一种无限的倒退。

实践必然性与理论必然性

> 不过，即使对于这种更温和的怀疑论确实也必定存在某些误导性的东西，至少是无目的的。毕竟，我们不会让怀疑困扰我们一生，以致不能决定相信什么。实际上，我们对于许多事情极其确信。

我们的确十分确信我们的许多信念是真实的。我确实知道加热水壶会导致水壶中的水变得更热吗？当然，我知道那会！对此，证据为这样的事实，即我永远不会同意把那壶水在火炉上加热达几分钟后再将它浇在我的手上。我确信刚刚进入房间的小姑娘是我的女儿而不是苏醒后并经过伪装的奇亨吉斯·凯汉（Ghengis Khan）吗？是的，我确信，而且我十分愿意标示出我信以为真的每一事物。但是，这些思考真正地证明了什么？它们证明了在日常生活中我们利用对日常信念的极度自信处理我们的日常事务。不幸的是，这种事实不能成为我们反驳怀疑论的简洁方法。问题在于，作为一个反对怀疑论的论证，它是不切题的。更准确地说，它误解了它所反驳的这种学说的实质。就我们的许多信念而言，假设我们赞同我们享有所谓的“实践的必然性”。从实践的观点看，我绝对确信，假如你从一座摩天大厦的顶部将我推下，我就会坠落身亡。那就是为什么我会强烈抵制这种情况的原因。这种必然性大体等同于完全的自信。但是哲学家，或者至少他们中的一些人，作为他们所属的特殊群体，寻求另一更高类型的必然性——称之为“理论的”或“形而上学的”必然性——是否可能。他们想要知道的不是大多数人对他们信念的真实性如何**自信**，而是那种自信是否曾经得到完全的**辩护**。

> 我们对大多数信念之真实性的自信得到它们所创造的事实的辩护。我们日复一日地与世界极其和谐地相处，这本身就表明我们的大多数信念是真实的。假如它们不是真实的，我们将根本不能存活。

这看起来是一个极其合理的论证。我们处理哪怕是简单的事情的能力也依赖于大量的信念。例如，仅仅是沏一杯茶，我必定要拥有这样的信念：茶叶放在何处、一旦我打开水龙头什么将会发生、如何将水烧开、杯子的状况如何，等等。假如足以证明这些信念是虚假的，那么我大概就不能完成这项任务。然而，这种推理的理路存在两个问题。第一，它并未证明任何**特殊**信念是真实的，它至多仅仅表明我们相当多的一部分信念必定是真实的。为了举例说明这一点，设想你正在预测一次选举的结果。你考虑如下众多因素：候选人对选举区内不同群体的吸引力、他们对各种问题的立场的大众性、他们的顾问的品性、他们能够为广告投入多少资金，等等。假如你的预测是正确的，则这样推断就是合理的，即你对这些问题的信息是准确的，并且你将此信息正确地应用到你的考虑之中。即便如此，你正在处理的任何一条特殊的信息仍然完全可能是虚假的，而你对这些信息之重要性的解释是错误的。既然是那样，那么你的准确预测部分地归因于幸运。你的某些信念事实上是虚假的，但是这些错误却彼此抵消了。在此，一般性的观点是，虽然实践的成功最简单地被解释为源自正确的信念，但它并不能保证任何特殊信念的真实性。 31

对于“根据实践的成功进行的论证”的第二种反对意见实际上将这一

观点又深入了一点点。从理论角度看，我们在应对世界方面的实践上的成功与我们真实的信念**无一**相容——在准确地描述事物存在方式的意义上。我们的信念构成一个体系，它作为一个实在模型发挥作用。我们普遍地信任这一模型，因为它行之有效——在承认我们准确地预测和控制事物的意义上（就像我们沏茶时那样）。但是我们没有任何方法去证明这一模型准确地描绘了事物的存在方式，除了通过求助于它在实践上的成功，而这种成功仅仅证明了这一模型的**有用性**；它并未证明它的**真实性**。再次提及如下实例或许是有助益的。太阳系以地球为中心的模型这一观点，在哥白尼之前被普遍接受，从实用主义的观点看是非常成功的。它使得天文学家能够准确地预测恒星和行星的轨迹、日食和月食以及其他诸如此类的现象。但是我们现在认为，尽管这一模型很有用，但它却不是对实在的真实描述。从而，情况似乎是，虽然我们信念体系的成功完全可以是我们享有如此之多的实践必然性的主要理由，但这种成功并未向我们提供理论必然性——它是怀疑论者所要求的，也是非怀疑论的哲学家所期望的。

这样一来，温和的怀疑论并非像极端的怀疑论那样易于反驳。需要做的似乎是证实至少我们的**某些**信念毫无疑问是真实的。但是，我们应该如何进行证实？任何普通的证明都将依赖于前提，并且结论只能与那些前提一样地确定。但是，我们如何能够知道那些前提是真实的？假如我们试图用一个论证来证明它们是真实的，那么我们只是将这个问题推后了一步，这个论证必定也依赖于需要加以辩护的前提。换种思路，我们或许能够努
32 力地证明存在着一些这样的陈述，即我们无须任何证明就能知道它们是真实的，这些陈述的真实性如此明显以至它简直“光芒四射”（shines forth）。用哲学的术语讲，这样的陈述就是所谓“自明的”陈述。

笛卡儿的方法论怀疑

时至今日，在哲学史中处理这个问题——通过证明我们能够绝对地肯定某些事情来反驳怀疑论——的最著名的尝试，是由法国哲学家勒内·笛卡儿（René Descartes，1596—1650）做出的。17 世纪早期，怀疑论极其流行，当时笛卡儿正在发展他的思想。由诸如哥白尼、培根（Bacon）以及伽利略（Galileo）等人创立的新科学激励人们去挑战既定的权威和传统的思维方式。很自然地，由于植根于更古老的以宗教为基础的哲学，经院

神学家和哲学家自然感受到了来自新的科学观点的威胁，而对这种威胁的一种防卫性的反应是求助于怀疑论。这可能显得离奇古怪，但事实上是完全可以理解的。实际上，这些神学家说："这种新科学看上去颇具吸引力，但实际上人类提出的一切认识主张都是空虚的。所以，与宗教所提供的相比，科学并不是一种更优越的方法和一个更可靠的知识体系。恰恰相反，它只不过是逃避我们无法逃避的无知之无益的最新尝试而已。"

笛卡儿对这种怀疑论态度的回应是开展一项哲学的柔道运动。他不是对它迎头痛击，而是将它推向了一个极端，信奉通常所谓的"方法论怀疑论"。重要的是要牢记：方法论怀疑论不是一种哲学立场，它不是某些人捍卫而其他人攻击的一种观点。相反，正如它的名字所暗示的，它是一种**方法**。它在于采纳这样一种最激进的怀疑论态度，即可能发现是否存在任何不容置疑的信念。在他的《沉思集》（*Meditations*）中，笛卡儿开展了一项有助于他追求这种方法论怀疑论的思想实验。他设想，有这样一个存在物，像上帝，则是万能的，而不像上帝，则是一个恶意的欺骗者。此外，这个邪恶的精灵的主要目的在于欺骗笛卡儿去信奉虚假的信念：他能够使他认为他是清醒的，而事实上他却在做梦；他能够使他认为在空间存在一个关于对象的物质世界，而实际上根本不存在这样的世界；他甚至能够使他认为2＋2＝4，而实际上并非如此。

显而易见，这是一个相当稀奇古怪的假设。但是，正如笛卡儿指出的，它具有普遍性的优点。它不只是对某些信念范畴，诸如关于物理对象的信念或者关于其他人心灵的信念表示怀疑。它"一举"（in one fell swoop）对我所信奉的每一单独的信念表示怀疑。笛卡儿将他对必然性的追求比做某个人试图弄清楚在一个桶内根本不存在腐烂的苹果（一个腐烂的苹果在此代表一个虚假的信念）。翻遍整个桶并且扔掉所发现的任一腐烂的苹果，这种方法具有一个明显的缺陷：这非常有可能遗漏一个腐烂的苹果，而且继续类推，这个仍在腐烂的苹果将会感染其余的。因此一个更好的方法是彻底将桶倒空，而后只是将确定完好的那些苹果放回桶内。这就是方法论怀疑起作用的方式。它迫使我不能对任何事情想当然，迫使我去重新审视即使是那些我信奉最久的信念，或者那些最为广泛接受的信念，或者那些为最受尊敬的权威所支持的信念。问题是：面对如此激进的怀疑我能够从根本上肯定任何信念吗？或者会证明药物比它应该治愈的疾病更具危险性吗？ 33

一个不能被怀疑的信念

根据笛卡儿的观点，假如我试图怀疑我的一切信念，就会发现，至少存在这样一个信念，它的真实性我不能怀疑。即使有一个邪恶的精灵经常欺骗我，使我接受任意多的谬误，我依然能确定一件事情——我存在。毕竟，假如我不存在的话，我就不能怀疑或者不能被任何事情所欺骗。笛卡儿用哲学史上最著名的命题之一表达了这一洞见："我思故我在。"他声称，这是一种不容置疑的必然性，它能充当一个基础，基于它他能够建构他其余的哲学体系，并从而打击其余的怀疑论幽灵。

从表面上判断，这一主张——我们不能怀疑我们自己的存在——的确看上去非常合理，并且大多数哲学家都会假定，我们在此具有这样一个信念，即怀疑没有什么意义。尽管如此，笛卡儿闻名遐迩的第一必然性，以及他赖以证实它的途径，并非完全像人们可能认为的那样简单易懂。首先，这种第一必然性应该是什么，这一点并不完全清晰。它是"我思考"呢，还是"我存在"？笛卡儿似乎认为是后者。然而，假如我们从表面上考虑陈述"我思考，**因而**我存在"，他似乎是基于他正在思考这一事实**推断**他的存在，这意味着"我思考"事实上是他的第一必然性。

假如我们遵循这些理路解释笛卡儿，就会产生一个更深层的问题。乍一看，"我思考，因而我存在"好像是一个充分三段论的省略式，也就是说，此三段论为遵循下述理路的一个拥有两个前提和一个结论的逻辑论证：

前提1：无论什么思考，都存在。
前提2：我思考。
结论：我存在。

那么，这个论证的前提好像无可争议，并且其逻辑性无懈可击。我们因此会自然而然得出结论：这个论证是合理的并且结论是真实的。但是，我们却在不自然地设想：存在一个处处欺骗我们的邪恶的精灵！假如我们**正在**依据这个假设而工作，并且我们想面对这种激进的怀疑而证实一个信念的真实性，那么在证实的过程中由于这个论证就会存在一些问题。首先，我们没有权利去假定大前提——“无论什么思考，都存在”——是真实的，无论它听起来如何合理，这都可以是我们曾因欺骗而相信的某种东西。其次，我们不能肯定这个结论确实是从这些前提推导出来的。我们的信念——它的确依赖于关于逻辑有效性的假定——与其他每一件事情一样 34
遭到质疑。

这样看来，笛卡儿或许根本没有提供一个论证。或许当他说“我思考”或者“我存在”的时候，他只是在做出这样的断言，即对于断定它们的人而言，一旦它们被断定它们的真实性立即是明显的。根据这种观点，对于它们的真实性没有任何证明是必要的，它们的真实性是自明的。这当然是对笛卡儿的意图的一个合理解释。它听起来也显然是合情合理的。还有什么能够比事实——我存在，即刚刚正在思考这些问题的人存在——更自明呢？但是，这是否足以挫败那个邪恶的精灵，这一点同样地并不清楚。假如这个精灵能够就 2+2 是否等于 4 欺骗我，难道他不能同样成功地欺骗我去相信一个事实上并不自明的陈述是自明的吗？假如是这样的话，那么求助自明性并不比求助那个简单的三段论更好。两者都不能使笛卡儿从他为自己描绘的困境中解脱出来。

> 假设我们忘却了那个邪恶的精灵。或许笛卡儿在要求我们的第一必然性能禁得住如此激进的怀疑时，他要求得太过了。要点在于，虽然我可能对于许多事情错得不可救药，但是我却不能认真地怀疑我现在在思考并且我现在存在。实际上，这是确定的。

这虽然是正确的，实际上，这一要点可以变得更一般化。作为一个有感觉能力的、能思维的存在物，我不时地拥有各种经验：思想、愿望、恐惧、感觉、白日梦以及痛苦，等等。这其中有些可能是被误导的或错误的：我担心我将会失业，这可能没有什么根据；我的信念——某人刚刚在喊我的名字——可能是虚假的。但是，对于我拥有这些主观经验这一点我不可能是错误的。陈述“某人刚刚在喊我的名字”可能是虚假的，但是陈述“**我似乎觉得**某人刚刚在喊我的名字”仍然可以是真实的。并且假如我是真诚的，在类似这样的情形下难以看出我如何会是错误的。因此对主观经验的第一人称的报告尤其是可信赖的。当然，我们有时候可能会对我们的主观状态说谎话，比如我们为引起同情而佯装痛苦的时候。我们还有可能对我们过去经历的事情具有虚假的记忆：昔日成千上万或者积极或者消极地支持种族运动的人现在回忆起他们当时是何等的厌烦和苦恼。完全令人信服的是，甚至可能存在着这样的场合，在其中我们打算就我们当下正在经历的事情欺骗我们自己：或许牙科医生的钻头并非像我们想象的那样正在真正地使我们受到伤痛。不过，一般而言，只要我们是纯粹在描述我们自己当下的经验，我们是不会轻易犯错误的。

唯理论和经验论

如果我们接受刚刚得出的结论，那么说我们不能确定我们的**任何**信念
35 是否为真实的这种怀疑论就一定被拒斥了。我们对于我们自己主观状态的信念是不容置疑的，并且这些信念构成了知识。然而，这难以成为一种对怀疑论彻底的或令人满意的胜利。我们视为知识的大多数东西所涉及的并不是我们的主观状态而是事物在客观世界——存在于时空中的物理对象世界——的存在方式。这也就是我们一直谈论的世界、为自然科学和社会科学所研究的世界。除非我们能够为我们拥有某些关于这个世界知识的主张进行辩护，否则，我们难以宣称怀疑论被驳倒了。

这当然是笛卡儿的观点。在他的《沉思集》中，一旦他证实了他思考，他存在，以及他能够确定关于他的主观经验的特性，他就着手去证明一个超越于他自身意识的世界的存在。他的论证是相当复杂的。简言之，他以如下事实——他在他的心中具有一种对上帝（也就是，一个无限的、完善的存在）的观念——为前提进行论证，得到上帝必然存在（由于只有上帝能够致使他拥有如此一种观念）的结论。从而笛卡儿主张，我们可以信任我们的自然倾向，并因此相信我们的感觉由作用于我们的肉体的物理对象所引发，因为上帝将这种倾向赐予我们，并且由于上帝是完善的，所以他不会欺骗我们。我们将不会遵循笛卡儿的这一路径。大多数批评者认为，笛卡儿的论证所依赖的关于上帝存在的证明是有缺陷的，而且这种解答问题的方式如今已毫无吸引力。

但是，对于笛卡儿的方法值得注意的是，他试图完全依据先验的推理（也就是，依据不求助感觉经验或者观察的推理）为一切哲学知识和科学知识奠定基础。这是**唯理论**的特质。唯理论者并不否认，对周围世界的详尽认知不得不依赖于观察。地球距离太阳有多远、多少人居住在莫斯科

(Moscow)、在什么温度下铁可以熔化，诸如此类的事情显然不能由纯粹的理性反思去发现。但是，唯理论认为，至少关于我们周围世界的**某些**事物不求助于感觉经验而依靠独自生效的理性就可以被认知。而且，它典型地主张，这种先验的知识构成其余人类知识的基础。例如，笛卡儿相信，他能够先验地证实：上帝存在、上帝是无限的并且是完善的、每一其他存在物取决于上帝的存在、心灵和肉体是彼此能够独立存在的不同的物质、每一个事件都有一个原因，以及许多其他的诸如此类有关世界一般特征的广泛的命题。纯粹的理性勾勒轮廓，而与感觉经验相结合的理性则描绘细节。

> 除了根据经验，我们如何能够知道有关世界存在方式的任何事情？或许，我们可以思辨，但是真正的知识必定确实取决于观察。

全部知识不得不以经验观察为根据——人类总是或者采取感觉的形式或者采取内省的形式——这种观点被认为是**经验论**。在标准的哲学史中，经验论和唯理论通常被描述为纵贯 17 世纪和 18 世纪彼此对抗、相互竞争的哲学派别，因为在知识的建构上经验论强调经验的重要性，而唯理论强调理性的重要性。然而，这是一种过于简单化并且在某种意义上是误导性的描绘。唯理论者，比如笛卡儿，从未否认经验研究的必要性；而经验论者，诸如约翰·洛克（John Locke，1632—1704）通常承认，某些根本原则，以及像数学和逻辑学等知识的分支，并不以纯粹的经验概括为基础。大概公正地说，自18世纪以来，经验论一度达到了它的顶峰。有时候被康德认为调和了唯理论和经验论，他的观点我们在前一章曾予以讨论。正如我们所看到的，康德主张，我们对于世界的经验在某些意义上是由我们的心灵塑造的，这允许我们拥有一些先验的知识，并且在这种程度上，唯理论者们是正确的。然而，他还坚持认为，这种先验的知识总是关于我们所经历的时空世界，它从未超越这个世界。在这方面经验论者是正确的。 36

超越主观性

这个仍然与我们有关的哲学问题是怀疑论。我们看到，笛卡儿的探究对我们拥有关于我们自己主观状态的知识的主张进行了辩护，但在为我们对于外部世界的信念进行辩护时却陷入了困境。经验论极其重视感觉经验。但是，它为清除有关自描述我的主观状态向描述客观世界过渡的怀疑论怀疑提供了一种方法吗？

让我们考察一个我信以为真的对于世界的简单信念：花园中有一棵树。我为什么相信这一点？显而易见的回答是，我相信它是因为我可以在花园里看见一棵树。换句话说，我有着某些感觉，并且我据此推断，存在某种导致我拥有它们的物质对象。我如何能够肯定这个推断是正确的？显而易见的回答是，走出门进入花园，将我的手放在树上。对它坚固性的感觉会证实我所看见的东西不是一个幻觉、一个幻景或一个综合衍射圈。然而，虽然这个回答可能是显而易见的，但它在哲学上却并不是令人满意的。问题在于，这种触觉并没有“使我们关联”到隐藏在我们感觉背后的东西，它仅仅为我们提供了另一种感觉。它并不优越于其他四种感觉，以某种方式为我们提供对实在本身直接的接触。

一旦我经历一种触觉，我就做出一个从这一感觉到其原因的推断，正如我在视觉的情形下所做的那样。我同样能够轻而易举地设想——尤其随着真实的实在的出现——拥有某些触觉，然后用我其他的感官去检验这个原因是否是我假定它所是的原因。例如，我可以设想，我的眼睛被蒙蔽并且鼻子被阻塞，但我拥有手中握有一些橘子瓣的感觉。在这种情形下，要证实这种触觉不是由某种高度复杂的机器所人为地引起的，我可以摘掉眼
37 部的蒙蔽物，拔掉鼻塞儿，并用视觉和嗅觉（也许还有味觉）去证实我起初的推断。这里总的要点是，从哲学的观点看，由不同感官提供的信息完全处于相同的层面。事实上，我们通常更加倚重于视觉和触觉而不是嗅觉或味觉为我们提供关于我们的环境的信息。但是，这并不意味着视觉或者触觉为我们提供了一个保证，保证我们其他的感觉印象是**真实的**（即我们，对我们讲述关于事物存在方式的真理）。

直接的实在论：接触实在

> 当我在花园中感知一棵树时，为什么存在证实任何事情的必要？置身于此种情境，我多半不会做出一个可疑的推断：那里有一棵树。这棵树是我所看见、听到、闻到或触摸到的东西，而且它自身足以证明它的实在性。

这当然是我们通常思考和谈论感觉经验的方式，至少在我们学习任何哲学之前。由于这个原因，这里所陈述的观点被称作“朴素的实在论”，或者也可称作**直接的实在论**，但用的并不多。它之所以是一种**实在论**，是因为它认为，我们关于世界的主张仅仅根据世界**存在**的方式被断定为真或假，而不取决于我们对它的认知。假如我说这棵树是一棵针叶树，决定我正确与否的东西是这棵树的客观特性。这种实在论是“朴素的”或“直接的”，因为它认为，我们的感官使我们与物质世界直接相接触。

直接的实在论具有两个吸引人的特征：它符合常识；它否定了关于我们的主观经验和客观实在之间的论争的怀疑论怀疑的根基。因为这些理由，许多哲学家青睐于它。但是，吸引人的特征与令人信服的论证并不是一码事，该理论的这些表面的优势一经批评性的详细审查就消失殆尽。就常识而言，我们为什么应该视与常识紧密关联是一种理论的一个优点？毕竟，常识曾经告诉人们地球是扁平的，并且太阳围绕着地球运动；在20世纪，相对论和量子力学颠覆了常识。假如一个人说依据常识意味着可靠的实践智慧，那么这无可否认是一件好事情。但是，假如依据常识意指相对缺乏思考并且在理论上缺乏信息的观点——此观点支持我们日常的与世界的相互作用，那么不存在任何特殊的理由解释为什么哲学家应该努力使他们的理论与它相符合，对科学家、社会科学家或艺术家而言亦如此。在一些情形下，最多能够期待的是一个理论应该能够**解释**常识，也就是，这个理论大概需要去解释这样的事实，即我们自然而然地采取了某种思维方式（就像哥白尼的日心说也要解释为什么**看起来**好像太阳围绕地球运动一样）。

直接的实在论的第二个假定的优势——它排除了某一种怀疑论这一事 38
实——或许更值得重视。但是，无论我们如何想以这样的方式消除怀疑论的威胁，该理论都存在一个明显的问题阻止我们这样做。直接的实在论说，我们直接地并且立即地感知物理对象本身。但是，我们知道这并非总是真的，在幻想、幻觉和梦想的情形下，我们具有这样的感觉印象，即我们经常对真实事物的感觉犯错误。我们在这些情形下被欺骗的原因是显而易见的，却不重要。这是因为在这两种经验之间不存在任何**固有的**差异。具有对一棵树的鲜活的视觉幻觉（就此而言，或者看见关于一棵树的综合衍射图）完全像看见一棵真实的树一样。我们只有参照其他的、增补性的经验诸如当我们试图触摸这棵树或者围绕着它行走时所发生的事情，方能将它们加以区分。众所周知的“假肢”（phantom limbs）现象对上述要点提供了一个戏剧性的示例：那些一只胳膊或一条腿被截肢的人通常几天以后仍然具有他们业已失去的肢体还“在”的感觉。即使他们不再具有右手腕，他们可能依然体验到疼痛、痒或其他的感觉，这些感觉完全像他们在截肢之前所具有的那些感觉。

这些为人所熟悉的观察是表面上无可反驳的论证的根据。显然，当我产生一个幻觉时，我不能直接地感知任何物质对象，由于根本没有任何对象出现。因此，感觉经验必定完全地“内在于”我，而我被幻觉所欺骗仅当我断定它是由一相应的某种物质对象所导致。但是，假如真实的感觉与幻觉**在本质上是无法区分的**，那么在这两种情形下，我都不能直接接触物质实在。由一棵树所导致的对树的感觉和由迷幻药所导致的对树的感觉是同样的。所以，甚至一个非虚幻的感觉经验实质上也是主观的，并且我**推断**它的物理原因的存在及其特性。显而易见，这并不意味着我正在持续且有意识地做出这些推断。实际上，我并不是在思考：“啊哈！我似乎看见一棵树，所以那边大概有一棵树。”从很小的时候起，我们就好像感知到了物自体一样去思考、谈论和行动，除非我们具有一个合理的理由进行不同的思考。说我根据我的主观的感觉印象推断事物的存在并不意味着某些思维过程实际上正在我的心灵中发生。相反，它表达了一种对下述三件事情的哲学上的认可：

1. 在我正具有某些感觉经验这一主观性的主张与一个物质对象独立于这些经验而存在这一客观性的主张之间存在着一种差异。

2. 客观性的主张依赖于主观性的主张——也就是说，假如客观性的主张遭到挑战，主观性的主张通常就会构成对它的主要辩护。

3. 可以发生这样的情况：主观性的主张是真实的，而客观性的主张却是虚假的。

39 上述总的要点——我们直接感知的东西是“内在于我们”的而不是“外在的”——可以由另一种十分简单的论证来支持。我们都知道，光以某一种速度运行。这意思是说，当我们观看星星的时候，我们看见的它们并不是现在的它们而是许多年以前的它们。所以，假如一个晚上我们看见一颗星星变成了一颗新星，那么我们所见证的是一个已经发生了的事件。虽然我们所看见的星星看起来像一颗普通的星星，但星星本身已经发生了爆炸。因此看见某个不再存在的事物是可能的，仅仅由于这个时间介乎于这个事物散发出光线和我们获取到这个信息之间。但是，对于一颗遥远的星星而言是真实的东西，对对面房间的电视机或握在你手中的书而言也是真实的。严格地说，即使这些事物是一秒钟之前的一个片段你也看到了它们。同样的论证对其他的感官也成立，因为信息从感觉器官向脑部传递——在那里，它们被记录下来并且进入意识——需要时间。但是，假如我拥有对某个不再存在的事物的感觉印象是可能的，那么我不得不做出结论：感觉印象不同于作为一个印象的事物。

感觉的掩饰物

因为这些理由，直接的实在论不得不加以拒斥。然后，遗留给我们的是这样的认识论，根据它，直接的认知对象是我们自己的主观的感觉印象，依据它们我们做出关于物质世界中的事物的存在及其实质的推断。我们的感觉向我们表达这个世界，但是，除了凭借感觉我们根本无法接近它。这种对我们的认知状况的解释通常被称为**典型的感觉理论**（representative theory of perception）。它在17世纪和18世纪被广泛接受，尽管遭受到众多的攻击，它仍然是一种强有力的且具有说服力的理论，即使它的批评者想使自己远离它也是有困难的。

> 难道这种典型的感觉理论不会使我们退回到怀疑论吗？我们到底如何知道我们的感觉表达了任何事物？即使它们的确表达了某个事物，我们如何知道它们是否准确地表达了它？

这毫无疑问是这种理论最严重的缺点之一。我们的状况，如同这种理论对它描绘的，可能类似于下述这个人的状况：这个人单独坐在他们自己的私人影院内，观看一部旨在描绘影院之外的世界的电影，但是不能走出去检验他们在银幕上所看到的东西是否完全符合任何事物。我们早些时候注意到，笛卡儿通过援引上帝的慈善而摆脱这种主观性困境的方法并不对我们公开。但是，存在任何其他的避免这种典型的感觉理论的怀疑论含义的方法吗？或者我们或许应该下结论说由于它蕴涵了怀疑论，所以这种理论本身必须消失吗？让我们更加详细地讨论这个问题。

这里存在两个问题：

- 是我们的感觉赋予我们权力就物质世界的**实质**进行任何推断吗？
- 是我们的感觉赋予我们权力去推断一个物质世界存在吗？

这第二个问题在一种显而易见的意义上是更根本的。但是，首先解答另一个问题具有一些益处。

对第一个问题的前哲学（pre-philosophical）的回答是相当简单的：你所看见（或者其他的感觉）的东西就是存在的东西。当我在检验一个西红柿的时候，我运用某种味觉和某种嗅觉感知了一个或多或少是球形的红色的事物。依据这一点我推断：事物本身具有这些属性，并且它对这些属性的拥有解释了为什么我具有相应的感觉。像直接的实在论一样，这种思维方式在日常生活的大部分时光里很好地适用于我们。但是，也像直接的实在论一样，它遭遇到了某些破坏性的反对意见。欲理解这些反对意见之一，尝试下述实验。将你的左手放入一个盛有热水的碗里，同时将你的右手放入一个盛有冷水的碗里，并让手分别持续30秒钟。之后将两只手放入一个盛有温水的碗中。你大概可以预测到结果：温水对你的左手而言感觉是凉的而对你的右手而言感觉是温的。假如你所感觉到的东西就是所存在的东西，那么同样的水必然同时既是温的又是凉的，这是讲不通的。显而易见，水的固有温度是一方面，对一个认知主体而言他感觉如何则是另一方面。一个类似的实验可以用食物来进行。假如吃过某种非常甜的东西以后，草莓尝起来就会有点酸涩，但是假如在吃过某种酸的东西后再吃草莓，它就会使人感到十分甘甜，而假如我患了感冒，那么味觉和嗅觉就会变弱。

这些观察证明了什么？它们证明的是，我们感觉的特性主要为我们的状况和条件所影响。两个不同的主体可以完全不同地认知同一个对象，并且同一个主体可能在不同的时间会对它进行不同的认知。然而，在这两种情况下，变化完全归因于主观性的差异，而不是对象内部的改变。这表明，至少某些我们根据我们的感觉归于事物的特性实际上并不是事物自身所固有的。我们可以假定，如果我们希望的话，我们的感觉印象通常是由作用于我们的感觉器官的物质对象所导致的。但是作为主体和客体相互作用的产物，感觉印象本身由主观因素诸如我们官能的实质和条件所决定。因此，我们大概不会依据这样的事实——一个事物看起来是红的、尝起来是甜的、摸起来是凉的，或者在我们身上产生其他类似的感觉印象——做出推断：它实际拥有这些特性。

或许，一个人试图通过如下主张对朴素的或者前哲学的观点予以辩护：以上所描述的感觉的变化不应该赋予同等的地位。我们严格地将真实的感觉与虚假的感觉、准确的感觉与不准确的感觉、歪曲的感觉与不歪曲的感觉加以区分。一颗草莓对于一个患黄疸病的人来说可能看起来是橘黄色，而对于一个健康的观察者而言则显现出红色。但是为什么据此断言它不具有任何固有的颜色呢？这颗草莓是红色的，患有黄疸病的这个人具有错误的视觉。同样，患感冒的某个人具有不正常的味觉，就像在药物的影响下一个人一般会遭受歪曲的感觉折磨一样。歪曲的感觉意指没有感知到事物真实的存在方式。它们真实的存在就是它们对正常的、健康的主体显现的方式。假如我们承认这一点，那么我们就可以考虑感觉的变化，但并不否认事物实际上确实拥有像我们所感知到的那些特性。 41

然而，对朴素观点的这种辩护是不充分的。的确，我们将感觉描绘为"正确的"、"错误的"、"减弱的"、"正常的"，等等。但是，我们使用这些术语并不意味着正确的或者正常的感觉赋予我们符合被感知的事物之内的类似的特性的印象，因为我们可以用一种完全便利的方式定义像"正常的"或者"错误的"等概念。例如，我们可能正确地说，将大多数观察者描述为红色的东西感知为橘黄色的某个人具有错误的视觉。但是，除了这个人的色觉与绝大多数人的色觉有差异，这确实并不意味着任何东西。我们甚至可以说，成熟的西红柿的"真实的"颜色是红色。但是，这可以被解释如下：红色是绝大多数的观察者——已知他们没有患病，不受药物影响，也并未借助色透镜，或者在某种其他非正常的条件下观看——在明亮的光线下在他们观看成熟的西红柿时将会报道的所看见的颜色。因此感觉的真实性这一概念，像所提及的其他概念一样，相对于我们大众的感觉经验和期望，而不是相对于被感知事物的内在本质，可以予以定义——或许，最终必须加以定义。

典型的实在论

> 假定诸如颜色、气味和味道等特性实际上并不存在于我们所感知的对象之中，当然还有某些其他的特性存在。例如，假如我看见并且触摸到两个橘子在桌子上，那么它们两个确实存在，并且它们确实是球形的。

这显然是合理的。的确，恰好因为这个理由，笛卡儿和他那个时代的其他杰出的思想家诸如伽利略和洛克区分了事物的第一性的质和第二性的质（primary and secondary qualities）。根据他们，一个对象的**第一性的质**真正从属于事物本身。最重要的第一性的质通常被认为是：

- 空间的延展
- 形状
- 数目
- 运动（它是否在运动，假如在运动，是何种运动）
- 不可渗透性（不允许任何其他事物占据它所占据的空间）

并非巧合的是，这些是物理学所关切的事物的特性，并且能够用数学
42 语言进行描述。它们还可用一种以上的意义典型地加以理解：我能够看见并且触摸到在桌子上的那个橘子是单一的、球形的、直径大约在八厘米，并且是静止的。我们对这些性质的感觉描述被视为类似于或者在某种意义上等同于这些特性本身：我看见一个小的圆的形状正慢慢地从左向右移动，并且相信对应于我的感觉印象存在着一个圆形的对象沿着相同的方向在空间中慢慢地移动。

第二性的质这个术语在两种意义上被使用。它有时候用以指称诸如颜色、气味、味道等主体依赖性的感觉特性。尽管我们自然地倾向于认为这些特性内在于事物之中，我们已经看到，存在着拒斥这种观念的合理的理由。那么，在这第一种意义上，第二性的质根本不“内在于”事物；相反，它们是仅仅存在或出现于认知主体心灵中的感觉印象。在被感知的对象中也不存在任何东西与它们相似；橘子的味道既不内在于橘子之中也不

是我通过品尝它而感受到的快乐。

在第二性的质这个术语的另一种意义上，第二性的质的确从属于事物，因为它们独立于我们对它们的感觉。它们是我们所遇见的一个事物所具有的那些特性，并且这些特性使我们产生了色觉、味觉、嗅觉，等等。换句话说，这第二种意义上的第二性的质是产生第一种意义的第二性的质的对象所固有的特性。这些特性并不类似于它们为其导致原因的感觉印象。使我们品尝糖果时感觉到甘甜的东西不是甘甜本身，它是一种最终可以由物理学根据糖的晶体及其构成成分的微观物理结构加以描述的特性。同样，使我们看见玫瑰花瓣为红色的东西是它反射具有某种能量的光子同时吸收其他光子的能力——它凭借构成它的原子的种类以及它们联结的方式而具有的一种能力。

典型的实在论是这种观点的一个名称，即我们的感觉印象是由独立存在的具有可以由数学物理学语言描述的基本物理特性的物理实体所导致的，并且这些特性可以从我们的感觉印象推导出来。像直接的实在论一样，它主张，致使我们的信念或者真实或者虚假的东西是独立于我们对其感知的事物的存在方式。正是这一点使它成为一种形式的实在论。典型的实在论并不认为，我们与这些独立存在的事物具有直接的感觉接触，但是它的确主张：

- 在我对第一性的质的印象与对象的第一性的质之间存在着一种相似性；并且
- 在我的感觉印象的相似性和差异性与外部世界的相似性和差异性之间也存在着一种对应性。

举例来说，假如一个西红柿和一只红辣椒对我显现出相同的红色，这是由于它们的物理构成成分的某种相似性导致它们都以一种类似的方式反射光线。由于同样的原因，根据事实——一个柠檬看起来是黄色的而一个酸橙看上去是绿色的——我可以推断：存在于两个对象之间的相应的客观差异性是导致我的感觉印象之间的差异性的原因。 43

让我们盘查一下截至目前我们业已走过的道路。我们始于思考怀疑论的威胁，并且看到笛卡儿对我所享有的就我当下主观经验而言的必然性的洞见驳倒了这样的主张，即我不能获得无论什么样的知识。但是，它却遗留下了对于任何知识——我可能声称拥有的关于超越于我自己心灵之外的世界的——未经触动的怀疑论。**经验论**教导我们，获取这种知识的最佳途径是通过感觉，但是这看似合理的观点立即产生了困难和复杂性。**直接的实在论**，即关于我们直接地感知物理对象本身的观点，无力处理真实的感觉和幻觉之间的差异。因此我们被迫转而支持某种形式的**典型的感觉理论**，即一种引导我们去区分事物本身所拥有的特性和仅仅存在于认知者心灵中的特性的理论。**典型的实在论**对我们所感知的对象与独立于我们而存在的对象之间的关系提供了一种看似相当合理的解释。

然而，在我们宣布怀疑论失败，或者断定典型的实在论提供的只是关于我们对外部世界的认识关系的看似合理的解释之前，让我们再一次思考我们早些时候提出的两个问题：

- 是我们的感觉赋予我们权力就物质世界的**实质**进行任何推断吗？
- 是我们的感觉赋予我们权力去推断一个物质世界存在吗？

我们已经看到典型的实在论是如何回答第一个问题的。但是这种回答对第二个问题预设了一种肯定的回答，并且到目前为止可以说没有任何东西对这样的回答予以辩护。显然，我们需要直接处理这个问题。

试图为我们的信念——我们的感觉由外在于我们心灵的物质对象所导致——辩护的途径之一是创建某种技术精湛的设备以便检测这些对象的出现。但是，这个程序所存在的问题应该是显而易见的。一方面，设备本身被假定为一个物质对象，而这恰好是我们试图辩护的这种信念；另一方面，无论设备造成什么样的结果，我们只能凭借我们的感觉记录这些，所以使用设备大概不能断言事物独立于我们的感觉而存在。实际上，我已经拥有一套精湛的我相信有助于检测物质对象的设备——用感觉器官装备起来的我自己的肉体。一件附加设备——应该在我自己与这些对象间充当媒介——大概不能为相信这些对象的存在提供任何更进一步的理由。出于完全相同的理由，为某个对象照一张照片并不证明它独立于我对它的感觉而存在。

试图为我对外部世界的信念辩护的另一条可能的途径是求助于其他人的证据。根据这种论证，证明我的感觉不仅仅是主观的，而是与超越我自己心灵的事物相关的东西的其他人的报道：当他们置身于与我相同的境遇时，他们具有同样的感觉。但是显而易见，这个论证与刚刚思考的那个论证犯了同样的错误。其他人，以我的高见，是外部世界的一部分。根据他们的行为，包括他们的语言行为，我推断他们像我一样是经验的主体。但是，假如我的目的是对我的**超越**我自己心灵的世界的信念予以辩护，那么我难以引入**内在于**那个世界的某些事物的行为作为证据。再一次，我将"用未经证明的假设来作论证"——也就是，断定我正在试图证明的东西（参见文框）。

显然，证明关于超越于我的主观经验并且产生它们的世界的实在性，并不是一个那么容易的问题。自然的第一反应是求助于感觉经验。但是，根据思考，难以看出**任何**感觉经验如何可以是充分的。根据典型的感觉理论，我从未与独立存在的实在直接接触。我感知的仅仅是我自己的感觉印象。物质对象被假定是为了解释为什么我拥有我确实具有的感觉经验。但是，在我和它们之间总是存在一种"感觉的掩饰物"，并且我永远不能理解世界，除非从这种掩饰物的背后。比如说，我永远不能"站在一旁"（sideways on）观察事物，以察看我的感觉印象实际上是否与物质对象相关联，并且假如它们相关联的话，那是一种什么样的关系。 45

> 那么，在这样的理论框架内，显然不可能用我的感觉经验以任何直接的方式去证明超越感觉经验的任何事物的存在。

批判地思考！　　用未经证明的假设来作论证

表达式"用未经证明的假设来作论证"（begging the question）的意思并不是"提出问题"或者"暗示问题"（"raising the question" or "implying the question"），尽管这是现如今它有时候被使用的方式。相反，用未经证明的假设来作论证是犯了某一种极其常见的谬误。这里有一个实例：

> 一切罪犯均来自问题家庭。问题出在哪这一点并不是显而易见的，而且罪犯似乎来自幸福、安定、有爱心的家庭，我们

只是对问题不了解。但是，我们可以肯定，那里一定有问题，因为假如那里没有任何问题的话，则一个人根本不会变成罪犯。

这里的主要论题是一切罪犯均来自问题家庭。对该论题的一个明显的反驳是似乎存在着反例——罪犯曾经成长于健康的家庭环境。这个反对意见得到应付，而这个主要论题因此为下述主张所支持：一个人的罪行构成了这样的证据，即他们早期的家庭生活一定存在着某些有问题的特征，正是这些特征导致他们越轨的。但是，这后一种主张实际上对这个主要论题没有形成任何的支持，因为只有这个主要论题是真的它才是真的。某个主张罪行对一个家庭中的问题是确凿证据的人，已经在假定一切罪犯均来自问题家庭。因此他们的论证是"用未经证明的假设来作论证"，因为它断定了应该去证明的东西。

这是一个强有力的论证。一个对它的可能性的回应仅仅是支持关于我们对外部世界的知识的怀疑论。假如我们甚至不能证明如此这般的世界的存在，那么，的确，我们对于这个世界的任何信念都不会形成知识。然而，另一个回应是将这种明显的怀疑论绝境视为这样的证据，即对于导致这种怀疑论绝境的推理来说某种东西一定被误导了。这是乔治·贝克莱（George Berkeley）所坚持的立场。贝克莱是18世纪早期的一位爱尔兰哲学家，他因对盛行于他那个时代的唯物主义的激烈批判而闻名（参见下页文框）。仔细审视贝克莱反对上述所描述的典型的实在论的论证，并且站在他恰如其分地提出的值得注意的选择立场，应该有助于我们去深化我们对有关问题的理解。

贝克莱的唯心主义："存在就是被感知"

在贝克莱看来，一旦你接受了典型的感觉理论的基本原则，你就会不可避免地陷入怀疑论。这是因为这一理论的主要论题是，实在——笛卡儿和洛克所谓的实质性的物质（material substance）的领域——隐藏在感觉印象的掩饰物的背后。由于我们永远不能在这种掩饰物的周围窥视，所以我们被宣告仍然是对这种被假定的实在一无所知。为了避免这种结论，贝克莱主张，我们应该更努力地审视我们认为一个对象所是之物。事实是，我们对一个对象所了解的每一件事情都是我们通过感觉印象获得的。所以，既然不认为真实的对象是隐藏在我们感觉背后的某种神秘之物，为什么不坚持一个对象除了我们的感觉对它的感知根本不是任何东西这一观念呢？以贝克莱之见，这实际上符合常识。毕竟，假如有人要求去描绘一个苹果，那么我会想到要做的一切就是列述它的感觉特性：它的大小、形状、重量、颜色、质地、气味、味道，等等。我将不会在这个列表的结尾处增补作为一个物质性事物的神秘的、难以识别的特性。这样，实际上，这个苹果除了一个关于感觉特性的集合一无所是。

以这种方式思考对象的确消除了由“感觉的掩饰物”这一观点所产生的某些怀疑论的怀疑。我们不必担忧，我们的感觉印象是否符合或者类似于物质实在。我们也不必再去处理下述问题：如何对我们的信念——存在

乔治·贝克莱（1685—1753） 46

乔治·贝克莱出生于爱尔兰的基尔肯尼（Kilkenny），受教育于都柏林（Dublin）的三一学院（Trinity College）。他曾计划在百慕大（Bermudas）建立一个教会学院，但失败了，之后他最终成为克罗尼（Cloyne）大主教。纵贯他的一生，他主要的理智目的是捍卫宗教免受他所认为的由新科学的唯物主义所造成的威胁。在他看来，新科学激励了怀疑论和无神论。

贝克莱最重要的哲学著作是他的《人类知识原理》（*Principles of Human Knowledge*），出版于他25岁时。在这部书中，贝克莱攻击了笛卡儿和洛克的“典型的实在论”的方方面面——尤其是这样的学说，即我们的感觉由独立于我们而存在于空间的实质性物质所导致。与这种观点相反，他主张，对于未被感知的存在对象的这种观念是无法理解的。他对此论题的论证之一非常简单。尝试对未被任何人感知的存在对象形成一种观念。不可避免地，你所要做的就是设想对象将会出现，如果你正在感知它的话。思考未被感知而存在的它将会等同于在没有思考任何有关它的感觉特性的情况下而思考它，这是无法做到的。因此，关于未被感知的存在物质的整个观念实际上是不可思议的。

贝克莱的哲学没有被人们广泛接受。大多数人认为，他是在说，我

们视为“真实”世界的世界是虚幻的，毫无真实的存在可言。为了努力修正这种理解，贝克莱写了他另一部主要的哲学著作《海拉斯和费洛诺斯间的三篇对话》（*Three Dialogues between Hylas and Philonous*）。这些对话以一种相当可读的形式陈述了他的思想，但是大多数知识分子仍然认为贝克莱的哲学太过奇异以致不足重视，即使极少人知道如何去反驳他的论证。正如大卫·休谟所阐述的那样，贝克莱“经常令人感到惊讶，但几乎不能令人信服”。然而，他对哲学的贡献得到了与日俱增地评价，部分归功于休谟。他的著作包含许多值得注意的洞见，而且它主要提高了我们对这样的任务和困难的理解力，即任何人试图对知识和实在形成一种成熟的经验论解释时所面对的。

47 着这样一种实在——予以辩护。根据贝克莱的观点，客观的实在是物质的并且独立于任何认知的主体而存在这一整个观念是错误的。这一点是从他的经过修改的对象——只不过是关于它的感觉特性的集合——的概念推导出来的。它进一步推导出，由于这些特性，正如每一个人所承认的，实质上是主观性的——也就是，它们仅仅存在于认知主体的心灵之中——所以，我们将对象也称作是心灵的依赖物。实际上，贝克莱说，它们的存在在于它们被感知的存在，因此它们只能存在于心灵“之中”。

> 这看起来像另一种情形，即治疗比疾病更糟糕。对象仅仅就他们被感知而言才是存在的这种学说是荒谬的。它意味着，假如我独自待在家里并且闭上我的双眼，那么房间里的大部分东西就突然消失了，仅当我再次睁开眼的时候，它们才会立即重归存在。

这的确好像是对具有贝克莱特色的唯心主义的一种严厉的反对。（根据我们在前一章对唯心主义的讨论，这一点应该是明显的，即贝克莱是一位唯心主义者，尽管他的唯心主义类型在重要的意义上有别于康德的。）对于下述观念，实际上不存在任何自相矛盾之处：树木、汽车、山脉、海洋、行星和银河系不断地产生，而后消失，然后再一次产生。它还与由我们的感觉经验提供的材料相一致。但是，它却是作为一个空想的不可能的假设给我们留下深刻印象的。我们所经历的世界似乎展示出大量的规律性和秩序，而且我们一般相信所发生的一切，或者几乎一切可以根据普遍的因果规律进行解释。根据正在讨论的这种假设，我们经验的有序性以及对事物来来往往现象的解释将会是非常神秘的。

贝克莱承认这一点，但是他相信，他无须返归至对于物质对象的信念就可以克服这个问题。他的论证非常简单。假如我们承认：

- 典型的实在论和典型的感觉理论是站不住脚的，
- 对象不被感知就不能存在，并且
- 即使当我不在感知对象时，它们持续存在。

那么，我们就会被迫下结论说，当我不感知对象时，它们一定被某个他人的心灵所感知。自然而然，作为一个大主教，贝克莱将这个他人的心灵等同为上帝。这所产生的哲学图像大约如是：宇宙由心灵（minds）及其内容（这包括感觉、思想和各种其他的精神实体）构成。我们称作事物或者对象的东西在上帝的心灵中为观念。这些观念本身没有任何因果力量（不像根据唯物论观点的物质性对象），它们因此不会使我们产生感觉。我们的感觉源于上帝本身，它同时直接作用于我们所有人的心灵。这解释了为什么我的感觉与你的感觉相一致。上帝以同样的方式影响我们的心灵，更像是一部电视传导器致使不同的电视机播放相同的图像。它也解释了为什 48
么我们的感觉经验如此有秩序——为什么无论何时我在花园的某一点观看，我都会看见一棵树，以及为什么这棵树历经多年显示出了有规律的和可预测的季节性变化。上帝确保他致使我们拥有的感觉会显示出这种规律性，以至我们能够对付这个世界（也就是，用我们所经历的系列感觉），系统地研究它，并最终实现对它的理解。

对关于我们的感觉经验的这种解释的回应之一是将它视为典型的实在论的一种合理的替代理论——这种替代理论避免了设定神秘的不可认知的实质性物质的怀疑论的危险，并且也为上帝的存在提供了一个全新的证明。这是贝克莱的观点。另一个回应是谴责它是奇异的和不合理的，它是这样一个经典的实例，即当哲学家不能成功地调和他们的抽象论证和大量的常识时他们所陷入的一种荒唐的境地。这是大多数与贝克莱同时代的人的观点。但是，我们不应因为这些理论是奇异的或者与习惯性思维相对立就简单地消除它们。假如我们判定贝克莱的立场是不可接受的，那么我们必须能够通过指出他在推理中的错误、内部矛盾或者其他理论缺点为这一否定判定进行辩护。

对贝克莱最著名的“反驳”是由他同时代的人塞缪尔·约翰逊提出的。当被问及他如何思考贝克莱的观念时，他戏剧性地踢了一块石头并且宣称：“我这样反驳贝克莱！”但是，略加反思就可以搞清楚，这实际上是一个非常贫乏的反对意见，因为它基于一种对贝克莱理论的误解——或者，至少是一种非常令人反感的误解。约翰逊的“反驳”依赖于这样的假定：贝克莱的哲学或者意指石头不会对触觉显示出坚固性或者不能解释它们为什么会如此。但是，正如我们前面所强调的，像约翰逊从踢石头所感受到的这样的触觉仍然仅仅是感觉印象——它们在实质上并非有别于其他的感觉——并且没有任何理由去假设贝克莱具有一个特别的问题，即解释为什么事物摸上去是坚硬的而不是为什么显现出绿色或尝起来是咸味的。实际上，约翰逊的错误在贝克莱的读者中十分常见，无论是当时还是现在。这种错误在于假设贝克莱正在对我们的经验所是之物提供一种全新的描述，并且这种描述明显是错误的。但是，他根本不是在这样做。贝克莱正在提供的不是对我们所经历之物的**重新描述**，而是对我们的经验为什么具有它真正具有的特性的一种全新解释。问题是，它是否确实如他所主张的那样是对那些假定物质对象在空间存在的假设的一种颇佳的解释。

一旦我们这样探讨问题，贝克莱的一些观点所具有的问题就开始浮现。例如，他部分地省却了实质性物质的概念，因为我们不能感知它，视它为我们的感觉的原因这一假定被谴责为一条可疑的形而上学的思辨。不过，贝克莱本人恰恰是这样对待上帝观念的。上帝是我们的感觉的不可觉察的原因，而且他的能力和智力解释了它们的有序性。实际上，贝克莱走
49 得更远，他主张，上帝的心灵中充满了观念，这允许他去说，我正在感知的事物不会消失，即使我不再感知它们。但是在他的理论内，上帝心灵中的这些观念是非常成问题的。首先，像上帝——以及像典型的实在论所假定的物质对象——这些实体不能被我们感知，由于我们曾经感知的一切是我们**自己的**观念。这样，难以看出贝克莱根据他严格的经验论原则如何能够对假定它们予以辩护。其次，贝克莱坚信，他所承认的唯一一种因果行为是**意志**，即某种为我们所熟悉的东西，因为我们做出的是意志行为。因此，他反对“惰性的”物质对象能够使我们产生感觉这种观念。但是，由于同样的原因，他所谓的观念也是“惰性的”并且没有任何因果力量。正

如他坦白地承认的，它导源于这一点，即上帝的观念在他的理论中没有发挥任何因果作用。它们不是我们所感知的东西，也不是我们感觉印象的原因，因为上帝据说无须任何传导性机制而直接地作用于我们的心灵。在一个地方，贝克莱说，它们在某种意义上是上帝影响我们心灵的“诱因”(occasion)，但是上帝应该几乎不需要提示他不得不去做什么！那么，假设上帝拥有这些观念的唯一理由似乎是避免这样的含义，即树木、火车、月亮和星星持续地出现和消失。

现象论

我们提出的反对意见不是贝克莱的观点仅有的问题，并且几乎没有哲学家情愿为他的正面学说辩护。但是，他对典型的感觉理论的批评以及对于感觉如何赋予我们关于外部世界知识的实在论的解释却不能被忽视。他发现的基本问题是，假如我们假定我们的感觉的不可理解的原因独立于我们而存在，那么我们就是在抛弃一种真正的经验论。我们不是在将我们的认识主张限定于关于可能经验的世界，而是正沉溺于一种缺乏哲学辩护的思辨，即使它可能符合常识。信服于这种推理，许多思想家遵从贝克莱的引导而采取了一种被称为**现象论**的立场。(“现象论”这个称号来源于这种意义：这个学派试图仅仅根据对于“现象”——也就是现实的和可能的感觉经验——的主张解释一切关于世界的知识主张。) 这种思维方式在20世纪上半叶特别具有影响力。

现象论者并不要求我们避开一切关于独立于我们而存在的物质对象的讨论。这样的讨论在日常对话或者科学论说中是无可非议的。但是，从哲学的观点看，它必须被理解为一种关于主观性感觉经验的谈论的速记。因此，陈述“我看见一棵树”可以翻译成“我正拥有像树一样的视觉”。陈述“在花园中存在一棵树”可以翻译成“假如你在花园中观赏或者在花园中散步，你就会体验到像树一样的感觉”(通常与树相关联的那种感觉)。 50

也许有人认为，现象论在区分真实的感觉与幻觉 (hallucination) 或幻想 (illusion) 方面存在着困难。假如一切关于外部世界的讨论最终还原为对于我的感觉经验的讨论，这种区分如何做出？真正看见一棵树与拥有关于一棵树的幻觉之间的区别是什么？但是，实际上，现象论者能够轻而易举地对付这种反对意见。区分依然能够做出，不过它是完全依据现实的感觉和可能的感觉做出的。说我正在看一棵“真实的”树意味着我对一棵树的视觉印象是或者可能是与其他感觉印象相关联的。假如我朝我所视之物走去，我就会发现它逐渐地占据了我更广阔的视域，我就会开始闻到花香，我就会听到叶子在风中沙沙作响，最后，当我将手向它伸出去时，我就会感受到预期的触觉。将我所看见的东西描述为虚幻的就是说我初始的感觉在这种意义上将不会与我其余的感觉经验相一致。

当然，实践理性并非总是可能以这种方式确证我们的感觉。对于遥远对象的情形尤其是这样。然而，对现象论者而言重要的是这种确证**在原则上**是否是可能的。只要它可能，我们关于世界的陈述就可以翻译成关于我们的感觉**将会**是什么的条件陈述，假如我们想使自己站在某一立场或从事某些活动的话。而贝克莱说“存在就是被感知”，这使对象成为心灵的依赖物，他的现象论的继承者约翰·斯图亚特·密尔（John Stuart Mill）将对象描绘成“感觉的永久可能性”。这种对对象的定义旨在维护一种严格的经验论，后者拒绝谈论存在于可能经验之外的任何东西，同时避开贝克莱的唯心论易犯的某些错误。

> 即使采用它更为现代的形式，现象论依然是一种难以接受的学说。毕竟，一定存在某些为什么我们拥有我们所拥有的感觉的理由。但是，现象论似乎根本没有提供任何解释。这必须是一项严肃的责任。

这个问题——什么是造成我们的感觉的原因？——确实给现象论提出了一个主要的难题。实际上，它导致了一些有力的反对意见。最基本的问题是，在典型实在论的实质性物质或者贝克莱的上帝或者某一其他原因缺失的情况下，我们从根本上拥有任何感觉经验这一事实仍然完全没有得到解释：一个原始谜题。为什么我们经历着某件事情而不是什么也没有经历？确实，那必定存在着一个理由。第二个问题是，现象论不能解释我们的经验是**一致的**这一事实。它们在一些意义上确实是一致的。第一，由不同的感官所产生的印象彼此一致；我听见狗吠的同时我看见它张开了它的嘴。第二，我的经验从一个时刻到另一个时刻完全吻合。每次我从我的书桌抬头向外观望花园，我都会看见大致相同的景象。第三，我的经验较长
51 时间地符合一个连贯并且可预测的叙述。我目睹婴儿成长为儿童，而后成

长为青少年，而后成长为成年人，这些阶段从未以任何其他次序出现。第四，我所经历的事情与其他人所说的他们所经历的事情相一致。假如我请一位朋友描绘一下艾菲尔铁塔（Eiffel Tower），他们的描绘与我的相吻合；并且从不同的有利位置对此塔的两种描绘恰如人们所期望的那样一致和不一致。何以解释一切这种一致性？宣称它不可解释或者拒绝去尝试一种解释是完全不能令人满意的。然而，现象论者似乎愿意放弃对任何一种解释的可能性，而不愿违背他们的原则：不要谈论无法被感知的事物。

现象论，或者某些类似于它的理论，可能会是我们所采取的立场，假如我们执意坚持这个原则的话。但是如果是这样的话，那么我们不得不想知道这个原则是否值得坚持，以及为什么。怀疑它的合理性的一个理由是，如果我重视它，那么我应当抑制这样的假定：即他人具有像我自己的心灵一样的心灵。毕竟，我不能感知另一个人的心灵，我能感知的一切是他或她的身体行为。现象论者因此得到一个不舒适的选择。他们或者必须同意假定他人的心灵以便解释他人被观察的行为是合情合理的——在这种情形下他们为什么不会假定物质对象以便解释我们其余的感觉经验这一点就变得不清晰了——或者他们必须拒绝假定他人心灵的存在。这后一种选择不需要意指一切对他人的提及以及他们的精神属性应该从日常会话中消除。相反，它的意思是，从哲学的观点看，无论我对他人的心灵说什么都能转化成对他们可观察的行为的谈论，而且无论我对他们可观察的行为说什么都能翻译成对于我的现实的和可能的感觉经验的报告。从而，谈论他人的心灵被视为源自谈论我的感觉经验的一种“逻辑构造”。但是，现在我们似乎真正近乎于荒谬了。假如我主张他人是出自我本身的感觉经验的逻辑构造，那么我是在拒绝假定他们是任何独立的存在。

这样，据我所知，现象论似乎成了一个最终导致这种观点的滑坡，即世界完全由我的心灵及其内容构成。无论我声称拥有关于世界的何种知识实际上都不会超越这一点。而且，无论我对这个世界说什么——它的特征或者它的内容——实际上只不过是一种关于谈论我自己的感觉的速记方式。这种观点被称作**唯我论**。鲜有哲学家重视它。大部分哲学家将会说，尽管唯我论可能不是自相矛盾的，但是难以置信任何健全的人能够真正相信它，任何导致唯我论的哲学观点因而证明是被误导的。它的荒谬性由贝特兰·罗素（Bertrand Russell）所讲的一则轶事给予了充分的例示，罗素讲，一天他从一位有抱负的哲学家那里收到一封信，信的开头写道：“亲爱的罗素教授，我是一个唯我论者。为什么其他人都不是呢？”

唯心主义的洞见

52 我们在上述主张，现象论不能对我们为什么具有感觉经验以及它为什么展示如此的一致性提供一种令人满意的解释。但典型的实在论似乎能够满足这一要求。它认为，我们具有感觉是因为我们的肉体与其他的物质实体和力量相互作用，而且它们的一致性归因于下述事实：这些物质实体独立于任何特定的感知主体而存在于空间之中，是由普遍的因果律所控制的一个客观王国的组成部分。这看起来像是一个偏爱典型的实在论而不是现象论的强有力的理由。在这种理论之间进行选择时，我们做了一个“关于最佳解释的推理”。当然，那里为许多针对仅仅视为对任何给定现象的“最佳”解释的争论留有空间。例如，贝克莱将会主张，他将我们的感觉经验解释为上帝直接作用于我们心灵的结果，这优于这样一个解释，即要求未被感知地存在着的实质性物质作用于我们的感官。但是，恰恰是因为贝克莱的解释似乎遥不可及，所以大多数人认为不能重视它。

那么，我们能否断言典型的实在论是对感觉经验如何充当外部世界知识之始基的最佳的哲学解释——或者至少是我们所认为的最好的理论？的确，与此观点相类似的理论在当代哲学家中颇为流行。然而，许多其他的哲学家相信，尽管贝克莱的唯心主义有缺陷，却蕴涵着一种重要的见解，并且这种见解揭示出包括典型的实在论在内的大多数形式的实在论所存在的一个根本问题。此处讨论的这一点前面已有所提及。几乎任何一种形式的实在论都将知识看做是如此复杂的信念，即它们之所以是真实的，是因为它们符合于独立存在的实在。但是，独立存在的实在这个概念在哲学上是可疑的。虽然在日常生活和日常会话中谈论我们的信念如何完美地符合事实是有意义的，但是当我们在哲学上用极普通的术语思考什么构成知识时，它就没有什么意义了。在日常生活中，我能够将我的信念与下述事实加以比照：我相信图书馆是开放的，我的朋友认为它是关闭的，我们通过走向图书馆并尝试推开馆门解决争论。但是从哲学的观点看，我们在这些情形下所谓的“事实”实际上仅仅相当于那些未加争论的信念。我们永远不能真正地将我们的信念与这些事实相比较，由于它们独立于我们的感受、我们的假定、我们的理论和一切我们的其他信念。因此，实在论的批评者说，实在论的知识概念是空洞的。假如我们接受它，我们就可能被迫断言：说我们的任何信念是否构成知识是不可能的。

一种替代性的观点，现如今通常被称作非实在论（或者偶尔称作反实在论），它坚持认为，我们试图认知的任何实在最终必须是为我们所经历的、解释的和塑造的实在。实在论与非实在论之间的论争产生于许多哲学分支的交叉点——显著地有认识论、形而上学和科学哲学。由于我们将在科学哲学一章进一步讨论它，所以我们在此不打算详细地追究它。相反，我们将会把我们的注意力转向许多人认为蕴涵在非实在论——即相对论——之中的一种更激进且更富有争议的知识观和真理观。 53

相对论

让我们再一次进行盘查。怀疑论挑战我们去辩护我们的主张——拥有对于任何超越我们自己主观经验的事物的经验知识。自然的回应就是论证说，我们的感觉表明一个物质世界存在着，并且它们还揭示出至少是关于它的本质的某些东西。我们看到，对于这种观点，可以提出有非常多的难题，但是总体上与现象论的选择相比，它似乎还是一种比较合理的观点。然而，现象论对实在论的批评表明，实在论中独立存在的实在这一概念，以及与之相关的实在论的知识和真理概念在本质上是有问题的。由于这个原因，有些哲学家被迫以令人惊奇的方式重建这些概念。要了解如何是这样以及为什么是这样，让我们首先澄清对这些概念的传统理解。

“何谓真理？”这应该是庞蒂尤斯·皮拉特（Pontius Pilate）之所问。或许大多数人会遵循这些理路进行一些表述：

> 一个陈述是真的仅当它符合事实。

这是我们所有人在大部分时间思考真理的自然的、常识性的方式。像“拿破仑讲法语”这个陈述为真仅仅因为拿破仑事实上确实讲法语。而假如他不讲法语，那么这个陈述就会是假的。出于显而易见的理由，这个真理概念被称作真理的符合论。它趋向于为实在论者所赞同，由于他们相信我们对实在的描绘符合实在本身的可能性。但是，由于非实在论者否认这个实在论的实在概念的合法性，所以他们也倾向于拒斥真理的符合论。他们说，在日常言谈中当我们说一个陈述是真的时我们的意思确实是说它符合事实。但是，那仅仅告诉了我们关于“真理”这一术语的日常意义，并没有为这个概念提供一种充分的哲学分析。

非实在论者说，令人感兴趣的问题并不是“当我们使用‘真的’一词时我们是什么意思”，而是“我们如何判定一个陈述是否为真”。由于根据非实在论者的论证，我们不能直接将我们的信念或陈述与独立的实在相比较，所以符合实在最终不能成为我们对于判定哪些陈述为真的标准。因
54 此，我们必须使用某一其他标准，而最广受青睐的符合论的选替者是**融贯论**。根据这种观点，我们判定一个信念是否为真，要看它如何完全符合我们其他的信念。这些其他的信念包括，例如，对于我们现在正在感知的对象的信念，关于感觉、记忆、一般知识条目、科学规律和推理基本原则的可靠性的一般假设。这样，我相信拿破仑说法语是因为这与我所信奉的无数的其他信念相一致：对于法国的信念，对于由认识他的人所做的报道的准确性的信念，对于历史学家可信赖性的信念，等等。

现在，有可能这样认为，即真理的**意义**在于符合（correspondence to）实在，而真理的**标准**在于符合（coherence with）一个人的其他信念。或许，这的确描绘了日常生活中事物的存在方式。但是，真理的融贯论不只是说符合（coherence）是我们检验真理的方式，它还坚持认为一个陈述的真**在于**它符合其他的陈述。对实在论者而言，这毫无意义，他们将真理视为陈述与我们所谓事实的非语言事态之间的一种关系。但是对于融贯论者而言，我们所谓的事实实际上只不过是对于所存在的事实上的整体一致性的信念。根据这种观点，将一个信念与“事实”加以比较归根结底是这样一个问题，即察看一个稍许值得怀疑的信念如何符合绝对没有争议的信念。

> 假如真理是有关符合（coherence）的问题，难道这不意味着同一个陈述可以既是真的又是假的吗？它可能与一个信念体系相符合而与另一个信念体系不符合。

这似乎是正确的。阐明这一观点的另一个方式就是说，真理是**相对于**一个信念体系（有时被看做一个概念系统或理论框架）而言的——一种被称作认识相对论的观点。认识相对论者们认为他们只是在探寻非实在论的含义。而相对论者通常视这种相对论为对非实在论的归谬论证——也就

是，他们主张，由于它明显是虚假的，所以任何蕴涵它的观点必定也是虚假的。在察看为什么实在论者认为相对论者被如此误导之前，让我们更清晰地认识相对论者所提出的主张。

相对论是一种在道德评价上比在真理上更被普遍信奉的观点。根据道德相对论，正确和错误只能相对于某种特殊的文化加以定义；不存在客观的、普遍有效的道德准则；也不存在任何我们能够据以划分不同道德准则的中性的、超文化的标准。这种道德观在过去一百年左右已经变得越来越流行，主要是由于证明一个道德准则优越于另一个道德准则的困难。（对于道德相对论的讨论，参见伦理学一章。）真理的相对论不太普遍是因为我们倾向于认为有关事实的问题能够在某种意义上一劳永逸地解决，关于价值的问题却不能。然而，在近代越来越多的哲学家发现他们自己已被引向某种形式的认识相对论。

认识相对论者提出了两个主张： 55

- 任何陈述的真或假都相对于某种特殊的观点（通常称作一个概念体系，或者一个理论框架）。
- 根本没有任何观点可以证明比一切其他的观点优越。

让我们用一个简单的例子来了解这是什么意思。以“地球围绕太阳运行”这一陈述为例。假如我们的任何信念都是客观为真的，则这一个肯定也是。但是，根据相对论者的观点，它是真的仅仅相对于一个特殊的理论框架——也就是，某一系列的假定、信念、既定的理论和方法论原则，诸如描述后哥白尼天文学的特征的这个系列。相对于托勒密的（the Ptolemaic）概念体系，这个陈述是假的。

有关这种观点的一个困境已经被指出：它似乎意味着同一个陈述可以既是真的又是假的，这从表面上看是荒谬的。但是，相对论者相信，他们能够通过下述主张对付这种反对意见：“相对于”（relative to ）这个表达式引入了一个使他们摆脱窘境的条件。我们都知道，这样的隐含条件的方式能够影响一个陈述的真值。“我是法国人”在某些人说它的时候是真的，而在另一些人说它的时候则是假的：在此言说者构成了这样的“立场”，即相对于它这个陈述或者为真或者为假。以一种大体类似的方式，相对论者声称，任何陈述的真值必定总是相对于一个立场，因为它只能相对于某个立场得到评估。假如我们接受真理的融贯论，那么我们就通过下述方式判定一个陈述是否为真：看它如何与构成我们的理论框架的其他陈述相符合。这样，假如我们是前哥白尼的天文学家，“地球围绕太阳运行”就似乎是假的；假如我们是哥白尼时代的天文学家，它就是真的。

> 一个陈述似乎为真不同于它实际为真。“太阳围绕地球运行”对托勒密时代的天文学家而言似乎是真的，但是我们现在知道他们是错的。这个陈述是假的。“地球围绕太阳运行”是真的，像我们其余的人一样，相对论者相信这是事实。因此，他们如何能够严肃地说托勒密的观点在某种意义上也是真的呢？

该反对意见形成了一个重要的论点。显然，当代的相对论者，假如他们希望受重视的话，就不得不承认他们认为哥白尼的观点是真的而托勒密的观点是假的。问题在于，作为相对论者，他们是否能够始终如一地站在这一边。显而易见，他们认为他们能。他们会论证说，“地球围绕太阳运行”是真的；但是像一切其他真理一样，它的真相对于一个立场——在这个例子下是哥白尼的天文学。由于当代的相对论者与我们其余的人共同坚持这一观点，他们自然肯定这一陈述的真实性。但是他们也否认这一观点对替代性观点的优越性可以被最后证实（上述这两种主张的第二种我们视为构成性的相对论［constituting relativism］）。任何证实其优越性的尝试将不得不利用某些前提。接受这些前提的那些人已经采取这一立场；而假
56 如有某些人不接受这些前提，那么他们明显不会信服于依赖这些前提的一个论证。

然而，相对论的批评者依然坚持认为，相对论者试图两者兼得。一方面，相对论者似乎在说，所有的观点、所有的概念体系或者理论框架都处在同一层面上，因为没有任何一个可以证明比其余的一切更好。但是另一方面，他们愿意采取一个立场而不是另一个。的确，他们不能避免这样做。首先，生活本身要求我们从一个特殊的观点看待世界；没有人能在一切可能的信念体系中真正地保持中立。其次，当他们捍卫相对论而反对它的批评者时，他们是在断言对一个观点而不是对其他观点的偏爱。但是，他们如何能够为这种做法进行辩护呢？他们何以否认任何立场是有特权的，然而通过采纳一个立场而不是另一个隐含地断定它的优越性呢？这是

对相对论最常见的反对意见之一。实质上，这种批评意见是，相对论者必然会陷入一种“述行矛盾”（performative contradiction）——一个如此的情境：在其中一个人的行为表明他信奉一个与他所陈述的观点相矛盾的观点。

许多人认为，这是对相对论的一种毁灭性的反对意见。然而，相对论者相信他们能够对付它。根据相对论，每一个人都认为，没有任何立场在可证实的意义上优越于其他一切观点。但是，相对论者坚持认为，这并不意味着不存在任何理由偏爱一个立场而不是另一个。这是有理由的。但是这些理由不能从一种中立性的优越地位提出。它们自身形成一个立场。因此，相对论者断定哥白尼的概念体系优于托勒密的。他们之所以这样做是因为他们接受已为人们普遍接受的，尤其是现代科学中的评价理论的标准：诸如与其他信念相符合的标准，预测力（predictive power）标准，简单性标准，等等。他们相信，根据这些标准，哥白尼的理论是优越的。他们还认为，这些标准本身优越于其他的标准（例如，像符合圣典这种的）。但是，他们没有看到，从中立的立场为这后一种信念进行辩护如何可能。在某一点上，对一个人立场的辩护将会变成循环性的。对于某个人——他坚持认为托勒密的体系优于哥白尼的，因为它更符合对《圣经》的字面解释——我们说什么呢？要是去讨论《圣经》真正说的是什么以及应该如何理解它，那显然是被误导了。毕竟，我们的对手在那一点上完全有可能是正确的。不，唯一合理的方法应当是，去论证对圣典的符合不是评价科学理论真理性的最佳标准。但是，我们如何着手构造一个支持这个结论的论证？这个论证将需要前提，并且这些前提对于我们试图说服的人来说很可能是不可接受的，毕竟，他认为《圣经》是不会错的，这是既定的。

> 难道当相对论者断定相对论的真理性的时候他们不是不一致的吗？毕竟，假如一切真理是相对的，那么相对论的真理性也必定是相对的。但是，他们如何能够接受对他们的理论的这种限定呢？

面对这一论证，相对论者具有两个选择。一个选择是说一切真理都是 57
相对的，除了一切真理都是相对的这一真理之外。这种观点并非自相矛盾，但是它没有吸引力，因为关于为什么这一个陈述对于一般规则是一个例外这一问题随之产生。第二个，也是较好的选择是承认相对论与一切其他的理论处在同一条船上。这在某种特殊的、绝对的意义上并不是真实的。相反，它相对于一个特定的立场才是真的。但是，这一立场为越来越多的当代理论家所采取。它包括——或者更确切地说，主要包括——对于心灵与实在之间关系的一种非实在论的观点、真理的融贯论，以及一种对经验材料和理论原则相互渗透的认可。给出这种哲学假定，论点随之产生，即关于真理和知识的相对论观点是所能获得的最一致的观点。另外，它可能会带来某些实践上的优点，诸如培养开放的胸襟和包容意识：假如我们承认真理的相对性和证明我们的观点优越于一切其他观点的不可能性，那么我们就不太倾向于武断地对主张进行断言。从而，一个人可以相信，存在着合理的理由对于一个人成为相对论者而不主张相对论在否定一切其他理论这种特殊的意义上是真的。

规范的认识论与自然化的认识论

> 相对论真的不是另一种形式的怀疑论吗？怀疑论否定我们的一切或大部分知识主张。相对论似乎说，任一信念在某种意义上可以为真并且出于合理的理由可以被相信。但是，这意味着任一信念或多或少可以算作知识——这确实破坏了知识与谬误之间的整体区分，并且彻底地令知识概念贬值。

当然，这是相对论的批评者们经常得出的结论。但是，相对论者以不同的眼光看待他们立场的含义。对怀疑论的传统回应是努力去辩护我们的认识主张。构成这种认识论基础的一个根本问题是：我们认为构成知识的我们的那些信念**真正**构成知识了吗？证明它们构成了知识这种尝试是一个**起辩护作用的**方案；它有时被称作规范的认识论。（术语“规范的”［normative］表示它涉及的是一个“应当”［ought］的问题，一个关于做什么将会是正确的问题。在此情形下，关键的问题在于：我们应当称我们的某些信念为“知识”吗？假如应当的话，是哪些信念呢？）

笛卡儿的方案——试图提供一个确定性的平台，它为其余的科学知识奠定基础——是规范认识论的一个典型的实例。他的目标在于为所谓的一个特殊系列的信念知识进行辩护。他实现这一目标的方法是所谓的基础论的一个实例。顾名思义，这种方法涉及通过证明一个特殊系列的信念如何能够经受得住怀疑论的质疑来建立一个可靠的基础，而后通过将更多的信念与这些根本的信念联系起来为更多的信念进行辩护。大部分基础论者在 58
下述方面追随笛卡儿，即利用对于我们主观状态的信念为他们所寻求的怀疑提供免疫力。但是，正如我们所看到的，那里存在着极其棘手的问题，它们涉及从主观性过渡到客观性，涉及试图为这样的思考提供一种合理的理性辩护，即我们的主观状态产生关于外部世界的存在和实质的信息。

对许多人而言，这些问题似乎是不能克服的。某些认识论者对此的一个回应是去建立替代性的规范的认识论，也就是，试图遵循其他的理路对我们的知识主张进行辩护。例如，融贯论（coherentism），依据真理的融贯论而建立，主张当一个信念令人满意地与一个人其余的信念相符合时它就构成了知识。一个更晚近发展出来的理论，可靠论（reliabilism），主张当我们通过一个程序——我们有合理的理由视之为获得真信念的一个可靠的方法——达到一个信念时它就构成了知识。

所有这些理论——基础论、融贯论和可靠论——都重视这样一个规范问题：什么赋予我们权力去说一个特定的信念是一条知识？但是，对反驳怀疑论的传统努力所面对的难题的一个更激进的回应是完全抛弃规范的认识论：完全放弃对我们的知识主张进行**辩护**的努力。这是相对论者倾向于赞同的方法。让我们看个究竟。

如果可以的话，规范的认识论试图放弃想象上为我们所谓的信念知识进行辩护的规范或标准。但是，无论我们选择哪些规范，我们不是依然必须追问它们的地位吗？是什么保证它们的有效性？在求助于一个系列的规范而不是另一个时，是什么为我们进行辩护？这些是相对论者倾向于询问的问题。传统的规范认识论必须能够支持它的主张：某些规范是“正确的”，它们值得被赋予一种特权地位。但是，这种主张如何能够得到辩护？例如，思考下述规范的原则：

- 假如一个信念与我们现存的信念之网相符合，它就算作知识。
- 假如一个信念能够从大多数人认为显然真的前提中推演出来，它就算作知识。
- 假如一个信念蕴涵用实验方法可断定的陈述，它就算作知识。

一个人如何着手为这些主张进行辩护？一个人如何为如下主张进行辩护：即与我们从大多数人认为显然真的前提中推演出一个信念相比，与信念的存在之网的符合赋予我们更多的权力将这个信念视为知识。

相对论者通过拒绝赋予任何系列的认识规范以特殊的、特权的地位从而避开这些难题。他们放弃试图去判定哪些认识规范是“正确的”，而致力于一种完全不同的方案。这种替代性方案根本上——或者甚至整体上——被视为描述性的。主要的任务是去辨别和描述不同的语言共同体的，包括我
59 们自己通常使用的认识规范。因为它避开了为知识主张进行辩护的尝试，或者评价认识规范的尝试，对认识论的这种探究有时被称作自然化的认识论。“自然化的”这个术语在此指这样的方式，即运用它这种理论的意图只在于对人们的行为方式进行描述，而没有任何规范的意图或力量。

与对认识论自然化相伴而生的是对一切我们核心的认识概念的自然化（和相对化）。知识被理解为一个特定的语言共同体认为是知识的任何东西。信念是真的，仅当它们的真实性为构成这个语言共同体理论框架的其他信念和辩护程序所蕴涵。理性被看做是恰好为这个语言共同体内部所接受的无论什么样的认识规范和辩护程序。这种探究将会吸引任何这样的人，他们认为传统的认识论追求——追求能够告知我们知识“真正”是什么并且同时提供反驳怀疑论方法的普遍有效的原则——是一项没有成效之事业。

不必说，依然有许多认识论者并不认为这种传统的方案是无成效的。从他们的观点看，相对主义的和自然主义的认识论仅仅是对怀疑论者让出了领地。他们论证道，相对论者是在有效地说：“我们不能回击怀疑论者的挑战去证明我们关于世界的信念构成知识，所以我们应该停止努力。相反，我们应该将‘知识’这个语词视为仅仅是对于这些信念的一个标签，即相信在一个社会里盛行的认识规范。”但是这种观点破坏了在我们**确实**（do）相信之物与我们**应该**（should）相信之物之间的区分。它似乎还允许我们将视为谬误的东西算作知识——相对于某一其他的理论框架——这破坏了知识与谬误之间的整体区分。的确，这种观点只不过被视为是另一种形式的怀疑论吗？

将认识论自然化这一尝试还遭到一种更严厉的反对意见。在将知识等同于我们目前盛行的认识规范认为应该看做知识的无论什么东西时，它似乎都破坏了关于对这些认识规范采取一种批评态度的任何动机。一种批评

态度包括提出如下问题：

- 我们目前运用的规范是可获得的最佳规范吗？
- 它们能够以任何方式加以改善吗？
- 其他的规范，或者对这些规范的修改会更可靠地将我们引向真理吗？

这些是公认的抽象问题。但是，在人类知识中一些最重要的进步就来自对这种问题的提出。例如，科学革命的理智先驱——诸如思想家培根、伽利略和笛卡儿——通过这样的方式使那种革命成为可能，即挑战盛行于整个中世纪的认识规范，主张理性、实验和观察应该取代圣典和其他教科书权威。但是，假如相对论是正确的，那么科学革命在什么意义上被视为 60
人类知识中的一种**进步**？中世纪人拥有他们的信念，并且相对于他们的概念体系（这包括某些认识规范）这些信念在很大程度上是真的。所以，在批评它们时什么将会成为要点？为什么试图创造新的思考方式或者引入新的知识规范？唯一可想象的动机就是认为新的思考方式多少好于旧的思考方式。但是在什么意义上，并且依据什么标准，它们能够被认为是“更好的”？

对许多人而言，这是一种对认识论上的相对论的决定性的反对意见。用美国哲学家希拉里·普特南（Hilary Putnam）的话说，试图消除哲学的规范维度就是“企图精神自杀”，由于它意味着放弃改进我们思维的尝试。然而，相对论者有办法回应这种谴责。例如，他们承认对于批评存在规范的评价，但是指出，一切如此的批评必定援引其他的规范和评价。这些规范和评价中的某些可能是我们目前思维方式的一部分——或许是我们并未使用的思维方式的一部分。其他的可以从外部引入。但是在每一种情形下，所提及的规范和评价不能证明具有某种特殊优越的或特权的地位。当然，我们视科学的革命为描述性的进程。但是，我们之所以根据我们使用的标准做此判断是因为我们是这种革命的后嗣：例如，我们以强大的预测力和技能评价理论。从某些中世纪神学家——他们可能会对传统的遵从、对圣典的崇敬、社会的稳定以及对一种来世观念的培养给予更高的评价——的立场看，科学革命是一场灾难。

相对论不是说我们不能支持这里的立场，它只是认为一旦我们支持我们就应充分意识到我们正在做什么。我们不是在令我们自己与可证明是优越的认识规范和评价结盟。相反，我们是在根据我们目前认为最好的规范做出判断；而且这些规范是最好的这一判断也只能用同样的方式加以辩护。因此，科学革命当然从它有助于建构这一立场看起来像认识的进步。但是，要对它在一种更客观的意义上代表进步这一主张进行辩护，我们必须能够通过参照超越文化有效的中立标准比较不同的信念体系和不同系列的认识规范。就是**这种**观念，相对论者对其表示怀疑。

通过回顾在这一章的进程中我们所遵循的哲学理路，或许有助于进行总结。我们从怀疑论的挑战开始。我们论证说，我们能够确定至少我们的某些主观状态，这反驳了否认我们根本具有任何知识的怀疑论者。我们在某种深度探讨了这样的问题，即试图对下述做法进行辩护：运用我们的感觉印象作为关于存在于心灵之外的实在的知识主张的基础。贝克莱的唯心论和现象论试图避免对我们直接感知的东西的超越；但是它们为此也付出了很高的代价。最终，难以看出它们如何能够避免唯我论。然而，它们对
61 更正统的典型的实在论的反对意见包含了这样一些洞见，它们使得一种对知识和真理的非实在论的解释成为有吸引力的。

非实在论引导我们摆脱了这样的观念，即知识由符合独立存在的实在的信念构成。深入追究的话，这种思考理路导致相对论——主张真理和知识总是相对于一个理论立场。尽管相对论者能够一致地断言他们对一个特定立场的承诺，但他们都认为不可能最终证明任何一个立场优越于一切其他的立场。相对论典型地抛弃了传统认识论对告诉我们一个信念何时“真正”构成知识这种规范的寻求。相反，它倾向于集中描述为特定的语言共同体所使用的认识规范。这是否是一种理智上一致的或可想望的认识论探究仍然是一个当代哲学激烈争论的问题。

第3章

心灵哲学

意识的神秘性

62 试想当某个人注视着一盏明亮的灯时会发生什么。进入眼中的灯光在它落入的视网膜细胞上产生了一种化学反应，这种化学反应在附近的神经细胞中产生了一股电流，这股电流刺激了脑和神经系统的其他部位的一连串的神经细胞。被刺激的细胞有一些可能与肌肉相连接，例如虹膜肌，并且它们里的那股电流可能引起那些肌肉收缩。并且这样持续进行，由于每个事件都是后一个事件的原因，一个因果链条就会因此形成。视网膜、神经系统、肌肉等的细胞就像一台非常复杂的机器中的零件。它们能够使那台机器——人的肉体——以或多或少复杂的方式对刺激做出反应。实际上，机器能够模仿人的肉体所做的某些事情进行建造：例如，一些照相机可以自动地根据周围光线的强度调配其孔径的大小。

但是，当一个人注视一盏明亮的灯时还会发生某些其他的事情，这些事情我们还没有提及。假设他的视力在某种意义上没有受损，那么这个人**看见了**那盏灯。他们拥有我们可以称为一种视觉经验的东西。我们都知道这样的经验与什么东西相似，正如我们知道去听、去闻、去尝、去触摸和去“感觉”（如在“我感到生气”中这样）与什么东西相似，我们一直拥有这样的经验。我们对我们的周围环境具有完全的意识。

这样，机器和计算机已经能模仿人体的一些活动。我们刚才已考虑了一个简单的事例——一台根据周围光线强度调配其孔径大小的照相机。随着技术的进步，我们可以期望这一阵线上的更进一步的成就。毕竟，人体本身是一部非常复杂的生物机器，我们现在对它的活动的了解要比以往任何时候都要好些，这应归功于解剖学家、生物化学家和神经病学家的辛勤付出。例如，心脏是一种泵，肾脏是一种非常复杂的过滤器，大脑宛如一台超级计算机。那么，假设模仿人体将一台高度复杂的机器研发得如此之完美以至于我们实际上不能根据它运行和与我们相互作用的方式来辨别它是不是一个人——一种在无数科幻小说中探讨的关于机器人的观念。这样一种机器会拥有意识经验吗？如果它跌倒并自我毁坏，你相信它确实会和你我那样**感觉到**疼痛吗？假设我们巧妙地给它接上电源，以便于在这样一
63 个时间里从它的“眼”角产生小水滴：这会使你信服吗？如果能令你信服的话，那么是什么东西令你信服呢？

原则上并不存在这种机器可以模仿人的精确限度。但是，许多人仍然会否定这种机器拥有任何意识经验。他们的看法与如下观点有点类似：

> 无论多么复杂，机器仍然只是机器，并且仅仅是一台不能看、不能品尝、不能感到疼痛或生气，也不能恋爱的机器。它可以进行各种各样的活动，但是“在其体内”没有任何事情发生。

但是，如果我们同意这种观点，那么我们就会遇到一个问题。因为之前我们刚刚说过，人体是一台非常复杂的生物机器。这台机器能看、能听、能品尝，如此等等，而其他的机器却不能，这如何可能？这里有一种可能的答案：

> 人不仅仅具有肉体。人还拥有心灵。并且正是这种心灵才具有意识经验——看见光线，感觉到疼痛，等等。

这是一种非常自然的回答，但是它的确解释了任何问题吗？毕竟，为什么我们不能建造一台也拥有一种心灵的机器？一旦我们拥有了一台模仿人体活动的机器，那么为什么我们不能创造模仿人的心灵的一个附加的小部件把它安装在我们的机器上，从而制造出一台具有意识经验的机器？

心-身二元论

坚持认为机器没有任何主观经验（无“内在的特性”，借用杰拉德·曼利·霍普金斯［Gerald Manley Hopkins］的诗中的一个语词来说）的某个人将非常可能通过下述论点为这种主张辩护：一台机器，无论它是一台照相机、一个机器人还是一具人体，都是一个纯粹的**物质**系统。科学正是把人体作为一个物质系统来进行研究的。但是，意识经验不同于神经系统的放电和肌肉的收缩：它们不是物质事件。并且这种心灵不是一种物质性的东西。那就是作为一种纯粹的物质性东西的一台机器不能拥有意识经验的原因；同时它也是我们不能简单地制造出一种心灵并把它附加在一台机器上的原因。

那么，按照这种观点，一个人既具有一个物质性的肉体又具有一个非物质性的心灵。这种心灵似乎肯定要与肉体相互作用：由一盏明亮的灯对神经细胞的刺激导致非物质性心灵中的一种意识经验；对仰望一座悬崖峭壁的想象会使我的指尖感到颤抖。但是这两种东西，心灵和肉体，仍然是不同的实体。

把人看做两种不同的东西的组合，即物质性的肉体和非物质性的心灵组成的这种观点被称为二元论（或者，说得更明确些，心-身二元论）。这是一种流行的观点。许多人对二元论具有一种自然的同情，尽管有时候并
64 非出于刚才提及的那些理由。但是流行并不证明一种理论是正确的，并且我们需要进行更加严密的审查，从而判断二元论是不是思考心灵的一种好方法。

二元论者将不得不回答一些相当棘手的问题，以便于使得他们的理论有效。在一个人体胚胎发育的过程中，心灵什么时候附加在肉体上？这是怎么发生的呢？那种心灵来自于哪里呢？是否发生过这种心灵不依附其自身的现象？在进化的哪一个关节点上心灵首次出现？这种现象是怎样和为什么出现的？显然，这个有关疑难问题的列表可以扩展。但是，与二元论者面临的下述主要问题相比，这些问题似乎要容易一些：我们如何能使这种关于心灵和肉体之间的相互作用的假设与物理科学的一般看法相一致？

假设二元论者宣称，正如我们可能期望他们所说的那样，非物质性的心理事件对发生的肉体上的事情具有某种影响。我不仅仅看到了一个奶油面包：我看见了它，致使我要吃掉它，进行短时间的内心斗争，然后伸手去拿那个面包。这些事件中的最后一个显然是一个物理事件。问题是这违背物理科学中的一个基本假定：物理事件只具有物理性原因，而物理性原因只具有物理性结果。

当科学家们着手去理解和解释某种现象时，他们都努力做出这一假定，即用纯粹物理学术语做到这一点将是可能的。因此，假如我们要同意某些物理事件具有非物理性原因，正如二元论者期望我们所做的那样，那么我们或许也不得不承认，不可能对许多现象都提供一种纯粹的物理学解释。物理科学充其量只会提供一幅非常不完整的世界图像，并且任何事情都是按照物理学定律发生的这种科学信任度将会被削弱。不能再做出有任何信任感的预测，也不能制造出任何机器并确保它们正常运行。谁会知道物理科学必定会盲目地对之下定义的一个非物理性事件，其影响是否能将一把众所周知的扳手投掷到工厂里？从科学的观点看来，一个其中非物理事件支

配物质世界的世界会是不可思议的和充满惊奇的，而完全不像我们的世界。

然而，值得注意的是，这里的主要问题是由非物质事件对物质事件的想象中的作用引起的。如果我们决定否认存在这一方向的因果作用而只承认相反方向的作用——物质性原因具有非物质性结果，而不是相反——这就不会对物理科学造成破坏性的后果了。物理科学的研究对象，即物质世界，完全不会受非物质事件的影响，并从而无须考虑任何非物质性事件就可以得到完全的理解（这是当今物理科学所假定的）。我们因此可以试图通过将心灵—肉体的相互作用限制为一个方向——肉体到心灵——的因果作用来着手处理使对于心灵—肉体相互作用的二元论解释与物理科学相一致的问题。这就产生了下述观点：

> 意识经验是非物质性事件，它们是由物质性事件（光线撞击 65
> 视网膜细胞，神经细胞放电等）引起的，但它们自身对物质世界没有造成任何后果。

二元论的这种变种称为副现象论，因为它把意识看做是一种“副现象”，即某种被引起的、但其本身并不引起任何结果的东西，好比一台机器上的一个齿轮，它是由其他齿轮引起旋转的，但它本身并不使其他齿轮旋转。副现象论有助于我们避免原版二元论面临的最严重的问题。但是浮现的这幅图像的确令人感到奇怪。根据副现象论，我们意识到发生在我们周围和我们身体内的事情，但是我们不能有意识地影响它们。更令人担心的是，假如意识对物质世界的运行不能产生任何影响，那么我们打算怎样判别某一具体部分的物质世界实际上具有意识呢？请看看离你最近的那个人。你如何知道他们不仅是一种没有任何意识经验的高级的自动化装置、一种充分运转的人体机器？就此而言，你是如何知道一台式电脑没有被赋予一种丰富多彩的有意识的生活呢？如果副现象论者是正确的，意识对实际发生的事情不起任何作用，那么我们如何知道它是存在还是不存在的呢？

他人心灵的问题

刚才提出的这个问题通常认为是他人心灵的问题。它长期以来是心灵哲学中一个核心问题。（我们在认识论那一章中讨论现象论时已碰到了它。）这里的两个关键问题是：

- 除了我自己，什么东西具有意识经验？
- 我如何知道他们具有意识？

这些就是我们需要对我们在这一章即将考察的各派心灵理论一起提出的问题。就副现象论者而言（一些人会说，就任何一种二元论者而言），他人心灵的问题提出了一个严重的难题——它多少有点讽刺意味，因为我们开始赞成二元论的原因之一是它与我们这一“自然的”信念相一致，即机器不可能具有意识而人却可能。副现象论非但不支持这种信念，反而好像含有我们无法得知它正确与否的意思。

> 为什么副现象论者不能说这样的话：我知道别人就像我一样感知事物，因为他们在许多其他方面和我是如此的相似。如果我拧别人，那么他们的行为表现方式类似于我被人拧时所表现出来的行为方式。那么，他们大概也会以与我同样的方式感觉到疼痛。

66 这种论证被称为类比论证。我们在我们的论证中一直使用类比论证，而且在哲学的其他领域也会发现类比论证。（参见宗教哲学这一章，例如，关于旨在证明上帝存在的类比论证。）但是哲学家们对类比论证往往会相当地谨慎，当进行严格地检验时，它经常被证明有点不可靠。

批判地思考！ **类比论证**

类比是两种事物或情况之间的一种相似性，举例来说一个离家上大学的青少年类似于一只被撵出鸟巢的雏鸟。在一个类比论证中，两个事物在某一方面相类似这一事实被用来支持它们在某一其他方面类似的这种结论。这里有一个例子：

> 数字电脑和人类二者都是能够处理信息的复杂的物质系统。

数字电脑不具有非物质性的心灵。

因此，人类不具有非物质性的心灵。

这种论证的形式是：

A 和 B 在 R 方面是类似的。

A 还具有性质 F。

因此，B 具有性质 F。

一般来说，A 和 B 之间的相似性越大，这种论证就会越显得合理。但是，即使是最强有力的类比也不能证明从中得出的那个结论。其理由相当明显。正是因为两个事物在某个方面相似并不意味着它们在其他某个方面也必然相似。例如，考虑这一论证：

数字电脑和人类二者都是能够处理信息的复杂的物质系统。

数字电脑从来不恋爱。

因此，人类从来不恋爱。

这个结论显然是虚假的，这就表明了该论证在形式上是**无效的**（也就是说，它有可能前提真而结论假）。然而，类比论证有时会非常有说服力，它们迫使那些不接受这一结论的人确切地解释这种类比失效的地方，而这一点是他们难以做到的。

在我自己和别人之间的这种类比怎样才能进行下去呢？首先，我们需要清楚的是，一个类比只能得出一个**可能的**但从不确定的结论（参见文框）。两个事物共同具有一个属性这一事实并没有证明它们又共同具有另外一个属性，除非它能证明具有第一个属性的任何一个事物**必定**具有第二个属性（假如情况如此的话，我们正在审视的就不再是类比论证）。鸡蛋都具有相似的形状和外表，以此为依据我们可以通过类比去论证：我们面前的这颗鸡蛋也会具有和我们吃过的所有其他鸡蛋一样的味道。可是，尽管有类似性，这颗鸡蛋仍有可能被证明是变质的。就我认为别人和我一样是有意识的，因为他们的外貌和行为或多或少与我相似而言， 67

该论证似乎更加软弱无力。我仅仅是举了一个用以进行比较的事例（我自己）。

不过，我自己和别人之间的相似之处并非总是那样明显。例如，假如我把自己比做一个六周大的婴儿，那么考虑我们之间的外貌和行为的差别至少与观察我们之间的类似之处一样容易。同样地，如果那个婴儿拧自己的手指并发出尖叫声，那么我就不会当真地怀疑他（她）也会感到疼痛。这把我们带到了第三种观点。如果我们在将意识归属于其他存在物之前所要求的那种相似性过于超乎寻常，那么我们就会冒排除诸如非常小的婴儿之事例的风险。而这完全违背了我们在这种情形下的本能。然而，如果我们允许这种相似性可以是非常微弱的，我们就会有危险被诱骗承认所有种类的其他事物——例如，精密的计算机——也具有意识经验。而这正是我们从一开始就要避免的结论。因为我们的自然倾向是要认为，无论一台数字电脑可以多么准确地模仿人的行为，甚至是人的心理，但是它仍然不会具有意识。

我在我自己和别人、动物、机器或其他什么东西之间进行任何的类比都必须建立在我能够观察的它们的特征，诸如它们的行为或结构的基础上。只有根据这样的特征，我才能形成关于别人（以及我认为具有意识的任何其他东西）拥有什么样的意识经验的观点。实际的经验本身是为拥有它们的那个人所独有的。我可以猜测、倾听、表示同情或设想，但是我不能感受到你正在感知的那种同样的感觉，因为我感知的每件事情只是我的感受而不是你的感受。相反，就我自己的意识经验而言时，我无须考察我的行为以发现我正在拥有什么样的经验：因为我就是拥有那种经验。这就在我发现别人的精神生活的方式和我自己的精神生活的方式之间存在着一种不对称性。实际上，我没有“发现”我正在经历着的东西：我就是知道。我**推知**你牙痛，那是因为我看见你坐在牙医候诊室，紧紧抓住冰袋贴在颌上，做出痛苦的表情。但是如果我牙痛，我不会通过推理性的理由逐步认识到这一点：我感觉到那种疼痛，那就足够了。

二元论与这种不对称性的一端——我关于我自己的心灵的知识——非常符合，但是因此在解释我是如何也能得知关于他人心灵的某种东西时面临着非常大的困难。不幸的是，类比论证根本没有足够的力量来弥合这种间隙。

二元论解释了什么?

68

那固然不错，但是不管二元论在解释我们的关于他人心灵的知识时，还是在使心灵—肉体的相互作用符合物理科学时遇到什么难题，它仍然是解释我所拥有的对于什么在我自己的心灵中发生之经验的唯一方式。根本无法否认意识的存在——尝试去否认你自己的意识！二元论是解释意识现象的唯一途径。无论你喜欢与否，我们不得不成为二元论者。

这个论证相当武断，因为直到我们实际上注意察看是否存在着任何对意识的可替代性的解释以前，我们不能真正对二元论就是唯一的这种解释这一断言做出评价。但是，我们可以追问二元论究竟是不是对意识的一种解释。

一种**解释**意指使某种神秘的东西变得不再那么神秘。例如，我们可以通过对电荷在雨云里聚集的方式以及对放电现象出现的环境进行详细的说明来解释闪电现象。我们也可以通过讲述一个发怒的神向地球上投掷雷石的故事来解释闪电现象。出于各种各样的理由，某个人喜欢类似前者的解释胜过那些栩栩如生的神话和民间传说的解释。但是两种解释有某种相同之处：它们通过将一种神秘的现象（闪电）与某种不那么神秘的东西（放电，愤怒）联系起来解释这种神秘的现象。

意识是神秘的，因为它似乎不符合我们所讲述的发生在肉体中的任何物理故事（例如关于神经细胞互相刺激的故事）。但是，说意识经验在某个地方或在某种称为“心灵”的东西中出现，这难以消除这种神秘性。迄今为止，我们对这种心灵所了解的全部情况是，它是非物质性的，并且它在这个程度上与需要解释的现象一样神秘。我们还没有对心灵是什么（而不是它不是什么），或者它是如何与肉体发生作用发表任何见解，但是，这些问题似乎提出了真正的难题。

然而，二元论者可以对此做出下列方式的回应：

想当然地，二元论没有对意识提出一种敏锐而完全的解释。但是，与从一种纯粹的物理主义的观点看意识所必定显示的神秘

> 性相比，二元论还是使得意识不那么神秘了。而且，意识并不是二元论承认我们要解释的那种唯一现象。除非心灵与肉体是分开的——即使二者在一个活人身上相互作用——我们决不能解释肉体之外的（out-of-body）经验：死后的轮回转世和死后的灵魂生活。

至少可以说，这是一种有争议的论证。许多人可能会否认所提及的轮回转世和其他现象会真正地出现。因此看来，为了证实这是一个对二元论
69 如何强有力的论证，我们必须对体外的经验和诸如此类的东西的证据做出评价。但是，我们可以用两种方法批判论证。一种方法是**质疑前提的真实性**。在这种情形下，它意味着询问体外的经验和诸如此类的东西是否真正出现。另一种方法是**质疑论证的逻辑性**：前提真的支持结论吗？这里意味着询问接受体外的经验是否要求我们也要接受二元论。二元论是解释这些现象的唯一方式吗？如果它不是的话，那么我们无须知道这些现象是否出现就可以抛弃这种论证。

让我们首先考虑体外的经验。切记，我们不是在试图证实人们实际上有没有这样的经验，而是证实假如他们有这样的经验的话，那么二元论是不是解释那种事实的唯一方式。我们怀疑二元论所必须做的事情仅仅是提供某些不诉诸一种非物质的心灵的其他可能的解释。并且这一点也不困难。一种体外的经验是一种似乎从一个人的身体之外的某个角度感知这个世界的经验，也许甚至是好像从这个角度来认识自己的肉体的一种经验。但是语词“似乎”在这里至关重要。为什么我们不能将这样的经验解释为种种幻觉呢？存在任何关于为什么这样一种解释不会是恰当的理由吗？

不仅对二元论似乎存在着可替代的解释，而且二元论本身提供了一种解释这一点并不清楚。二元论者对体外经验如何做出准确的解释？大概通过这样的设想：心灵从太过于结实的肉体悄悄地离开，四处游荡，从其他地方观察观察。但是，假如我们要考虑得仔细周到的话，那么就我们应当指出，就具有视觉经验（而不是梦境和幻觉）的人而言，他们必定具有睁开着和正在观看的眼睛。视觉完全依赖于眼睛，而游荡的心灵好像离开了眼睛。因此，心灵如何看见任何东西呢？或者，如果没有眼睛而心灵能看见东西，那么为什么盲人却不能看见东西呢？并且为什么没有手指时心灵不能感觉到东西呢？关于使我们听起来如此之怪异的这第二种主张又是什

么呢？

至于死后的灵魂生活的观念，一切都依赖于一个人所说的“死后的灵魂生活”这个语词的意思。如果那个人的意思是指一个人的某种非物质成分复活的话，那么死后的灵魂生活的可能性的确蕴涵某种二元论。但是，这是思考死后的灵魂生活的唯一方式吗？许多中世纪的信仰基督教的思想家将死后的灵魂生活看做是肉体的复活。有大量的有趣的中世纪的绘画，它们描绘了野蛮的动物和鸟类将它们吃掉的人的肢体吐出来的场景，那些肢体对那些受残害的不幸者的复活是至关重要的，并且一些人害怕火葬，因为他们相信，以这种方式毁灭他们的肉体会阻碍他们享受死后的灵魂生活。假如这种死后生活真的出现的话，则无须援引二元论来解释它。

我们必须十分注意，我们不会在使得证明牢不可破然而却是空洞的这种意义上通过不正当地定义我们的术语来证明我们的观点。但是，二元论的关于死后灵魂生活的论证似乎就是那样做的。我们不知不觉地将死后的灵魂生活意指人的一种非物质性元素的复活，从而使二元论成为死后的灵魂生活的可能性的一个前提条件。 70

同样的担忧出现在我们转向灵魂轮回转世之问题的时候。假如人真正能“回忆”在“前世”发生在他们身上的事情，那么为什么不能用纯粹的物理学术语来解释这一现象呢？我们熟知这种思想，即人可能具有错误的记忆，记得他们原来实际上没有做过的事情。为什么我们不应该说这也是一种错误记忆的情形呢？唯一明显的区别在于，其他的某个人实际上的确做了什么被记住的事情。从这一点我们只能下结论说另外的那个人和正在记忆的那个人实际上是同一个人吗？仅当我们将灵魂的轮回转世定义为从一个肉体向另外某种特别的非物质性的东西——灵魂的传递，我们才打算致力于二元论。相反，假如我们认为灵魂的轮回转世是一个正在回忆的人所回忆的另外某个人实际上已经做过的事情，那么尽管我们可能在解释这一现象时会遇到麻烦，但是我们也不至于为了那样做而被迫成为二元论者。

没有肉体的生活

但是，这完全没有领会该要点。重要的不是像灵魂的轮回转世这样的事情实际上是否真的出现，而是它们**在概念上**是可能的。我可以想象，比方说，在其他某个人的肉体中醒来，或者使

> 我被毁坏的肉体复活。假如我只是我的肉体而不再是另外的什么东西，那么这样的事情将是不可思议的。

这是一种与我们一直在考察的论证不同的论证。它依赖于**概念上的可能性**这个概念。如果我们能够想象某件事情的发生情况，不管它在真实的世界里能否发生，那么它在概念上就是可能的。例如，一个人应该在 1 秒钟内跑 100 米，这在概念上是可能的，即使它并不真正是可能的，我们可以设想这一事件正在发生。相比之下，一个正方形也应该是一个三角形，这在概念上是不可能的。我们甚至不能想象这可能意味着什么。

也许这看起来好像是一个十分简明的差别，但是近几十年来，哲学家们对概念上的可能性的观念以及下述主张已经越来越怀疑了：人们可以巧妙地将概念上的可能性和概念上的不可能性加以区分。你真的能设想一个其肉体毁灭后继续存活的人吗？我们知道人在缺失或丧失大部分肉体的情况下能继续存活。但是你能想象丧失你的整个肉体吗？设想你已丧失除了你的头脑——它依赖一台生命支撑机继续保持活力——以外的任何东西。那也许是可以设想的。现在，设想某些恶意伤害人的外科医师决定摘掉你的头，把它放在一盆营养液里，将它连接到一台能量充足的计算机上以保持其活力。也许你甚至像那样以某种方式继续存活。但是如果那些外科医
71 师现在把那颗头丢掉……呢？你能真正设想那样的继续生存吗？某件事情是否在概念上是可能的，这一问题有时是完全不清楚的。

我们在笛卡儿的《沉思集》中可以发现一种关于我的无肉体的存在之概念上的可能性的好得多的论证。正如我们在认识论这一章中看到的，笛
72 卡儿在这里进行了这样的思想试验，即设想一个邪恶的魔鬼对于理解是否存在任何绝对确定的信念而言在任何可能欺骗的事情上正在欺骗他。在他质疑的过程中，他判定有可能他没有肉体。那个肉体也许是那个邪恶的魔鬼强加于他的某种幻觉。但是，笛卡儿认为，对于他真实的存在不能发表同样的见解。因为即使那个恶魔正在欺骗他，为了受欺骗他也必须存在。

勒内·笛卡儿（1596—1650）

勒内·笛卡儿（René Descartes）通常被称为是“现代哲学之父”。他一生获得了数学家（他发明了解析几何）、科学家（他在包括物理学、

光学、气象学在内的各个领域都做出了贡献）和哲学家的荣誉。在其《方法论》（*Discourse on Method*）和《第一哲学沉思集》（*Meditations on First Philosophy*）中，他提出和辩护了一种新的科学和哲学方法。他强调将复杂的问题分析成为简单的工作，并强调仅仅通过依靠理性和确定的证据（而不是依靠圣典、传统、权威人物、公认的观点、先在的信念等等）来确保人们的解决方法的正确性的重要性。

在《沉思集》中，笛卡儿的目的是要为人类知识提供一个可靠的基础。为此，他试图通过设想一种邪恶的东西在任何事情上都在随时蒙骗他来怀疑他的一切信念。可是，他得出这一结论：即使这种情况是真的，他，即笛卡儿，也不能怀疑他正在思考并且他存在。然后从这个不容置疑的确定性平台出发，他试图建立一个能充当其他部分的人类知识，特别是自然科学的基础的系统。

这个系统的一个关键特征是它的二元论特征。笛卡儿在心灵和肉体之间做了一个严格的区分。他这样做的基本理由是，这两个概念是那么完全地不同。肉体是物体，并且和所有其他的物体一样，它们存在于空间内，是广延性的，并且能被分割为各个部分。对比之下，心灵不是广延性的，在空间没有居所，并且是不可分割的。因此，肉体和心灵具有不同的实质性、界限性属性：肉体是广延的但不能思维；心灵能思维但不是广延的。然后他诉诸上帝的诚实性（这是他在《沉思集》中的其他地方所证实的）来为他这种做法之正确性辩护，即从这种严格的概念上的区别出发推导出一个同样严格的实体方面的区别。

这个论证重要的一个原因在于，它似乎明确地证实了，我关于自身的概念与关于我的肉体的概念是不相同的。我认为我自身不仅仅是一个肉体，这对我关于事物的总的看法是基础性的。但是，笛卡儿的论证证明了我们的确不仅仅是一个肉体吗？更正式地展示这个论证，它看起来好像是这样：

- 我可以怀疑我肉体的存在，但是我不能怀疑我自身的存在。
- 如果我仅仅是我的肉体而不再是任何另外的东西，那么怀疑一者而不怀疑另一者的存在就不可能。
- 因此，我一定不仅仅是我的肉体。

这个论证的问题在于，它依赖于一个值得怀疑的假设。（如果你往回看，那么你就会发现，前面根据死后灵魂生活之概念上的可能性的那个论证面临着同样的问题。）为什么我能否怀疑某种事情揭示了关于世界万物存在方式上的任何东西呢？

笛卡儿的论证是从这个事实出发的，即我们自然倾向于以某一种方式猜想关于他自身和他的肉体（它们是不相同的）之间的关系的一个结论。但是这一动机基于这样的假定，即我们思考世界的“自然的”方式在根本上是可靠的，它们反映了世界真实存在的方式。但是我们为什么要相信这一点呢？毕竟，我们自然认为空间具有三个维度，与此同时我们完全认定时间为第四维。可是，理论科学家们提出了非常不同的宇宙图像，其中时间被看做比我们倾向于想象的更加类似于空间，并且其中假设了空间的额外维度——在一些情形下多达八维——不过这些维度“积累起来非常小”，这就是我们没有注意到它们的原因！我们思考宇宙的日常方式似乎不支持这种多维性。实际上，也许可以说，只有极少部分世界人口对于当人们谈到八维时他们正在谈论的是什么具有任何观念。可是，我们中的大多数人在这种情形下可能愿意承认我们看待世界的日常方式也许是错误的。也就是说，我们承认，**仅有我们不能想象某种东西的事实并不意味着它不可能存在或者它不可能出现**。相反，我也必须承认，仅有我们能够想象某种东西的事实并不意味着它可能存在或者它可能出现。因此，仅有我们能够设想无身体的存在的事实并不能证明我们可以无身体地存在。

我们又一次面临一个非常深奥的哲学话题，它是一个在形而上学和认识论这两章中也出现过的话题，我们思考世界的方式——无论它们是日常
73 的思维方式还是更加复杂的科学或哲学的思维方式——是怎样与世界真实存在的方式联系起来的？笛卡儿本人似乎已经认识到，我们认为我们自身不同于我们的肉体这种自然倾向为事物真实存在的方式提供了一种可靠的指导需要某种保证，他在其《沉思集》中花了一些时间试图（而大多数人也许说这是失败的）发现一种保证。可是，没有那样的保证，我们似乎只能得出这样的结论，即我们一定会认为我们自身不仅仅是我们的肉体，却没有相信我们如此认为是正确的任何理由。

逻辑行为主义（摆脱心灵）

通过较为仔细的考察，二元论并非像它起初显示的那样吸引人。我们还没有发现任何支持它的真正的论证，但是仍然存在着反对它的非常强劲的反对意见，即非物质性的心灵和物质性的肉体之间的相互作用违背了物理科学的一个基本的假设。并且与科学不同的是，这种正被设想的相互作用非常难以用理论性术语加以理解或解释。但是，如果心灵不是一种非物质性的东西，那么它是什么呢？并且如果感觉、思维、信念、意向、愿望等不是这样一种非物质性实体中的事件或其状况，那么它们是什么呢？我们可以否认一个人不仅仅是一个肉体，但是我们还必须说明什么是心灵，什么是心理现象。

至少，它也许看起来是这样的。但是无论如何，似乎令人惊奇的是，一些哲学家声称我们并不是非得说明心灵或心理现象是什么。实际上，他们论证说，如果我们的确试图说明它们是什么，那么我们必定会以谈论哲学废话而告终。根据这些哲学家，像"什么是心灵"、"什么是感觉"这样的问题是起初就不应该追问的伪问题。正是二元论者试图回答的这个问题导致了所有这些问题，而不是他们提供的那种特定的答案。让我们看一看这种观点背后的理由。

设想你正在向一位朋友——也许他的英语不太好——谈论英联邦宪法。你说"1918 年许多英国妇女被赋予了选举权"，你的朋友对此回答说："选举权是由什么构成的？它是由钢铁构成的吗？它是由金子构成的吗？它是由其他某种东西构成的吗？"你会说些什么呢？当然，你不可能回答你的朋友。尽管在语法上是符合规范的，但是这个问题简直没有任何意义。它集中反映了对你所说的话语意义的一种完全的误解。如果我们考虑"1918 年许多英国妇女被赋予了选举权"这个句子和"1918 年那个士兵被授予了勋章"这个句子之间的表面语法的相似性，那么我们就能更好地体会到那种误解的确切实质。你朋友所做的事情是假设短语"选举权被赋予"所起的作用和在第二个句子中的短语"勋章被授予"所起的作用相同吗？犯了这样的错误后，就会完全自然地继续追问"选举权是由什么构成的"这个无意义的问题。

直到 20 世纪中叶，许多哲学家，其中最著名的是吉尔伯特·赖尔 74

(Gilbert Ryle)，坚决主张在诸如“什么是心灵”和“什么是感觉”等问题具有相同的事态。正是因为我们全面误解了心理语言的要素——诸如“心灵”、“感觉”等语词——所发挥的功能，我们才首先提出了这样的问题。一旦我们发现了我们的错误，我们就会发现这些实际上是无意义的伪问题。哲学家的职责不是要回答这些问题——不能对一个无意义的问题提供任何有意义的答案——而是要表明我们从一开始就错在哪里，并且证实当我们使用心理语言时我们确实在说（和做）什么事情。

你怎样才能向被误导的朋友揭示他们的方法的错误呢？你能做的一件事情是去解释你已经使用的表达式只不过是一种说话方式，一种表达某种更冗长或更复杂的东西的简洁方式。那么，你也许试图追问，那种表达更冗长、更复杂的事情的方式是什么：例如，“在1918年，英联邦宪法以这样一种方式做出了修改，即在后续的选举中，符合某些标准的30岁以上的妇女将被允许以与男子在先前的选举中完全相同的方式获得候选人的机会”。在这一释义中，你也许提请你的朋友注意，这里没有提到任何一种赋予任何一个人的称为“选举权”的东西。当我们考虑这个释义时，那种与被授予勋章的误导性的相似之处就消失了。

如果你更加仔细周到的话，那么你也许不仅仅给你的朋友提供对这个特定句子的一个恰当的释义，你也许还会试图向他们表明如何以这样的方式解释“那种选举权”这个短语出现于其中的任何语句，即完全把握那个原始短语的意义，但并不使用“那种选举权”这个短语。以这种方式，你可以向你的朋友表明我们完全不提及“选举权”也能释义。用哲学家的术语来说，你或许提供了一种对词汇“选举权”的分析。要注意的是，你并没有对词项“选举权”提供一种词典式的定义，或者一个可以替换它的同义性短语——尽管在许多其他情况下这些也许是对一个语词的令人满意的分析（例如，像“未结婚的男子”是对“单身汉”的一种分析）。你所做的事情就是向他或她表明，如何对“那种选举权”在其中出现的整个句子进行释义。

赖尔和想法相同的哲学家设法以一种类似的方式来处理心理语言。他们着手分析心理语言：也就是说，着手创立这样一种理论，该理论允许人们以一种完全获取原始语句的意义但不使用心理语言的方式来解释提及一种心灵或一个心理事件、状况或过程的**任何**语句。这样一种理论可以使我们完全消除心理语言，并且利用它消除那些由对这样的语言的功能的误解而产生的伪问题。

当然，实际上没有任何人认为，我们今后应该试图不使用心理语言去说话。正如对那种选举权的谈论是表达一种不然要耗费许多语词的观点的经济的方式那样，使用心理语言的表达式也要比为之提供的解释简短得多和便利得多。实际上，正如我们马上要看到的，那些解释可能是无限长的。那些解释不是作为心理语言在日常用语中的严格的替代物，而是作为这样一种语言真正在发挥功效的提示物而提供的，这有助于我们避免追问那些我们不然倾向于询问的伪问题。

那么，赖尔如何打算去分析心理语言呢？如果这种语言的确没有涉及心灵和心理事件、状态和过程，那么它涉及什么东西呢？赖尔的回答是，它实际上是一种谈论**行为**的方式。由于这个原因，对心灵哲学的这种探究被称为"行为主义"，或者更恰当地，逻辑行为主义（以区别于心理学上也被称为行为主义的一派观点）。根据行为主义者（为了简便起见，这里我们将使用这个较短的术语），心理语言的真正功能在于提供一种谈论行为模式的简约方式。因此，对在其中出现一个心理术语的任何语句，我们可以采用不提及那个心理术语，而是提及行为的方式加以释义。

理解将谈论心理释义成谈论行为应该如何发挥作用的最佳方式是考察一个具体的事例。假设我相信一只老虎从当地的动物园跑出来了。如何才能在我的行为上表明这个信念呢？有人可以想出各种各样的可能发生的行为结果：我闩上门并且挡住窗户，我给邻居打电话警告他们，我不会像平常那样在每天的那个时间在公园里遛狗。

对这种分析的一个反对意见是，说"我相信一只老虎从当地的动物园跑出来了"这个语句可以用描述这种行为的一个语句来释义，显然是错误的。两个这样的语句在意义上应该是完全不相等的。除了其他因素，不同的人在相同的环境下行为的方式也不相同。而且，尽管我在一系列特定的环境下会按照那种描述的方式行事，但是拥有同一信念的我可能会在不同的环境下表现得截然不同。如果我没有在我的房间装电话，那么我肯定不会跑到电话亭给我的邻居打电话；如果我认为那只老虎已经在我的起居室里，那么我肯定不会把我自己和它一起关在房间里。

行为主义者相信，他们可以用下面的方法来应付这种反对意见。尽管在我的信念和我的实际行为之间不存在任何直接的对等关系——因为这种行为也依赖于环境——我们还是能够确定那种形成任何一种特定信念的行为**倾向**（propensity）。换言之，不能用一个关于我的实际**行为**的陈述，而能用关于我在正如上述所提到的那些各种不同的环境下**将会**如何行事的陈述对一个关于我们信念的陈述进行释义。

这是一个相当微妙的想法，并且值得我们稍微多花一点时间去考察它。一种倾向这个概念最好用另一个事例诸如可溶性来阐明。当我们说糖有可溶性的时候，我们不是在说有关已经发生或将要发生在任何一块糖上
76 的任何事情。一块糖是可溶解的，即使它从来没有靠近一杯水或一杯茶，即使它永久地保持着这种未溶解的状态。当我们说那块糖是可溶解的，我们的意思不过是，**如果**把它放入水中，那么它将被溶解。可溶性是一种溶解于水的倾向。

同样地，行为主义者认为，说某人具有某一信念，这只不过是说某人具有某些行为倾向的一种十分精简的方式——即**如果**他们处于某些环境下，那么他们会以某些方式行事。我们可以用一个（更长的）简单地明确说明所有这些行为倾向的句子来对将一种信念归属于某人的一个句子进行释义。以语句“彼特相信一只老虎从这个动物园里跑出来了”为例。我们正在刻画的这种释义可以开始：

> 如果这个房间里有部电话，那么彼特会给邻居们打电话；如果那只老虎实际上没有在那个房子里，那么彼特自己会躲在房子里面；如果……

并且释义工作一直这样进行下去，这种释义由条件陈述句构成，每个陈述句确定一个环境和彼特在那个环境下行事的方式，并且它具有这样的基本结构：

> 如果情况是……那么彼特就会——

这是一个可用来对许多不同的使用心理语言的陈述进行释义的通式。我们必须做的工作不过是在小圆点的位置填入适当的条件，并在破折号的位置填入适当的行为。例如，对“彼特感到非常热”的释义可以这样开始：

> 如果情况是彼特正披着一件大衣，那么彼特就会把它脱掉……

哲学家们倾向于使用字母而不是使用一些非常令人恐惧的小圆点和破折号。但是这些字母正好起到了与那些小圆点和破折号相同的作用。我们将使用字母A、B、C等，它们正好起到了与上面那些小圆点起到的那种相同的作用，使用字母X、Y、Z等，它们正好起到了与那些破折号起到的那种相同的作用。最后，为了我们能够对任何一个人而不仅仅对彼特进行释义，我们将用字母P来填充这个人的名字将要占据的位置。按照这种方法，我们可以使用字母为这样一个陈述的行为主义的释义提供一个通式，即某个人相信情况是这样那样的，或者希望情况是如此这般的，或者是令人悲伤的，或者是令人高兴的，或者无论什么样的：

> 如果情况是A，那么P将X；如果情况是B，那么P将Y；如果情况是C，那么P将Z；如果……

为了获得对于一个使用心理语言反而详细说明了那个人行为倾向的陈述的一种行为主义的释义，我们必须做的一切就是填充空白（也就是，那些字母）："P"处填入一个人的名字，A、B、C……处填入适当的条件，以及X、Y、Z……处填入适当的行为。

我们可以利用对于一种倾向或意向（disposition）（这两个术语在这里可以相互转换）的观念更好地陈述行为主义的立场——这个立场是，心理语言的真正作用在于对谈论**如果**人们在某些环境下，那么他们将会如何行动的方式提供一种简约的方式。根据行为主义者，对任何一个其中出现一个心理术语的句子我们都可以利用一种不提及心理但反过来提及行为倾向的方式对它进行释义。而这么做的目的在于帮助我们避免询问诸如"什么是心灵"这类伪问题。 77

稍稍思考一下便会弄清楚行为主义纲领是多么的雄心勃勃。行为主义者需要表明的是，通过谈论行为倾向来对谈论心理进行释义，我们能够在不损失任何表达力的情况下在我们的语言中完全消除心理术语。如果行为主义者能够在不使用心理术语的情况下谈论任何我们需要使用心理术语谈论的事情，这就会证明诸如"什么是心灵"这类问题是行为问题。但是，他们必须能够完全消除对心理术语的任何需求：如果仍然存在着任何未被释义的心理术语的残余，那么我们就有权利询问："如果这样，那么这些语词在起什么作用呢？它们也许不是在提及心灵和心理现象吗？"而如果通过释义丢失了心理语言的一些表达力，那么行为主义者就不能恰当地表明心理语言真正的作用是什么。也许我们丢失的是那种提及行为主义者声称我们起初不具有的心灵和心理现象的能力。但是，如果行为主义**在不损失表达力的情况下**不能实现对心理语言的**完全排除**，那么行为主义就失败了。

关于行为主义的问题

> 甚至就诸如上面所述的这样一个特定的例子而言，行为主义的前景看起来也相当严峻，更不用说对所有心理语言的全面分析了。例如，如果我相信那只老虎跑出来了，那么假设房间里有一部电话我就会给我的邻居们打电话，这并非完全是真实的。也许存在着其他复杂的情况。如果我知道他们在度假，或者和我在一起喝茶，那么我就不会给他们打电话。而一旦我们开始以这种方式对任何一个特定的行为限定条件，我们就会发现它们变得越来越长，而且越来越长，越来越长——也许会无限长。但是，必须确保释义完全获取原始意义的行为主义需要列举它在释义中提出的所有这些无以数计的先决条件。因此这种行为主义的分析是不切实际的。

让我们再看一看关于将一种心理状态——比方说一种信念——归属于
78 某个人P的一个陈述的一种行为主义释义的那个通式。根据行为主义者，说P相信情况是这样那样的（或者希望情况是如此这般的，或者是令人悲伤的，等等）只不过是有关下述说法的一种简短的方式：

> 如果情况是A，那么P将X；如果情况是B，那么P将Y；如果情况是C，那么P将Z；如果……

我们刚才已经了解的对行为主义的反对意见表明了我们在填充这个通式的A、B、C……部分时所面临的一种困境。这是一种多么合理的反对意见吗？首先，我们必须赞成，我们提出的那种范例性释义不能明确说明这样的确切性条件，即P将据以实施所提到的那些行为所需要的条件。还需要更进一步的先决条件。因为我们开始考虑越来越多的稀奇古怪的可能的反例（比方说，如果我害怕打外面的电话，或者我被捆绑在衣柜里，或者我被陌生人控制住了，我就不会给我的邻居们打电话），所以，我们发现自己正在给上述公式的A、B和C部分填入越来越长的关于环境的描述。也许，正如那种反对意见所表明的，为了涵盖无限的先决条件，我们甚至在每一个实例中都需要一个无限长的描述。

我们还不得不考虑我们在明确说明一个释义中P的各种各样的可能的行为——填充X、Y、Z……——时将会面临的问题。说彼特会给邻居打电话是不充分的，这种一般的描述包含了大量的略微不同的行为，而我们需要分别明确地说明这些不同的行为将在其中得以实施的环境。例如，如果彼特正处于惊惶失措的状态，她也许会拨错电话号码，或许她开始拨那个错误的电话号码，但是发现错了，而后又开始重复拨那个号码。在这种情形下，她也许在拨完第一个数字或者第二个数字等之后发现了这个问题；并且她在重拨之前也许会或者不会显得犹豫不决，或者不得不核对那个号码……对这些略微不同的行为中的每一个而言，我们都得在我们的释义中明确地说明这些略微不同的条件。而且这里的可能的情况也是无限的。

诸如此类的评论只能增加我们对行为主义分析的可行性的怀疑。如果真的存在无限个行为，其中每一个都得具备由一个无限长的描述明确说明的它赖以实施的条件，那么对像“P相信一只老虎从动物园跑出来了”这样一个简单的句子的释义就不仅仅是无限长，而且比一个无限长的句子还要无限长。任何人都开始体会到心理语言提出的那种表达的简约性！更重要的是，任何人都开始意识到，一个行为主义者甚至不能对一个简单的句子写出释义，更不用说完全把心理语言分析掉。

行为主义在原则上是可能的吗？

然而，这实际上对行为主义者会产生多大的影响呢？毕竟，行为主义者从来没有建议我们应该停止使用心理语言，他们只不过是想表明心理语言正在真正发挥的作用，以便我们能够看出心灵哲学中的某些问题是多么的虚假。他们的观点是，他们实际上无须贯彻他们的分析——实际上甚至无须有可能贯彻它。这种分析在原则上是可能的，这就够了。 79

某事在原则上是可能的和它在概念上是可能的，二者之间明显存在着一种密切的相似性：有人甚至会说，它们意指同一件事情。并且正好与对概念上的可能性的观念一样，当我们真正试图去说明什么东西在原则上是可能的时候问题便出现了。例如，一直数到无限，这在原则上是可能的吗？如果行为主义的分析在实践上是不可能的而当它被辩护为是原则上可能的时候，这似乎意味着，尽管我们甚至对最简单的句子从来都没有实际上给出一个完全的释义，但是我们可以看出，为了获得这样一种释义，我们将不得不去做的是何种类型的事情。同样地，我们知道为了一直数到无穷，我们将不得不去做的是何种类型的事情，尽管我们实际上永远不能达到这一点。但是，这就足以证明行为主义者的观点吗？这并不清楚。

> 假设我们对行为主义者让步，即承认他们的释义仅仅“在原则上”必须是可能的。但对他们正在叙说的言论存在着另一种更为简单的异议。他们对心理术语的行为主义分析对像信念这样与行为具有相当直接的联系的一种心理状态来说或许（至少在原则上）是可行的。但是他们打算如何去分析那些根据定义似乎不包括明显行为的其他心理状态——诸如做心算，头脑中闪现一首曲调，想象一种阿尔卑斯山的景色，或者甚至做梦等？

这些看起来的确是行为主义理论很难应付的情形。赖尔在他的主要著作《心的概念》中主张，一种解决方法将在“节制”这种观念中发现。例如，他认为，在你的头脑中数到十，这只不过是一件**以免**大声地数到十以上的数的事情。这或许看起来是一个相当奇异的想法。不过在它的辩护中，孩子们起初是通过自言自语来学会如何自我思考，然后学会在不说话的情况下如何去做同样的事情，这似乎是真实的。但是，当赖尔转而谈论，比方说想象时事情便变得更离奇了，他把想象大体上分析为以免假装去看！

当然，即使赖尔的独特分析行不通，但那也不能表明行为主义是错的，因为或许仍有另一个更睿智的行为主义者可能提出一种更好的分析。为了彻底地驳斥行为主义，我们需要提炼上述的反对意见，并且表明它在这里是一个**难以克服**的问题，一个无论如何睿智的哲学家也不能克服的问题。

设想有人自己正在默默地背诵莎士比亚的作品。行为主义者也许会主张，无论那个人可能是多么的沉默和安静，他们仍然具有许多行为倾向：例如，假如你问他们正在干什么，他们会说“我正在浏览我的台词”。我们必须同意这一点，并且牢记行为主义者是把心理状态与行为**倾向**而不是实际行为联系起来，我们或许开始认为这样的情形并没有造成我们料想的那么大的难题。也许你在头脑中浏览台词只不过也是一种具有倾向性的事情，而所需要的只不过是一种足够巧妙的分析。

这种行为主义观也完全适合于这种事实，即只要那个人正默默地坐在那里，我们便无法知道“正在他们头脑中发生着”（一个纯粹的非行为主义短语）什么事情。同样，我们也无法知道一种物质是否可溶，直到我们实际上把其一部分放进水中。我们需要运用行为来弄清有什么样的行为倾向。但是这对这样的人并不确切，即正在进行心里默诵的人。他们无须参照自己的行为就知道在他们头脑中发生的事情，因为对他们来说，仅仅以其行为结果对他人表明其自身的那种心理活动具有一个**质的**方面。它**感觉起**像在你的头脑中浏览莎士比亚的作品一样的事情，而这正是行为主义似乎忽略的东西。

我们这里重新回到我们在讨论二元论时首先遇到的“不对称性”的问题上来——那种在关于自我心理状态的知识和关于他人心理状态的知识之间的不对称性。正是在二元论遇到关于我们对于**他人**心灵的知识的难题的地方，我们关于**自身的**心灵的知识为行为主义提出了一个难题。根据行为主义者，说某个人是痛苦的，就是说这个人会在一些环境下如何表现出来，因此，要发现一个人是否痛苦，唯一的途径就是考察他的行为。但是，当我们谈论自己或自己的痛苦时，上述的方法就不灵了。当我说“我的朋友正处于痛苦中”时，也许可以想象，我的意思是说我的朋友会有某些行为倾向。然而当我说“我很痛苦”时，我并不是在谈论我的实际的或倾向性的行为。至少我不是**仅仅**在谈论那种行为。我也正在谈论一种感觉，一种世界上一切实体中仅仅极小部分能够拥有的原始经验。这个简单的事实，即痛苦得到体验，需要用某种恰当的心灵哲学加以考察。

行为主义能解释我们的行为吗？

存在一种对行为主义的进一步的十分严厉的反对意见。到目前为止，我们只考虑了将一种心理状态归属于某个人的简单的句子，例如，“P 相信有一只老虎从动物园里跑出来了”。然而我们使用心理语言的方式远多于此。而我们了解它的最重要的方式之一在于对行为的**解释**：例如，我们也许会说“他锁住门，**是因为他相信**一只老虎已经从动物园里跑出来了”。而这种对心理语言的用法似乎是行为主义者不能掌握的。

为了理解这种反对意见的力量，我们不得不回到行为主义者用以分析心理语言的一般模式。我们发现，说某个人处于如此这般的一种心理状态，也就是说如果情况如此这般，那么他们将会如何行动这样的事情。说P相信有一只老虎已经从动物园跑出来，也就是说，在其他的情况中，如
81 果具备某些其他的条件，那么P会锁住门。但是看看当我们对一个说明性的句子进行释义时会发生什么情况：“P锁门是因为他相信一只老虎已经从动物园里跑出来了”变成“P锁门是因为如果具备某些条件，那么他会锁门”。但是这作为对P的行为的一种解释似乎站不住脚。它只是说，P锁住门是因为（在其他的行为倾向中）那是他在某些情况下将要做的事情。这就好像通过说“因为那就是把糖放入水中时它所呈现出来的状态”来回答“为什么糖溶解了”这个问题。当我们要求解释一个事件（或一个动作）时，我们的目的在于不仅仅想知道它总是在某些环境下发生，而且更想知道它**为什么**在那些环境下发生。

这对行为主义者来说是一个很严峻的问题。对行为的解释是我们对付心理语言的最重要的事情之一，所以，行为主义不能分析它表达了一个不丢失意义就不能释义的信号。这也不是一个通过睿智就能克服的难题。任何一种行为主义的分析都打算将“P做出这样或那样的行为是因为他们处于这样或那样的心理状态”这种形式的合理的解释性句子变成“P这样或那样行为是因为他们在某些环境下会这样或那样做”这种形式的句子。

这个难题是由行为主义者坚决认为根本不存在像心理状态这样的东西所引起的。如果没有这种心理状态，那么它们不能被援引作为对行为的解释，这也就不足为奇了。我们稍后会发现，当我们考虑一种称为功能主义的对心灵哲学的探究时，通过放宽这个限制条件，我们可以在避免许多反对意见的情况下，同时保留行为主义的许多合理的见解。根本不存在心理状态这一主张也是行为主义的分析彻底消除心理语言这一要求的理由，因而也是我们在这里将要考虑的对行为主义的最后一个反对意见的理由。

心理状态间的联系

行为主义在心理状态间的相互联系的方式上具有一个问题。通常，当我们通过详细列举采取某些行动所具备的条件来试图解释关于一种心理状态的一种主张时——也就是，当我们对我们的初始公式的A、B和C进行填充时——除了那些条件以外，我们不得不考虑行为者具有某些其他的心理状态这一事实。例如，考虑这种主张，即在某些条件下，相信一只老虎从动物园跑出来了的一个人会锁住门。这些条件包括那个人不想被老虎吃掉的愿望，因为假如那个人万一患有一种被老虎吃掉的奇怪的愿望，那么他就不会锁住门反而让门敞开着。因此，这种释义必须声明，假如除了其他情况外，那个人不愿意被吃掉，那么他就会锁住门。但是，如果情况是那样的话，这种分析显然没有消除心理语言。消除了"相信"这个术语而引进了"愿望"这个术语。

对此，一种可能的回答是承认这种释义会包括对其他心理状态的参考，但是要试图通过进一步的释义来消除这些参考。在开始的释义中，我们消除了对信念的参考，但是引入了对其他心理状态的参考，例如不被老虎吃掉的愿望，然后我们对我们的释义进行释义以便于再消除这些参考，并且以这种方式继续释义直到所有的心理语言消失。 82

然而，这一进程注定会失败。当我们试图对"P不愿意被吃掉"进行释义时会发生什么情况呢？假如除其他情况之外，某个人相信一只老虎从当地的动物园里跑出来了，那么伴随这种愿望而产生的行为倾向中有那个锁门的倾向。因此在那种意图消除对愿望的任何谈论的释义中这种信念不得不提及。但是，这就是我们一开始就具有的那种信念！"P相信一只老虎从当地动物园里跑出来了"这一表达式因此又重新出现在这种分析之中了。显然，如果我们再试图将它分析掉，那么我们的释义就会包括对P不想被吃掉的愿望，如此这般以至无穷的一种参考。为了摆脱心理语言，不管我们进行多少次释义，我们也不能消除对某些心理状态的参考。

行为主义的意义

给定行为主义提出的主张的相当奇怪的特性，以及一些反对它的论证的引人注目的特性，你或许想知道为什么我们不厌其烦地、如此详细地研究它的失败之处。对此，存在着许多原因，至少是这样的事实，即尽管它有缺陷，但在肯定心理状态和行为之间的一种联系上，行为主义似乎是十分正确的。

如果我们从自身的意识经验出发，那么我们肯定会将自省——审视我们自己的心灵——看做是获取关于心灵状态的知识的主要手段。相反，如果我们从我们面对他人的精神生活的方式出发，那么我们肯定会把行为看做是我们主要的切入点，并且谈论心理状态实际上是谈论行为这种主张开始显得非常合理。这就是我们上面提到的那种不对称性，而正是这个问题一直困扰着现代心灵哲学。20世纪上半叶行为主义的出现，通过肯定心灵—行为关系的重要性而反对以前数世纪一直在心灵哲学中占统治地位的心灵—自省的关系，使得该问题显得重要起来。行为主义因此具有某些历史意义。

行为主义还代表了最清晰——并且是最早的——探究哲学的典范之一，这种探究在20世纪中叶的多数时期内一直支配着英语世界的主题，并且其影响至今还非常强。那种探究的核心是这样一种观念，即哲学问题可以通过**分析**加以解决——这种在大多数说英语的国家的大学里开设的哲学仍旧被称为“分析哲学”。我们在这里没有空间准确地考察什么是分析，
83 但是通过行为主义的例子，你或许可以发现，它实质上是一种对我们使用的语言进行整理或者使之更加精确，并且确切地证实那种语言的不同成分正在发挥何种功能的问题。因此，一般人断言，分析哲学家已抛弃了哲学的传统领域——对世界的深层次真理的思考——而反过来忙于语言问题，尽管无论那是一个值得称赞还是值得谴责的问题是另一回事。

不幸地，我们不能说行为主义成功地表明了，正如它开始表明的那样，诸如“什么是心灵”这类问题是从来不应该问询的伪问题。行为主义的失败意味着这些问题具有永恒的意义，同时仍旧需要回答。

心-脑的同一性

> 如果心灵是（与行为主义者的主张相反的）某种东西，但不是（与二元论者的主张相反的）一种非物质的东西，那么心灵是一种物质性的东西，这不是一种显而易见的解决方法吗？心灵必定等同于身体，或者更可能地与诸如头脑和中枢神经系统这些身体的某些部分等同。如果这样的话，那么心理状态、事件和过程必定等同于物质状态（例如一个被激活的神经细胞）、事件（例

如一个放电的神经细胞）和过程（例如一系列神经细胞连续受刺激而活跃和放电）。

这种观点通常被称为心灵同一论。哲学家们通常求助于事例来解释他们说同一是什么意思。例如，术语“水”和“H_2O”是同一种物质的两个不同的名称：水等同于H_2O。同样，同一论者断言，“心灵”和“头脑”只不过是同一个（物质性的）东西的两个不同的名称，而且，同一论者对心灵发表见解的同时，她还对诸如你对这一页面的视觉经验这样各种各样的心理现象发表见解。同一论者宣称，那种视觉经验等同于在你的视觉深层的一个特定区域发生的电流活动，而“对这一页面的视觉经验”只不过是关于这种电流活动的另外一个名称罢了。

> 以这种方式进行说明，这个理论似乎明显是错误的。如果我说我正拥有如此这般的一种视觉经验，我不是在对正在我头脑里发生的任何事件发表见解。除非我懂得许多有关神经病学的知识，否则我甚至不知道在我头脑中正在发生着什么事情。因此，二者如何能够等同呢？

然而，就水和H_2O的同一性而言，正好保持着相同的状况。仅仅因为水和H_2O实际上是相同的，并不意味着任何使用这个或那个术语的个人都必须知道这一点。我可以要一杯水而不知道有关其化学成分的知识；而某 84
个人可以研究一本化学教材，学到许多有关H_2O的知识，却从来没有认识到H_2O实际上就是那种从水龙头里流出来的东西。类似地，你可以谈论你对这一页面的视觉经验，而丝毫不知道你实际上正在谈论你头脑中的电流活动。

值得将同一论者在这里所做的事情和行为主义者正在努力去做的事情区分开来。行为主义者想发现一种真正替换心理语言的方法，因为他们主张，像“心灵”这样的语词表面上所指称的东西实际上并不存在。同一论者对替换心理术语之事一点也不感到担心，因为就他们而言，心理术语的确指称事物，正如它们所显现的那样。同一论者关心去做的一切只不过是要说明那些事物是什么。该理论宣称，至于心灵，被指称的那个东西就是在其他条件下我们称为头脑的那种东西。但是这绝不是主张，我们曾经应该或者曾经能够用术语“头脑”来替换术语“心灵”。

因此，同一论承认，我们通常并不知道我们的意识经验实际上等同于哪种物理过程。但是，一旦我们通过经验性研究证实了这种同一性，我们必定要承认，如果某一个人正具有某一种经验，那么一种特殊的电流活动也必定出现在他们的头脑中——反之亦然（如果一种特殊的电流活动出现在他们的头脑中，那么他们必定具有某一种经验）。这必定如此，因为那些物理的和心理的描述正在描述同一事件。同样，一旦我们证实了 H_2O 和水的同一性，我们就必须承认，如果我们在饮水，那么我们在饮 H_2O。然而正是在这里，同一论开始陷入了困境。

同一论的困境

假设我已经证实了，比方说，痛苦的经验和在头脑某一区域——称之为痛苦区域——的电流活动的同一性。还假设我有一台扫描仪，它告诉我在任何人头脑中的那个痛苦区域是否存在着电流活动。现在考虑下述情境：

1. 某人正舒适地坐在扶手椅上，看着电视，喝着咖啡。当我问他是否痛苦时，他满脸惊讶，并告诉我，他当然不痛苦。可是，我的扫描仪显示在他的痛苦区域有巨大的电流活动。

2. 某人受了重伤。他痛苦地呻吟着，并且大声申明他是多么痛苦。可是，我的扫描仪没有显示出在他的痛苦区域有任何电流活动。

3. 你受了重伤并且极度痛苦。某人告诉你，在你的痛苦区域没有任何电流活动。

85 4. 我们碰巧遇到一群陌生人，他们的行动在许多方面和我们相似。如果他们受伤了，他们几乎和我们一样会大声叫喊和呜咽。可是，一项解剖学调查研究显示，那些陌生人具有一种完全不同的头脑结构，它不依靠电流释放而依靠各种类型的非常小的骨瓷片的运动。陌生人的痛苦等同于在陌生人头脑的任何地方形成的一种特殊形状的骨瓷。没有任何痛苦区域。

根据我们已经证实的在痛苦区域的电流活动和痛苦之间的同一性，我们将不得不说，第一个例子中的那个人是痛苦的，而第二个例子中的那个人不痛苦。在第三个例子中，不管怎样，你都不得不承认你自己不痛苦。而在第四个例子中，我们将不得不否认那些陌生人能够完全感觉到痛苦，因为尽管有行为，但是他们缺乏适当的生理机能。这些结论中的任何一个似乎都是不可接受的。在每一种情况下，特定的情节是不难想象的，但是同一论强加给我们的那种结论似乎是被误导的。

什么东西出了错？在我们的研究中，我们迄今已鉴定了两种证实一个人处于何种心理状态的方式。当那个人是我自己时，我通过自省得知我的心理状态；当那个人是另外的某个人时，我根据他的行为（包括他对自己心理状态的报告）进行判断。这两种获取知识的方法之间的张力或不对称性是成问题的，但是它是一种源于我们借以对人们处于何种心理状态做出判断的那些实际方法的真实张力。然而，我们现在已经将二者都置于和一种新的并且显然是虚假的第三种推测出某个人处于何种心理状态的方法相对立的地位：扫描仪。上面的事例所证明的是，扫描仪总的来说与我们确定某个人处于何种心理状态没有关系。在前两个事例中，我们继续依靠行为做出判断，不管扫描仪会显示什么信息。在第四个事例中，没有任何东西要扫描这一事实与陌生人是否痛苦这一问题不相干。而在第三个事例中，让扫描仪解读上述我们自己对我们心理状态的评定，这显然是荒谬的。

类型和殊型

然而，这并不是同一论的终结。它只不过是那种理论的一种特殊形式的终结。在引入扫描仪时，我们假设，我们已经在**一般意义上**的痛苦经验和痛苦区域内**一般意义上的**电流活动之间证实了一种同一关系。也就是说，我们假定了一种**类型**（type）的心理状态和一种**类型**的物理状态之间的同一性。但是，任何类型都有许多不同的例子，或者像哲学家们通常所说的，**殊型**（tokens）。例如，在你餐具抽屉里的所有刀具都是某一特定类型——即“刀具”——的殊型，而所有的餐叉则是另一种不同类型的殊型。现在，当我们声称在两种**类型**中存在着同一性时，正如我们在主张痛苦（一般意义上的）是在痛苦区域内的电流活动（一般意义上的）时所做的那样，我们断定了第一种类型的每个殊型也都是第二种类型的一个殊型，反之亦然。我们因此做出保证说，一旦我们发现了第二种类型的一个殊型，我们就拥有了第一种类型的一个殊型，这就是我们把扫描仪似乎看做是一台痛苦探测仪的原因所在。正是这一点使我们陷入了困境。 86

因此，同一论者所要做的最好的事情就是否认在心理状态的类型和物理状态的类型之间存在一种同一关系。反而，她应该做出这样一个更加一般性的主张，即所有心理状态（不管类型）实际上都是头脑状态（不管类型）。例如，一种痛苦状态，作为一种心理状态，也是一种头脑状态，但是从它是一种特殊类型的心理状态（痛苦）这一事实出发，不能证明它是任何一种特殊类型的头脑状态。

只要同一论者不使她自身陷于草率地将心理状态的类型等同于头脑状态的类型这样的困境，她就可以愉快地承认，一种痛苦经验（例如，现在我用针刺我的手臂时我的痛苦经验）等同于一种类型的头脑状态，而另一种痛苦经验（例如，当我用针刺我的手臂半小时以后我的痛苦经验）等同于另一种类型的头脑状态。她还可以承认，一个陌生人的痛苦经验可以等同于某一个完全不同类型的陌生人的头脑状态。给定这样的修改，扫描仪不再是一种发现某个人处于何种心理状态的方式，尽管它仍然是一种发现他们头脑状态的方式。

断言心理状态类型等同于头脑状态类型的同一论者被称为类型同一论者。没做出这种断言的同一论者被称为殊型同一论者。他们二者都认为，当我们谈论一种心理状态时，我们也在谈论一种头脑状态，因为他们二者都主张心理状态等同于头脑状态。但是与殊型同一论者不同，类型同一论者还认为，心理状态类型等同于头脑状态类型：例如，观看一个蓝色的三角形总是等同于一种特殊的电流活动。只有类型同一论者才面临着我们在扫描仪的情节中介绍的各种各样的反对意见。

功能主义：使用电脑模型

> 殊型同一论可以避免刚才讨论的那种反对意见，但是它只有通过在一个非常重要的问题上保持沉默才能做到这一点。如果一种痛苦经验是一种类型的头脑状态，而另一种痛苦经验是另一种类型的头脑状态，那么它们的共同点是什么？是什么东西使它们成为类型“痛苦”的所有殊型的呢？

这提出了普遍性的问题：是什么东西使得任何一种特定的心理状态成为它所是的那种心理状态之类型的呢？如果我们回顾行为主义的主要洞见，我们或许可以回答这个问题：心灵和行为之间的联系。也许使一种心

87

理状态成为一种状态而不是另一种状态的是它与其他的状态相互作用产生某些行为的方式——换言之，它的**功能角色**。

我们这里所说“功能角色”这个短语的确切含义是什么？一个比方可能有所帮助。电脑打印机可以处于两种状态，所谓的“在运行中”和“不在运行中”之一。使一种状态成为在运行中或不在运行中的状态的不是有关的物理状态的类型，而是那种状态在打印机的整个工作中所发挥的功能。例如，除了其他情况以外，如果按下“运行/不运行”键，这时打印机会接到电脑的指令开始打印和停止打印，那么打印机就处于工作状态。如果按下相同的键时，它会拒绝接受指令并且继续工作，那么打印机就不处于工作状态。特定的输入（电脑的指令和按键）和打印机的现行状态（或者在运行或者不在运行）结合起来产生了特定的输出（例如“打印”行为）以及打印机的一种新状态（它和打印机原先所处的状态或许相同或许不同）。正是一种特定的方式，即打印机的一种特定状态与关于输入、现行状态、输出和新的状态——其功能角色——的相互作用协调一致，使它处于一种运行或者不运行状态。

这个类比意在表明，一种心理状态——例如，老虎从动物园跑出来了这一信念——是借助其功能角色的那种心理状态。因此，如果我的心理状态是由某些种类的输入（例如从收音机听到一则新闻广播）所引起的，并且和其他的状态（例如，不被吃掉的愿望）相互作用引起进一步的状态（例如恐惧）和各种类型的行为（例如锁门的行为），那么它就具有一种特定的类型。

这种观点，即一种心理状态是那种凭借其功能角色的心理状态的类型，被称为功能主义。我们可以发现，功能主义如何维护行为主义的主要洞见——心理状态和行为之间的联系——同时也排除了心理状态实际上不存在这种令人烦恼的主张。这样，功能主义就避免了对行为主义的一些主要的反对意见。例如，功能主义没有关于通过诉诸心理状态解释行为的问题，因为与行为主义不同，功能主义可以承认，心理语言所讲的是它看起来要讲的东西——心理状态。

然而，承认心理状态存在，并且对什么使任何一种特定状态成为一种类型而不是另一种类型的殊型提供某种解释，这并不是要说一种心理状态实际上是什么。功能角色可以通过二元论所主张的那种非物质性的心灵状态来履行，就好比可以通过头脑或身体状态来履行。可是在实践中，功能主义者不想成为二元论者而想成为物理主义者——也就是说，他们相信人只不过是他们的物质性肉体，而不是任何其他的什么东西。（对于物理主义的进一步讨论，参见形而上学这一章。）但是，功能主义者并不一定要成为物理主义者。有一个要点非常值得注意；因为心灵哲学中经常困惑人们的事情之一是他们未能看到，我们所思考的不同的理论——二元论、行为主义、殊型同一论、类型同一论和现在的功能主义——并非都必然尝试
88 回答同一个问题。二元论和殊型同一论是对问题“什么是心灵”和“什么是心理状态”的可供选择的答案，这两个问题被行为主义作为无意义的东西加以拒斥。类型同一论以对一个进一步的问题“是什么东西使一种特定的心理状态成为它所是的那种心理状态的类型”——一个功能主义对其做出了一种对立性回答的问题——的一种回答来对殊型同一论进行补充。

对物理主义者而言，最好的选择似乎可以是将功能主义和殊型同一论结合起来。这将意味着主张心理状态等同于头脑状态——比方说，头脑某一特定区域内活跃的神经细胞——而不是借助由那种物理状态所履行的功能角色的心理状态类型。以这种方式，我们可以避免对类型同一论的反对意见。如果你回顾一下我们考虑过的那些令人困惑的事例，你就会发现它们没有对功能主义者提出任何问题。这是因为，心理状态等同于哪一种物理状态类型，对工具主义者来说无关紧要，只要那种物理状态履行了那种正确的功能角色——在每一个事例中，它都做到了这一点。

然而，在实践中，存在合理的理由将功能主义与一种比殊型同一论复杂得多的观点结合起来。其理由是，也许不可能把任何一种特定心理状态与之等同的一种特定的物理状态挑选出来。如果选择一个比我们前面选择的更加详尽的事例，并且考虑它不是一台电脑打印机而是那台电脑本身，我们就可以发现这为什么会如此。像我写作那样，我的电脑正在运行着一种语词处理程序包，并且我们随时可以确定这种程序的许多功能状态。例如，如果我按标有“F4”记号的那个键，那么假定当我这样做时该程序处于一种恰当的状态，其结果是一种“首行缩格”状态，接下来的文章就缩排在那里，直到我按另一个键。如果我同时按“Ctrl”和“F2”键，该程序将进入一种高度复杂的状态，在这种状态中，再按其他键就可以启动拼写检查或语词计数程序。

我在这里把这种程序说成是那种处于这些各种各样的功能状态的程

序。但是，当然没有人经诱导认为，在我的书桌上除了一台电脑——一个由金属、半金属和塑料组合而成的复杂的东西，电流和电势在其中高速流动和变化——还存在任何东西。当涉及程序和电脑时，我们没有经诱导成为二元论者。因此，如果除电脑外不存在任何东西，那么功能状态肯定是那台电脑的物理状态。那么，与“首行缩格”状态等同的物理性的电脑状态是什么？也许我们在电脑里查找出一个特定的电路，在程序处于这种“首行缩格”状态的任何时候，这台电脑都处于一种带电状态，而在程序不处于这种“首行缩格”状态时，它处于不带电状态。这个电路的状态看起来好像是那种“首行缩格”状态的一个合适的候补者。

但是，现在假设我完成了文字信息处理而开始玩一种电脑游戏。正是同一个电路在这个新程序中履行一种完全不同的功能——只要我的太空船能量护罩升起来，也许它就会进入一种带电状态。因此，那种“首行缩格”状态不等同于这个电路的带电状态，而等同于文字处理程序包正在运行的**既定条件下的**这个电路的那种带电状态——也就是说，假定电脑的其 89
他部分处于某一种状态。这表明我们不能将“首行缩格”状态等同于一个单独电路的带电状态，而只能等同于整个电脑的物理状态（包括那个单独电路的带电状态）。而且同样地，也许我们不能将一种心理状态等同于头脑的任何部分的状态，而只能将它等同于整个头脑的状态。实际上，假定头脑只是身体的一部分，我们也许不得不将每一种心理状态等同于整个身体的状态。

但是，这或许也不行。因为，假设除了正处于“首行缩格”状态，我还处于“黑体印刷”状态。根据同样的论证，“黑体印刷”状态也会等同于整个电脑的物理状态。然而，如果两种功能状态都等同于同一物理状态，那么它们也必定会相互等同。实际上，通过这一论证，这一程序任何时候的所有功能状态会完全是一种状态。然而，那明显是荒谬的。“首行缩格”状态具有一种完全不同于“黑体印刷”状态的功能角色，这就是我们谈论存在两种状态而不是一种状态的原因。这种推理的含义是，电脑的功能状态也不能等同于整个电脑的物理状态。

那么，功能角色是什么呢？一种主张是，只要我们自我认为电脑只不过是正在其中发生各种各样的电流事件的一堆金属和塑料，那么谈论功能状态就毫无意义。然而，我们通常带有我们自己的某些目标和计划来探讨电脑：我们用由我们特定的兴趣所决定的方式来解释它的行为，并且我们基于我们对电脑正在做的事情的估计能力确定功能角色的属性。如果漠不关心地浏览，那么电脑就没有功能状态。而如果根据我们对它能帮助我们完成任务的特别关心来查看，那么电脑就具有功能状态。可是，不清楚的是，能否对这种探究成功地加以充实完善。而即使能够，但我们能否把它延伸到涵盖心理状态，这仍然是可疑的。因为尽管我可以基于我的解释来解释他人的行为以及将心理状态归属于他们，但我确实不是通过这样一种解释而是通过直接接近那些状态达到我对我自己心理状态的估计。我正处于痛苦之中，这并不依赖于我具有由某个人，甚至不是由我自己归属于我的某种功能状态。正处于痛苦之中就是正处于痛苦之中。

回到意识的神秘性

我们似乎已回到我们开始的地方：那种普普通通而又奇怪的意识现象。它确实是一种**普普通通**的现象，因为它除了是一种必要条件外，也是我们每个人在醒着的任何时刻的经验的不可避免的部分。实际上，我们不妨可以说，它**是**我们的经验。而它是**奇特的**，因为它顽固地抵制进行解释
90 或阐明的尝试。心灵哲学的一个分支，即现象学，关注在人经历它时的意识的本质，并且试图准确地描述当某人意识到某种东西时发生了什么。这种现象学的探究典型地始于描述事物实际上对我们显现的方式，而不是始于对在引发意识时头脑程序角色的讨论，或者对心灵是否等同于头脑的讨论。

尽管我们在这里不能详细地讨论现象学，但是源自这种探究的一种特别有趣且重要的观念值得注意：意识总是意向性的这一论题。这里使用的术语“意向性的”并不具有其为人熟悉的有目的的或者故意的之意义。相反，它指的是意识总是指向某种东西这一事实。正如我们不能在没有观看某物的情况下处于观看状态，也不能在没有倾听某种声音的情况下处于倾听状态那样，在我们没有意识到存在某物的情况下我们不能处于意识状态。它也许是一盏灯、一种气味、一种记忆、一种痛苦、一个数学定理或者许多其他的东西，但是意识必定总是具有它的对象。这就是意向性论题。

这个论题一个重要的方面在于它有助于我们理解意识不是一种**东西**。它更接近于一种活动或一种态度。这就是为什么我不能仅仅反省和用心灵的眼睛观看它。当我使得某种东西成为我意识的对象时，也就是说，那种

东西“占据了”我的意识；那种东西控制了我的意识。然而，我的意识并没有**变成**它所指向的那种东西。不管我的心灵是多么全神贯注地关注我正在观察的场景，我正在听的那种音乐或者我正在沉思的那个想法，在**成为**一个东西和**成为**对那个东西的意识之间具有一种不可削减的区别。这种研究构成了让-保罗·萨特对意识的一个著名的悖论式描述的基础：“意识”，他说，“是我不是的东西，又不是它是的东西”。

意向性论题另一个重要的方面在于，它主张思考意识的最好办法也许是将我们的注意力集中在我们意识到的东西上：那一页面、这盏灯、那种声音。如果这是正确的——并且它的确貌似合理——那么我们必须承认，不能脱离它的对象——它指向的那些东西——来理解意识。作为意向性的一种模式来理解，意识就是我们认为事物存在的那种方式。但是，正如有许多种类的对象那样，也有不同种类的意指。你对一个页面的白色、那页面上的单词和它们的意思、墙上的图画、你听到的声音以及你对一张面孔的回忆的意识都需要不同种类的意向行为。它们中有一些是相当复杂的。如果你在你的墙上挂有某个人的一幅绘画，那么，你不仅把它当做是在一面着有色彩的一个二维对象，而且把它当做是对某个人的象征。你以你实施的一种复杂的意向行为把握它，不管它是多么的复杂，对所有这样的东西也都是如此。

如果我们考虑我们对一个单独对象的经验，那么就能进一步揭示意向行为的复杂性质。假设你正站在一座房子的前面。你看到了什么呢？这座房子吗？喔，不对。如果你站在正门边，那么你可以看到的是这座房子面 91
向正门的那部分。往上看：现在你看到了上层房间的窗户、烟囱帽的顶端以及天线或卫星天线。这座房子低一些的部分现在部分地脱离了你的视野。降低你的视线，然后在这座房子周围散步。当你这样做时，你隐隐约约看到了墙角、侧墙然后背墙，当其他部分消失时，这座建筑物的新的部分又显现出来。仔细观察房子是一种对存在性和不存在性的复杂的组合。当你绕房子行走时，你回忆过去的景象，又预期新的景象。但是房子并不只是这些“表象”的总和。我们是把那些表象作为整个意向对象，即这座房子的表象来体验的。**正是因为**我们打算把它们看做房子的表象它们才有意义。

当我们开始对实际上具有关于某事的一种意识经验会是什么样子进行耐心的描述时，我们马上就会认识到，心灵没有接受一点儿纯粹的信息、原始印象，即它而后具有将它们组合和建构成一个世界的任务。我们在认识论那一章中看到了，看待感觉经验的这种方式趋向于把印象锁在“头脑里面”，这就为怀疑论敞开了大门：因为谁会说内在印象与“外在于”真实世界的东西是一致的呢？这种对于心灵和世界的意向性探究令人瞩目的地方在于，它为心灵的本质上的“公共”性质提供了基础。心灵不是以它对意向性现象世界的经验在储存来自“外部世界”的信息，因为它本身就属于“外部世界”。

现象学没有消除精神生活或意识的根本的神秘性，仅仅做了其他的各种努力去把握我们在这一章所考虑的心灵的实质。但是，虽然我们还没有关于激发心灵哲学的那些基本问题的最终答案，不管所有这类哲学的活动，我们不应该下一无所获的结论。哲学经常被谴责为反复地绕圈子：并且哲学家经过几千年的努力却未能解答心灵和肉体之间关系的问题，这常常被援引为这种无意义的绕圈子的一个范例。但是，这种抱怨在两个方面是错误的。首先，它忽略了这样一种事实，即这种哲学研究已经产生了——并且还将继续产生——重大的科学洞见和进步。其次，这种抱怨误解了哲学的本质。那些问题可能还没有得到解决。但是，我们对它们的特征、深度和复杂性的理解力已经得到增强。因此，我们思考心灵的方式不断地在改变，而且今天还在继续变化。反思我们探询的那些问题常常与寻找答案同样是有价值的。

第4章

科学哲学

科学进步的显著现象

92 显而易见，世界在过去的两个世纪里发生了巨大的变化，这比人类历史上任何可比较时期内的变化都更迅速并且更富戏剧性。确实，这为什么会发生是一个令人感兴趣的、意义重大的且具有争议性的问题。但是，任何人难以否认，导致这些变化的主要因素之一是在理论科学和应用科学中所取得的惊人的进步。我们生活在一个充斥着摩天大厦、汽车、飞机、电视、电话、计算机、人造灯、各种电器、塑料制品及其他合成物、抗生素、X光、照片……的世界。这个对由现代科学产生的事物的列表能够无限地延展，这些事物环绕在我们周围，而且我们已经变得完全依赖于它们。

不过，尽管科学的影响及其显著快速的进步可能有助于解释我们世界的变化方式，这种进步本身却需要一个解释。毕竟，它是一个极其令人惊奇的现象。我们在刚刚过去几个世纪对世界的科学理解，较之此前的整个人类历史对世界的科学理解，有了长足的进步。当与人类奋斗的其他领域相比时，科学进步的速率也是显著的。我们不必否认，在诸如文学评论、哲学、历史或社会学等领域能够取得并且业已取得进步。但是，自然科学所取得的这种进步以及进步的速率似乎仍然具有一个与众不同的次序。

> 科学的成功确实如此神秘吗？比如，将心理学与占星术加以比较，或者将现代医学与中世纪医学加以比较，或者将现代天文学与古代天文学加以比较。差异是显而易见的：现代科学依赖于真实的假设，而以往所开展的活动依赖于虚假的假设。只要你相信，星星主宰你的品性，或者疾病归因于仇恨的神灵（the presence of bad blood），或者太阳围绕地球运转，你就不会取得任何进步。但是，一旦你以正确的假设着手去研究，你的探究就会步入正轨，并且进步或多或少是不可避免的。

这个回答当然在表面上是合理的。但是从哲学的观点看，它是成问题的。毕竟，为什么我们相信现代科学所依赖的假设是真实的？我们如此认为的主要理由是，基于它们的研究较之基于其他假设的研究更趋于成功。
93 例如，始于接受日心说的天文学家较之地心说的天文学家可以处理的事情能够做出更准确的预言。而且，他们对天体如何活动的描述更符合于科学的其他部门，诸如重力理论。但是，现在看起来，我们似乎在说某些诸如此类的东西：

> 科学的成功归因于它的真实性，并且我们知道它是真实的是由于它的成功。

这存在的问题在于，需要进行解释的东西——科学的成功——包括在这个解释之中，这有点像通过构造一个包含我们正试图定义的这个语词的定义来定义一个语词。所以，说科学是成功的是由于它的假设是真实的是那些初看合理但经检验证明是有点空虚的解释之一。不过，关于这个问题还有更多的东西要说，我们会在下文再度回归它。

人们可能会对现代科学所取得的显著进步提供什么其他的解释呢？宽泛地说，存在这样两种解释：

- 它们基于**外在于**（external）科学的因素：例如，投入科学的基金水准、科学与军事的关联、科学与经济利益的关联、个体科学家的智力，或者专业的科学组织在传播信息和促进合作方面的成效。
- 它们基于**内在于**（internal）科学的因素：例如，科学家典型运用的方法论，或者他们普遍认为自明的理论假设。

这两种解释并非相互排斥，二者都能帮助我们理解科学的进步。尽管如此，科学哲学家一般专注于第二种——内部的因素。他们的基本信念是，存在某种科学活动的方式，它指导自身的方式，此方式是它在现代取得卓越成功的主要原因。因此，他们的主要目标之一是，分析科学的**方法**（method）——也就是，科学家用以得出他们的结论并为之进行辩护的方式（way）。而且，假如科学的方法确实是它成功的主要原因，那么，一种对科学方法的解释也会为在科学与非科学之间做出区分提供基础。换句话说，我们的解释应该有助于我们回答更一般的问题。比如，什么是科学？什么致使一项活动是科学的而不是非科学的或伪科学的？

什么致使科学成为科学的?

这是当许多人思考这个问题时他们可能会提出的一种看似合理的观点：

> 94 根据事实——它的主张必须得到证据的支持，对一个问题的一种科学的探究能够区别于一种非科学的探究。例如，将创造论者关于人类如何存在的观点与达尔文的观点加以比较。创造论者说，《创世记》中所讲的故事确确实实是真实的。他们没有走出去为他们的理论搜集证据，只是承认《圣经》中所写的东西。并且他们对《圣经》的承认并不以更深层的证据或理由为根据。正如他们自己所言，它依赖于信仰。比较而言，进化论则以达尔文及数以千计的其他科学家对化石记录、物种间的同异性、变种、灭绝等的无数观察为根据。即使它比任何即将问世的敌对性的解释更好地解释了这些现象，假如指明一种不同解释的新证据显露出来，则科学家也会以新理论取代这种旧理论。

显然，这种主张具有一定的正确性。为人所熟知的有关伽利略的落体实验的故事极好地例示了这个观点。在中世纪的晚期，古希腊哲学家亚里士多德的观点被奉为最高的权威，不仅对于哲学问题而且对于科学事实问题。亚里士多德的权威如此巨大——中世纪人常常简单地称他为“哲学家”（the Philosopher）——以至于在某些领域仅仅引用他的观点作为证实一个主张之真实性的一种方式就被视为是充分的。那么，亚里士多德断言，重的物体比轻的物体降落到地面的速度更快。这一观点在长达两千多年的时间里几乎根本没有遭到任何争议。据传说，伽利略通过从比萨（Pisa）斜塔的顶部掷落不同重量的物体证明了它是虚假的。这个故事也许不足信，但是它所以流传下来是因为它在探究科学问题的新旧方式之间做出了如此生动的比较。

从而，现代科学知识以经验为基础，或者更明确地说，以谨慎的实验和观察为基础。这毫无争议，并且或许有助于将科学与至少某些非科学的实践区分开来。但是，假如我们想理解科学和科学方法论的实质，我们就需要更深入地探究科学**如何**依赖于经验。

例如，科学家显然对进行**预测**感兴趣。确实，当我们谈论现代科学的“成功”时，我们大概主要想到的是它进行可靠预测的能力。这种能力在所有的领域并不是均等的：例如，气象学家的预测常常是不准确的。但是在许多领域，科学预测的准确性和精确性（accuracy and precision）确实是令人惊奇的。天文学家能够将即将出现的日食的时间预测到秒；工程师能够精确地预测出在一个结构垮塌之前它能够承受多大的压力；以及化学家能够十分精确地描绘混淆一种特定的化学药品所导致的后果。正是它可靠的预测使得科学的力量如此强大。但是，显而易见，所有这些预测都依赖于各种各样的假设。

举一个简单的例子。假如我将一颗铁钉放入一杯水中达一个星期之久，它就会生锈。化学家能够告诉我们为什么：水与铁相互作用而导致铁被氧化，棕色的沉淀物我们称为锈。我们如何知道这颗铁钉将会发生什么变化？自然的回答就是说，我们依据过去的经验知道：铁一旦遇到水并持续一段时间，它就会生锈。实际上，我们是将对于铁的这种主张作为一个普遍的真理而提出的；而且我们还主张，这一普遍的真理将在我们面对的这一情形中得到证实。但是，这就引出了下述问题：我们如何能够为思维进程——从我们对过去情况的有限的经验到大胆地断言对未来的概括和预测（显然，这两种情形都超越了对我们所经历的事物的单纯报道）——进行辩护？这是**归纳问题**。 95

伽利略（1564—1642）

伽利略在科学史上是最重要的人物之一。他或许是因为首次用望远镜进行天文观测而闻名遐迩。这使他发现，木星具有许多卫星（moons），以及我们自己的月球（moon）具有山脉和陨石坑——这些发现以精妙的方式支持了一个世纪前由哥白尼提出的、存在争议的日心说。众所周知，他的天文学发现公布之后，伽利略因天主教会被迫撤回声明，后者认为哥白尼的观点有悖于圣典。

不过，伽利略对科学最大的贡献在于他发展了一种崭新的物理学，它挑战并且迅速取代了旧的亚里士多德的物理学。亚里士多德的物理学将事物的**性质**描绘成它们显现的意义，它通过假定本质属性（essential nature）来解释事物的活动（例如，一块石头之所以说要落到地面是因为它的自然状态是静止)，并且它认为地域（earthly realm）在本质上有别于天穹（heavenly realm）。伽利略物理学的基础是从经验抽象出来的一般原则——例如，惯性原则，他是阐述该原则的第一人。他将物理学数学化，给予那些诸如控制抛射物、钟摆和自由落体的机械规律以精确的数学阐述。他消除了地域与天穹之间的区别，假定他的原则为纵贯整个宇宙统一发挥作用的普遍的宇宙规律。

96

批判地思考！　　演绎推理和归纳推理

演绎是一种推理过程。在其中，某一结论**逻辑地**从一系列前提推导出来。例如：

前提1：所有的水都含有氧。
前提2：这个坛子内的液体是水。
结论：因此，这个坛子内的液体含有氧。

一个演绎论证是有效的，仅当结论确实从前提中推导出来，正如它在刚刚给出的那个例子中那样。注意，前提事实上是否是真实的与有效性问题不相干，所以，下述论证也是完全有效的：

所有的政治家都是山羊。
没有山羊像巧克力蛋糕。
因此，没有政治家像巧克力蛋糕。

它是有效的，因为**不可能所有的前提真实而结论虚假**。但是，这个结论当然是虚假的。已知这个论证在逻辑上是有效的，这告诉我们，至少一个前提必定是虚假的。虽然这个论证是有效的，但是它仍然不是可靠的。对于一个演绎论证的可靠必须满足两个条件：

1. 它必须是有效的。
2. 所有的前提必须是真实的。

归纳也是一种推理过程，但它是这样一种推理过程，其中的结论不能逻辑地从前提中推导出来。相反，前提以一种非常松散的方式支持结论，这里有一个归纳论证：

前提 1：铁钉在水中生锈。
前提 2：铁垫圈在水中生锈。
前提 3：铁刀在水中生锈。
结论：因此，一切铁质物体都在水中生锈。

在此，有可能所有的前提真实而结论却虚假。然而，前提还是在下述意义上**支持**结论：假如它们是真实的，那么，结论**有可能**是真实的。而且结论真实的可能性会随着更多前提的增加而增强。

严格地说，一切归纳论证在演绎上都是无效的。这是因为，结论不能完全揭示前提已经包含的内容。结论超越了前提，或许提出了关于未来事件的主张，或者提出了对于某个类的所有分子（例如，关于一切铁质物体的这个类）的主张，而此类的大部分分子还未被观察。但是，归纳论证可以**或强或弱**。假如一个归纳论证是**弱的**，不管前提是真实的这一事实，**结论非常容易是虚假的**。这里有一个关于弱的归纳论证的实例： 97

第一次世界大战爆发于萨拉热窝（Sarajevo）。
因此，奇数的世界大战爆发于萨拉热窝。

一个归纳论证是**强的**，仅当前提的真实性致使结论是压倒性地可能的。描述我们所谓的自然规律的陈述由强的归纳论证所支持。

归纳问题

归纳的基本问题如是：什么为我们的思维进程——从数量有限的特定观察到涵盖我们尚未观察的情形的结论——进行辩护？这种推理的两种最常见的形式是：

(1) 从过去向未来过渡：

在过去，七月总是比三月热。

因此，下一年七月将会比三月热。

(2) 从特殊向一般过渡：

吉姆被割伤时就会流血；贾马尔也如此；约翰也如此；吉尔也如此；朱安尼塔也如此……

所有的人被割伤时都会流血。

显而易见，这两种形式的归纳推理都绝对是日常生活的基础。为什么我相信一杯水不会使我中毒，或者头顶的乌云是降雨的预兆，或者从一幢高层建筑跳下会致我死伤？在每一种情形中，我都将我的信念建立于经验的基础上——或者是我自己的经验，或者是我还不了解的其他人的经验。同样显而易见的是，归纳也是科学的基础。以任何自然规律诸如“在一个标准大气压下，水在100摄氏度时沸腾”为例。我们相信这一规律，是因为在无数场合在那些条件下在那个温度水的样本经观察都会沸腾，并且在任何其他温度水的样本从未被发现会沸腾。

但是，指出归纳思维既是科学又是日常生活的基础并不是将它视为一个理性的程序而加以**辩护**。问题不在于：如果不归纳地思考我们还能够过正常的生活或搞科学吗？问题在于：当我们归纳地推理时，我们是**理性**的吗？

为了加强和深化我们对这个问题的理解，让我们关注一个简单的实
98 例。我打算喝一杯咖啡。假如某人问我为什么我相信这杯咖啡会给我带来愉悦而不会致我身亡，那么，我将会回答：在过去的20多年，我已喝了成千上万杯咖啡，其中大多数给我带来的是愉悦而没有一杯致我身亡。当然，我面前的这杯咖啡完全有可能含有毒药，在此情形下我相信饮用它是安全的是错误的。但是，事实——它**可能**是错误的——并不证明它是非理性的，它只是意味着它不是绝对确定的。要是仅仅因为存在某人会在我的咖啡里下毒这么一种微小的（我们希望的）可能性，我就将咖啡倒进水槽或者雇请一位食物品尝者，这种做法就是非理性的。

为什么我如此确信喝咖啡不会致我身亡？明显的回答是，证明饮用它而致命的情况极不可能出现：例如，一个仇家将氰化物偷偷放进我的杯子里；一个恐怖主义者今天早晨用致命的毒药污染了水；我的身体近来出现

一种罕见的症状以致使咖啡有害于它。除非这样的情况出现，我确信今天早晨喝咖啡会具有和我其他每一次喝咖啡同样的结果。这样，我对我面前的咖啡的无害性的确信似乎依赖于两个假设：

1. 今天早晨没有异常情况出现；

2. 在没有异常情况出现的前提下，今天早晨喝咖啡会具有和先前一切喝咖啡的场合同样的结果。

这两种信念都以过去的经验为根据。正如我们已经注意到的，信念（1）是不完全确定的，但是信念（2）如何？这个信念更确定吗？乍一看，它似乎如此。假如两个信念都证明是错误的，则我会感到惊异——或者，更确切地说，那些救了我的人会感到惊奇。但是，在这两种情形下所经历的惊奇是不同种类的。假如（1）是错误的，人们就会经历这样一种惊奇，即它通常伴随着我们不期望的但我们承认可能会发生的事件。然而，假如（2）是错误的，他们的惊奇就会完全处于一个更高的层次。实际上，大多数人甚至不会承认（2）可能是错误的。应验尸官的请求，如果一个医生打算报告，死亡的原因是饮用咖啡，并且在此场合下没有任何特殊的理由碰巧证明致命，则他们的证据就会自动地被验尸官、陪审团、警察及任何其他人所拒斥。为什么？

假设（2）实际上依赖于一个更深层且更一般的假设，即自然界以一种统一的方式运转。换句话说，我们确信，相同的原因总会产生相同的结果。假如喝咖啡使我在星期二精神振作，而在星期三却致我身亡，那么，在解释不同结果的两个系列的情况中**必定**存在着某种重大的差异：例如，咖啡里有毒，或者我的身体状况发生一个变化。说自然界统一地或一致地运转的另一种方式就是说，它的活动为**规律所控制**。我们根据经验所进行的某些概括表达了我们视为自然规律的东西：例如，光在真空中以299 792公里/秒的速度运行。这样的概括表达了我们认为是真正普遍的真理，它们放之四海而皆准，不允许有任何反例。说自然界以一种统一的方式运转，就等于说所发生的每件事情都与自然界的普遍规律相符合。 99

现在，我们可以辨别三个而不是一个由我们假定自然规律的方式所引出的问题：

1. **基本的归纳问题。**什么为思维进程——从数量有限的观察到一个涵盖迄今为止未被观察的情形的概括或预测——进行辩护？

2. **“投射”**（projection）**问题。**为什么某些归纳概括被视为可能具有反例的单纯的概括，而另一些则被视为表达了毫无反例的普遍的规律？

3. 什么为我们的信念——自然界作为一个整体统一地运转——进行辩护？

让我们直接解答第一个问题而将其他问题留到后面。

对归纳推理的合理性表示怀疑的第一人是18世纪的苏格兰哲学家大卫·休谟（参见文框）。他的怀疑理由可以简单地陈述为：**归纳不是演绎**。在一个有效的演绎论证中——或者至少在一个相当简单的演绎论证中，我们完全能够“看出”结论如何从前提中推导出来。（假如我喜欢任何种类的音乐，并且假如强节奏的黑人音乐［reggae］是一种音乐，那么这**显然**推出我喜欢强节奏的黑人音乐。）但是在一个归纳论证中，从未如此。无论我们检验多少块铜以察看它们是否会导电，这都不会**逻辑地**推导出：我们检验的下一块铜会导电。

我们是否在可能的时候通过演绎法来避开这个问题，至少某些时候可以做到这一点？假设我想推导出：我面前未经检验的这块铜会导电。为什么不遵循下述理路简单地构造一个演绎论证，而不是根据对其他的铜的样本的检验进行一个归纳推理？

> 所有的铜都导电。
>
> 这是一块铜。
>
> 因此，这块铜导电。

这个论证当然是有效的。而且，这是一种毋庸置疑的推理，常见于科学和日常生活中。但是，为什么这个步骤并未解决这个问题，这应该是显而易见的。前提“所有的铜都导电”是一个概括。我们根据过去所做的无数次的观察相信它是真实的。换句话说，这个前提本身是一个归纳推理的产物，所以，与这个前提相关的归纳问题再一次简单地出现。什么赋予我们权力从**许多**对导电的铜的特殊观察过渡到关于**所有**的铜都导电这一概括？

100

大卫·休谟（1711—1776）

大卫·休谟被公认为是最伟大的不列颠哲学家以及现代最重要的思想家之一。他生于苏格兰，在爱丁堡（Edinburgh）大学受教育。当他还是一个学生时，他就下决心追求学者的生涯。他26岁时出版的《人性论》(*Treatise on Human Nature*)，尽管具有明显的原创性，却没有被普遍接受。不过，休谟继续写作，并最终变得闻名遐迩——同时也变得臭名昭著，这不仅因为他对哲学的贡献，而且因为他卷帙浩繁的《英国史》以及其他关于政治学、经济学和情趣问题(matters of taste)的"大众化的"著述。但是，他持久的荣誉建基于他对形而上学、认识论、伦理学以及宗教哲学的高度原创性的贡献。

休谟因为他对宗教持怀疑态度而在他的时代变得臭名昭著。这种态度以在我们大多数对于世界的信念中采取的一种更深远的怀疑论为基础。休谟主张，无论我们何时提出有关超越我们自己实际经验的事实问题(例如，我们自己没有亲眼目睹的未来事件，或者过去的事件)的主张，我们都依赖我们的关于因果关系的知识。这样的知识完全依赖于经验。仅仅通过检验水本身，我不能知道当水变凉时会变成冰。这是我从过去的观察了解到的某种东西。但是，比方说，对于我的信念——下一次我将水冷却至零度它会变成冰而不会起火燃烧——根本不存在**理性的**辩护。这种可能性不会被理性排除，也不会被经验排除，由于经验只能告诉我们什么**已经发生**，而不是什么**即将发生**。

那么，为什么我们假定未来与过去以一种有规律且可预测的方式相类似？休谟的回答是，当我们看见两件事情"恒定地结合在一起"(constantly conjoined)(也就是，一件总是为另一件所伴随)之后，我们的心灵就形成一种习惯：期望第一件事情为第二件事情所伴随。他断言："源于经验的一切推理是习惯的结果，而不是理性的结果。"

这其中清晰可见的隐含之意——休谟对此欣然接受——是，我们的大多数知识具有非理性的基础，我们不能以其他的方式进行思考。但是，它们的基础是内省或习惯，而不是理性。休谟继续声称，理性和经验都不能为我们揭示关于传统形而上学所讨论的事物的真理，这些事物包括诸如上帝、灵魂或者想象上产生我们感觉的实质性物质。

显然，我们不能用演绎为归纳进行辩护。但是，归纳不能为自身进行辩护吗？这个问题极其一般的陈述是：我们何以证明过去的经验是一个达到未来经验的合格的向导？当然，我们所有的人都曾经使用过归纳推理，我们在无以数计的场合这么做，并且 101

取得了巨大的成功。从而，由于在过去我们先前的经验业已成为一个达到未来的合格的向导，所以，我们会合情合理地推断：在未来它们会继续充当一个合格的向导。

这是一种美好的尝试。但是，它不能被视为对归纳的一种理性的辩护。它可能招致的一个反对意见是，事实上归纳推理经常失败。偶尔也会出现这种情况：人们在清晨放心地饮用咖啡，却真的发现有毒。更严肃地说，许多根据经验做出的概括结果证明是错误的：例如，人是使用工具的唯一动物这一主张曾经得到人们普遍地认同，直到它被简·古达尔（Jane Goodall）对黑猩猩的观察所证伪。

然而，用归纳对归纳进行辩护这一意图还存在一个更深层的逻辑问题。实际上，这个论证是一个关于“用未经证明的假设来作论证”（参见认识论一章的文框）这一错误的典型实例。这个论证可以列示如下：

前提1：归纳在场合1证明是可靠的。
前提2：归纳在场合2证明是可靠的。
前提3：归纳在场合3证明是可靠的。……
结论：因此，归纳是可靠的。

这个论证的结论是：归纳是可靠的。但是，这个结论是从前提凭借一个归纳推理获得的。因此，**任何提供这一论证的人已经假设归纳推理是可靠的**。假如他们不如此假设，前提就不会给予结论任何支持。从而，这个论证假设了它应该证明的东西，即过去的经验是未来经验的合格向导。这个假设不是根据任何前提提出的；它是根据这个论证的逻辑结构提出的。

假如归纳既不能演绎地也不能归纳地加以辩护，那么这是不是意味着它根本不能加以辩护？继休谟之后，许多哲学家确实得出了这个结论。但是，另有一些哲学家认为，我们不应该如此轻易地宣称：归纳推理是非理性的。有人尝试依据或然性对它进行辩护。他们声称，尽管归纳从来不能产生确定性的结论，它却能够产生**或然性**的结论。例如，当我进行一次概括时，此前被观察的事例就是证据性的支持。假如概括仅仅以少数的事例为根据，那么，我们通常就会承认，它极有可能是错误的。但是，随着我们见证越来越多的证实我们的概括的事例，并且从未遇到任何证伪它的反例，我们肯定这一概括的自信心就会逐渐增强。诚然，我们永远不能断言：我们的结论是绝对确定的，但是在许多情形下，它的真实性似乎是极其可能的。

这种或然论的辩护的确捕捉到归纳的一个重要方面，即在许多情形下，我们断言一个概括或一个预测的信心依赖于先前业已被观察到的肯定性事例的数量。例如，如下概括：你不能在航空飞行中得到一杯像样的咖啡，由于你所拥有的关于航空咖啡的每一次否定性的经验而变得更加可能。可是，这种对归纳的或然论辩护至少在两个方面是不能令人满意的。一个问题是，在许多情形下，我们对一个归纳地推导出来的结论的自信心完全不受更多的肯定性事例的影响。例如，所有的人都是会死的这个命题不会因另一天的讣告而增加丝毫的可能。这同样适用于表达自然规律的概括。就许多概括而言，存在这样一个临界点——而且有时候，这个临界点根据极少数肯定性的事例就可以极为迅速地达到——在那里，再没有任何东西能够进一步增加我们对命题真实性的自信心。打个比方说，它站在确定性的门槛上，而且我们将它看做是不完全确定的唯一理由是，它不是一个逻辑真理（即这样一个陈述：它的否定陈述会导致一个矛盾）。

对于对归纳的或然论的辩护，还存在第二种且更根本的反对意见：它似乎没有领会要点。记住，基本的问题是，根据被观察的事例推导出来的关于未经观察的事例的结论是否能够加以理性地辩护。或然论的论证说，它可以得到辩护，因为我们观察的事例越多，任何未经观察的事例与之类似的这种可能性就越大。但是，问题仍然是：**为什么**更多的肯定性的事例使得已推得的概括或预测更加可能？由归纳的批评者诸如休谟提出的主要要点确切地在于，这个信念——被观察的事例与未经观察的事例之间存在某种关联——不具有任何理性的基础。这样，这个论证，像通过求助于归纳为归纳进行辩护的尝试一样，是**用未经证明的假设来论证**：它预设了应该去证明的东西。实际上，究其根本，它的的确确仅是那另一种论证的一个不同形式。

“投射”问题

根据休谟的观点，假设我们在过去观察的相互关系——例如，火焰与热的相互关系——在未来会继续，这没有任何的理性基础。可以想象，我们下一次面临的火焰使我们感到凉爽而不是温暖。尽管如此，我们确实期望这样的相互关系延续下去。的确，我们在某种意义上将它们视为**必然的**。火焰**必然**是热的，将它置于一块冰的下面，这块冰必定会融化。

在休谟看来，两个事物或两个事件之间确实不存在任何必然的关联。这种对关联性的观念纯粹是我们在本性上添加的一种“虚构”。他说，当我们经历总是相互关联的两件事情时，我们的心灵就会形成一种期望它们
103 在未来一起出现的习惯。从而，当我下一次在某一冰块下面看见火焰时，我就会期望这块冰融化，对这一过程或类似的过程的反复观察使得这种期望非常强烈——事实上，如此强烈，以至于我们发现，难以严肃地对待这种可能性：将火焰置于某一冰块之下而冰块却不会随之融化。假如我们感知到第一件事情，我们就会必然地期望第二件事情。但是，这种必然性是一种**心理的**必然性；它不是我们事实上**感知**到的联结两个事件的某种东西。然而，我们将它投射到被观察的事件上，并且得出结论：本质上，一个原因本身必然与它的结果相关联。我们认为，尽管一块冰不会被火焰融化**在逻辑上**是可能的，但是它必然会融化——所提及的这种必然性是自然的而不是逻辑的。

> 这好倒是好，可是，难道休谟没有忽略一个重要的要点吗？对两个事物或两件事情之间的相互关系的反复观察并不总使我们去期望它们在未来也会相互关联。直到你翻到一本书的最后一页，你所读的每一个语句都为另一个语句所追随。但是，你并不期望这会适用于你进一步碰到的每一个语句。美国的历任总统都是男性白种人，但是，我们认为，在这种情形下，这个职位与这些特性之间不存在任何必然的关联。

这显然是正确的。它建基于这项研究，即美国哲学家尼尔森·古德曼(Nelson Goodman)以下述方式重新阐述归纳问题：使它的某些方面变得更突出。根据古德曼，问题的关键在于两种假设之间的差异。为什么我们认为一些假设——诸如所有的水在零摄氏度都会结冰——是合法的归纳概括，而认为另一些假设——诸如所有的美国总统都是男性白种人——是不合法的归纳概括，即使它们二者似乎都同等地得到经验的支持？将“投射”这个术语应用于预测和概括（二者都是将我们已经观察过的事物“投

射”到我们尚未观察的事物之上去的假设），问题可以如此陈述：合法的投射与不合法的投射之间存在什么差异？这是古德曼对归纳问题的重新阐述。

为什么不以这样的方式将它们加以区分：合法的投射表达自然规律，不合法的投射则不表达自然规律？

在某种意义上，这似乎是正确的。但是，它事实上并没有解决问题，仅仅将它推后了一步。因为问题是：为什么我们认为某些投射表达或者依赖于自然规律，而认为其他的投射仅仅表达或者依赖于偶然的规律性？为了例示这个问题，古德曼构造了一个一度名扬哲学界的有独创性的思想实验。它被称作“双色悖论”（grue paradox）。

为了阐述他的要点，古德曼发明了一个新术语，谓词“双色的” 104
（grue）。它可以这样的方式加以定义：

一个事物是“双色的”当它

1. 在2000年1月1日之前经检验发现是绿色的，或者
2. 在1999年12月31日之后经检验发现是蓝色的。

在2000年之前，数以千计的绿宝石（emeralds）被检验，每一块都是绿色的。这样，我们经验中的这种规律性支持了下述投射：

一切绿宝石都是绿色的。

但是，它完全在同等的程度上也支持了下述投射：

一切绿宝石是双色的。

现在，假设时间是2000年1月1日。一块绿宝石处于一个密封的盒子里，它是被机械地放入这个盒子里的，而且它的颜色尚未经过任何形式检验。这个盒子准备打开，以便检验这块宝石。但是，在它被打开之前，你受人请求去预测这块宝石的颜色。假如就你从根本上做出一个正确的预测而言，你大概会预测：这个盒子里的宝石将会证明是绿色的。当你被人请

求解释你的预测时，你大概会说，它是基于事实——到目前为止，一切被检验的绿宝石都是绿色的——的一个归纳。但是，到目前为止，一切被检验的绿宝石都是双色的，这同样是真实的。所以，完全相同的一个归纳推理将会支持预测：在这个盒子里的绿宝石是双色的。但是，假如盒子里的绿宝石是双色的，那么——由于现在是1999年12月31日之后——它就不会是绿色的，而是蓝色的！

我们在此得到一个悖论。这个论证表明，从纯逻辑的观点看，就如同预测盒子里的绿宝石是绿色的一样，预测它是蓝色的也是合情合理的。但是，这与我们的深层理念——这块绿宝石极有可能是绿色的而不是蓝色的——相矛盾。确实，假如有一笔相当丰厚的利害攸关的奖金，那么任何严肃地认为在绿色和蓝色之间难以定夺的哲学家或逻辑学家都将被视为疯子。

你也许认为，这个论证的一个错误在于，它依赖于由一个哲学家所发明的一个稀奇古怪的、矫揉造作的概念。但是，“双色的”（grue）这个概念的奇异性或造作性——在某些哲学家中赋予“可憎的”（gruesome）这个术语一种新意义的一个特性——并不影响所陈述的基本要点。那两个假设与支持它们的证据具有完全相同的关系，它们事实上由完全相同的证据所支持，并因此在某种意义上，它们必定同样是理性的。

无须说，并非每一位当代哲学家都承认古德曼的论证。但是，大多数当代哲学家会承认，它成功地引起了人们对一个非常深刻的科学哲学问题的关注：为什么某些谓词较其他的谓词更可投射？比较下述两个陈述：

105 所有的水都含有氧。

这家医院所有床边的水槽都含有氧。

二者都是以有限多个证据为根据的普遍陈述。但是，我们只认为第一个像规律。我们很可能预测，我们所面临的下一个水的样本和床边水槽的样本都含有氧。但是，假如我们对于床边水槽犯错误，我们只会适度地感到惊异。假如我们对于水的样本犯错误，我们就会彻底地感到困惑。

许多科学哲学家，尤其是与那些以逻辑实证主义而著称的学派有关联的科学哲学家，寻求揭示某一特性，它**内在于**某些概念而不是其他的概念——它们在某些情形下而非其他情形下将会为我们创造的规律般的投射进行辩护。然而，根据古德曼，这一特性根本不存在。“绿色的”与“双色的”，或者“水”与“这家医院床边的水槽”之间的差异并不在于它们的逻辑特性。差异仅仅在于，我们更习惯于投射某些谓词而不是其他的。古德曼将我们习惯于投射的那些谓词描绘成更易于“牢固地树立的”（entrenched）。正是以这一点为基础，我们将某些投射看做比其他的投射更加理性、更加确定。

有关此悖论的这种“解答”的讨论会使我们离题太远。但是，注意到它能使人联想起休谟本人是如何“解答”归纳问题的，则是有趣的。根据休谟，我们做出归纳的基础是他所谓的“习惯”（custom or habit），正是它致使我们将我们过去的经验投射到未来上去。根据古德曼，我们之所以在某些情形较其他情形更自信地如此做的理由与我们如何**习惯**于做出某些类型的投射有关——换句话说，它与惯例或习惯有关。一个休谟和古德曼的批评者会说，他们仅仅描述了我们做了什么，而没有证明归纳思维如何是**理性的**。休谟会毫不怀疑地承认这一点，并补充说，他的整个要点在于，我们关于世界的知识，就它以归纳为基础论，拥有一个非理性的基础。然而，古德曼会声称，如同休谟一样，这个批评者具有一种太过抽象的理性观。那比演绎地思考更加理性。确实，我们应该承认，承认一个人的信念和推理过程由惯例形成也是，**并且应该也是**，所谓的我们的理性观的一部分。

归纳：谁需要它？

20 世纪杰出的科学哲学家之一，卡尔·波普尔（Karl Popper），对归纳问题提出了一种完全不同的解答。波普尔完全接受休谟的要点——严格地说，归纳论证是无效的，但是，他不接受休谟的怀疑论的结论——科学具有一个非理性的基础。他论证说，这个结论不会产生，因为科学实际上不是归纳地进行的。

一个看似合理的观点是，科学家首先进行观察，而后根据那些观察形成概括。但是，它是波普尔完全拒斥的观点，并嘲讽地给它贴上“知识的吊桶理论”（bucket theory of knowledge）的标签。根据他的观点，这不是科学家实际上所做之事，也不是他们应该做的事，因为它不是一个会产生有价值之结果的方法。毕竟，科学家更明显地对于做某些实验而不是其他的实验感兴趣。他们的研究是经过指导的，并且他们的实验和观察服务于 106

明确的意图。当他们花费几十亿元建造一个微粒加速器时，目标显然不仅是为我们目前的知识体系增添几条更珍贵的对于次原子微粒活动的信息。更确切地说，主要的目的是**去检验理论**。这是隐藏在波普尔对于科学活动方式的解释背后的基本思想。

波普尔将他自己的观点描绘成知识理论的"探照灯"。这个标签的要点在于，强调科学研究的方式总是集中于某一领域，并且受明确的心灵预期和目标的引导。他所描绘的方法更正式地被称作假设—演绎法。它包括如下步骤：

1. 提出一个假设（H）。

2. 推演出一个对于这个假设的后承（C）。

3. 通过实验和观察，察看C是否出现。

4. 假如C不出现，那么H必定是错误的，所以，需要提出一个新的假设。

5. 假如C出现，那么H在某种程度上被确认。为了进一步证实它，人们应该推演出更多的后承，同时重复步骤3。

其中关键的思想是，科学通过一系列的假设和尝试性的反驳而进行（和进步），科学家构造假设，而后尝试去证伪它们。

实际上，科学史上的许多实例适用于例示这个方法起作用的方式。在19世纪末，物理学家用以研究的主导性的理论模型假定一种不可见的物质——以太（ether）——弥漫于宇宙并且提供一种媒介，通过它，光波得以运行。这是一个需要加以检验的**假设**。这个假设的一个演绎的**后承**是，发自地球正朝其运行的一个源头的光的速度将有别于发自与地球在太空中的运行成直角的一个源头的光的速度。1887年，著名的麦克尔森—莫利（Michelson-Morley）**实验**，对此进行了检验，并发现根本不存在任何区别。由此得出的最终结论是，所提及的这个假设是错误的，一个新的假设需要提出。（参见爱因斯坦的理论。）

对以太的假设被证伪。至于一个被证实的假设的实例，来看伟大的法国科学家拉瓦锡（Lavoisier，1743—1794）对燃烧实质的研究。他的**假设**是，当物质燃烧时，它们从空气中吸收某种东西。根据这一原则，他演绎出这样的**后承**：物质被燃烧并且它在燃烧期间没有任何部分遗失，那么它在燃烧后就应该比在燃烧前更重。对此，他通过下述方式加以检验：在适
107 宜的条件下燃烧一些汞并且称量汞灰（剩余的灰烬）的重量。正如预期的

那样，汞灰重于原初的汞，一个确证了拉瓦锡初始假设的发现。

> 难道科学实验仅仅是简单的“证实”假设吗？难道它们不是至少在某些时候确定性地证明一个理论是真实的了吗？毕竟，科学家将他们目前的研究建基于为每一个人都接受的理论、原理和事实之上——例如，波义耳（Boyel）定律，或者进化论，或者地球围绕太阳运转，以及光以每秒 299 792 公里的速度传播等事实。

根据波普尔，这些信念得到了极佳的证实；但是，说它们的真实性已被充分证实了，就不正确了。他的论证是简单的，并以初等逻辑原理为基础。假如我说，一个假设（H）的真实性蕴涵了一个特定的后承（C），则我的陈述具有如下形式：

如果 H，则 C。

这是一个条件陈述。现在，根据被称作否定后件式（modus tollens）的初等逻辑的原理，给定这个条件陈述的真实性，我们可以推出：假如 C 是虚假的，则 H 就是虚假的。这样，就有可能确定性地证伪一个假设，就像当伽利略反驳亚里士多德的落体思想时他所做的那样。另一方面，假如我们断定这个条件陈述是真的，而后声称：由于 C 是真的，则 H 必然是真的，那么我们就犯了一个错误——明确地说，“肯定后件”的错误（参见下页文框）。问题在于，即使这个假设是虚假的，人们所预测的后承也会出现。在拉瓦锡对汞的实验中，汞灰变得更重有可能不是因为燃烧的汞化合了空气中的某些东西，而是因为其他的原因：例如，它与某种固体物质诸如它被置于其上的底盘的部分产生了化合反应。

当然，科学家充分地意识到了这一点。这就是为什么他们大量的工作涉及排除替代性的假设（alternative hypotheses）——根据研究，它们也解释现象。例如，为了排除汞与它被置于其上的底盘化合的可能性，我们可以在实验前和实验后分别称量底盘的重量。这也符合一个波普尔式的程序。被检验的假设是：燃烧的汞与它的底盘化合。从这个假设演绎出来的后承是，底盘的重量在实验后会比在实验之前减少。假如底盘的重量证明没有改变，那么这个假设就被证伪。并且，对这个假设的证伪间接地证实了后来的假设：汞与空气中的某种东西化合。

然而，简单地说科学家致力于构造能够抵制试图证伪它们的假设，这并不充分。毕竟，任何人都能那样做。思考这个假设：

光的速度超过每小时10公里。

108 难以想象这会遭到反驳。但是，即使在科学家证实光的速度之前，也没有人会将它作为一个值得检验的假设而提出。假设——光在真空中以每秒299 792公里的速度传播——极有可能是错误的，因为它太详细了。越详细，原则上它就越容易被证伪。但是，假如它抵制了证伪它的企图，那么它就代表了一项更有价值且更有趣的成就。这两个假设之间的差异类似于在预测一场足球赛的结果与预测确切的比分之间的差异。预测结果更容易一些，因为你的预测包含的信息更少一些，因此，与另一个预测相比，它与更多的结果相一致。预测比分更具冒险性，你会遇到更多犯错误的机
109 会，但正是由于这个原因，假如你是正确的，你的预测就会给人留下更深刻的印象。用波普尔的话说，越是具体，更冒险的预测就会拥有越多的“经验内容”，并从而越有价值。这样，科学的目标并不在于简单地构造抵制证伪检验的假设，而在于提出这样的假设：即使它们具有尽可能多的经验内容也能做到这一点。

批判地思考！　　有效推理和无效推理

一些论证模式如此普遍因而得到了逻辑学家的命名，这些逻辑学家的职责在于分类、分析和评估论证形式。两种最普遍有效的论证形式是肯定前件式（modus ponens）和否定后件式（modus tollens）。在表达一个论证形式时，我们使用像P和Q这样的字母代表可以真或者可以假的完整句（complete sentence）。

名称	形式	实例
肯定前件式	如果P，那么Q	如果4>3，那么4>2
	P	4>3
	因此，Q	因此，4>2

否定后件式	如果P，那么Q	如果爱因斯坦是中国人，那么他是亚洲人。
	非Q	爱因斯坦不是亚洲人。
	因此，非P	因此，爱因斯坦不是中国人。

不幸的是，两种错误的形式（无效的论证模式）也如此普遍以至于也得到了命名。

名　称	形　式	实　例
肯定后件式	如果P，那么Q	如果丘吉尔是法国人，那么他是欧洲人。
	Q	丘吉尔是欧洲人。
	因此，P	因此，丘吉尔是法国人。
否定前件式	如果P，那么Q	如果丘吉尔是法国人，那么他是欧洲人。
	非P	丘吉尔不是法国人。
	因此，非Q	因此，丘吉尔不是欧洲人。

波普尔还运用可证伪性的观念为科学与非科学划界，在其他领域诸如宗教（“上帝爱你”）或者占星术（一旦火星出现在金牛座，出生于天秤宫时段的人极有可能产生爱情）提出的主张通常是不可证伪的，在那里它们没有被实际地证伪，没有任何东西允许视为反对这些主张的证据。正是这些表现揭示出它们实质上是非科学的。当现代科学开始或多或少自觉地使用假设—演绎法时，它确实进步了。在如此做时，它摆脱了不能受到任何种类的经验检验的思辨的主张。伏尔泰（Voltaire）的讽刺小说《老实人》（*Candide*）是对那种思辨的主张最著名的攻击之一。一旦潘格洛斯（Pangloss）坚持他的假设——“在这个最好的可能世界里每一个事物都出于好意”，不管他经历和目睹多少痛苦，他不会允许任何经验去证伪它这一点就会明显化。据此不可避免地推得的结论是，这个假设是虚空的。它没有任何经验内容，因为没有任何经验可能证明它是错误的。

同样，波普尔运用可证伪性原理去攻击其他所猜想的反形而上学的对于科学可靠性的捍卫者，诸如马克思主义和精神分析学。他论证说，像“每一个梦都是一个愿望的实现”或者“所有意识形态的争论都是对一种阶级冲突的表达”这样的陈述存在的问题是，它们是以排除任何证伪之可能性的方式被提出的。任何证伪性的证据总会被排除或重新加以解释，以便确保主假设（main hypothesis）的完好无损。但是，真正的科学态度不是顺从最为某人喜爱的假设而去“做强迫性的结合”（ride shotgun）。相反，它是将它们尽可能多地展示给证伪的可能性。在这种意义上，人们可以确定的是，只有最强的假设存留下来。这种开放的、批判的态度是真正的科学的标志。

波普尔对科学方法的解释存在的问题

波普尔对科学方法的解释在许多方面是有吸引力的。它针对休谟的怀疑论的挑战提供了一种回答：归纳推理的无效性并不破坏科学的合理性，由于科学理论不是通过归纳获得的。它捕捉到了对于科学家实际上如何工作的重要方面。并且，它为科学与非科学和伪科学的区分提供了一个标准。尽管如此，波普尔的观点还是存在某些问题。

以波普尔对归纳问题的回答为例。他坚持认为，科学家不是简单地以
110 一种任意的方式搜集材料，而后根据这种材料进行概括，这显然是正确的。但同样真实的是，科学家不是简单地随机提出假设。给定任何需要解释的现象，人们总是可以提出无数的假设。例如，人们可以尝试用任何数目的方式解释事实——一块汞经燃烧后重量增加了：

- 当加热至一定的温度时，汞与周围空气中的氧发生反应。
- 周围空气中的某些元素被汞吸收，因为它是热的。
- 附近对象的分子被汞吸收，宛如飞蛾扑向一盏灯一样，因为它是发热的。
- 一旦汞被燃烧，汞的“灵魂”就会死亡，并且死的灵魂重于活的灵魂。

显而易见，这样的解释可以无限地增加。但同样明显的是，它们中的大多数甚至永远不会出现在一位科学家那里，即使出现了，它们也会立即

遭到拒斥。这表明，正像科学家会在他们搜集什么样的材料以及开展什么样的实验上有选择一样，也必须存在某些**选择原则**以决定他们可能或愿意采纳什么样的假设。而且，尽管难以确切地陈述这些原则是什么，做出如此的假设却似乎是合理的，即归纳在决定要求哪些假设方面发挥着关键的作用。看见一个苹果落到地面，这也许会、也许不会在牛顿（Newton）的心中引起一系列的导致他的宇宙重力论的思考；但是，假如下落的苹果是一个被孤立的事件，那么它就将没有任何意义。像其他每一个人一样，牛顿已经相信重于空气的物体假如没有支撑就会落到地面上，并且他通过形成一个基于无数观察的概括而获得这个信念。可以肯定，重力论本身不能被看做恰好是另一个这样的概括，它需要一个牛顿系统地阐述它。但是，归纳似乎在为更富想象力的假设提供基础方面发挥了重要的作用。

第二种反对波普尔观点的意见是，他的证伪性概念太过简单。根据波普尔，科学家通过推演出假设所蕴涵的一个后承而后进行实验以将这些预测与现实相比较来检验一个假设。如果预测是错误的，则这个假设因此就被证伪。但是，只要一个人恰当地支持其他的假设，他就完全能有效地推断出这个假设的虚假性。例如，假设你正在检验假设——一股穿过缠绕在一根铁棒之上的金属线的电流会使这根铁棒变成一根磁棒。对这个假设所预测的后承是，当电流正在流过时，这根棒子会吸引铁屑。但是现在假设，当这个实验在进行时，这个预测的结果没有出现。你必须立即断定这个假设是虚假的吗？当然不必。反面的结果可以任何数目的方式加以解释：也许这根棒子不是铁制的；也许铁屑不是铁制的；也许某种其他的力量作用于铁屑并阻止了它们的运动。严格地说，这里的一般要点是，不可 111
能孤立地证实或者证伪单个的假设。当科学家将一项实验结果解释为意味着某一假设必定虚假的时候，他们就只能这么做，因为他们正在恰当地支持一个复杂的假设体系，这些假设排除了这样的可能性，即诸如错误的技术、多讹误的材料、不纯的样品，或者还有他们的预测以之为基础的其他理论信念的虚假性。

波普尔的科学观存在的第三个问题涉及这样的方式，即他将可证伪性作为一个区分科学与非科学的标准。至少根据某些理论家的观点，假如我们认真考虑这个问题，那么我们就不得不将科学的某些最著名、有用的且被广泛接受的原理从科学的万神殿中驱除。例如，思考达尔文的这个原则：在进化过程中存活下来的物种是那些最适应于它们的环境的物种。根据波普尔的观点，假如这个假设享有科学的可靠性，则它必定是可证伪的。但是，一个人如何着手去证伪它呢？这样做将会涉及寻找对于一个物种不管在环境上怎样不利但却存活下来的证据。但是，它存活下来这一事实可以视为一个物种具有很强的适应能力的确凿证据——这就是，它将会被任何人如何解释这一点已经对达尔文的原则表了态。在这里，要点不在于所提及的这个原则是完全没有问题的，要点仅仅在于波普尔的可证伪性原理或许太过僵化和拙劣。一些被它划定为非科学的假设是我们科学知识体系的一个必要的组成部分。

真理如何?

> 这一切对于科学方法——归纳、演绎、证实（verification）、确证（corroboration）、证伪等——的谈论是非常有趣的，但是，我们是不是忽略最重要的科学概念——真理呢？毕竟，真理不应该是科学的终极目标吗？那么确切地说，真理概念如何取得成功（fit into the picture）呢？

至于科学方法与真理之间关系的实质是一个既大又难的问题。对它们如何关联的一个自然的解释将会如是：使用正确的方法，你就会达到真理；使用错误的方法，你就可能会陷入谬误。根据这种观点，合理的方法论原则宛如机场跑道上的灯，指导我们到达目的地。这的确是现代科学方法之伟大的先驱们——培根、伽利略、笛卡儿及其他人——的观点，并且
112 有所保留地，它大概仍然是今天大多数人的观点。

然而，在哲学上，事情很少如此简单。对于这种传统的观点所出现的一个明显的问题是：我们如何知道我们什么时候真正地达到真理？当一架飞机降落至跑道上时，我们会感觉到一种碰撞感，它告诉我们，我们已经着陆了。除了我们一直在追求一种满意的方法这一事实，还存在任何证明我们达到真理的东西吗？即使对于更新的科学理论而言，这也是一个棘手的问题。例如，看一下波普尔的解释。波普尔矢志不渝地相信客观真理的存在。他还相信，当我们使用他介绍的假设法和反驳法时，我们就驶向了这个真理。但是，如同我们已经看到的，根据波普尔，科学家提出的假设不能被确定性地证实。它们要么被证伪，要么假如它们抵制了一切证伪它

们的企图，它们就可以间接地被确证。但是，由此推知，我们永远不能确定我们掌握了真理。我们所能确定的一切在于，假如我们以正确的方式开展我们的研究，我们的理论就会**越来越接近**真理。

> 但是，假如我们不知道我们什么时候到达那里，我们又如何能够知道我们接近了那里？假如我们不能确知我们的理论是真实的，我们又如何能够确定它们接近了真理？

这是一个合理的问题。对许多人而言，它表明，传统的客观真理概念（一个波普尔或多或少赞同的概念）在深层次上是有问题的。由于这个原因，某些科学哲学家提出了一种截然不同的科学真理观，并且随之提出了一种对科学进步的迥然有异的解释。

在形而上学和认识论这两章中，我们提及了内含于实在论者与非实在论者之间的论争中的某些问题。特别是，我们看到了康德的理念——心灵"塑造"它试图认知的世界，也看到了贝克莱的主张的隐含之意——我们不能认知不能被经验之物。这些思想，假如被接受，可能会使我们怀疑任何独立于我们而存在之实在的谈论，并从而会怀疑实在论的真理概念。

切记，"实在论"这个语词是一个技术哲学的术语。它与实用性或精明而讲究实际的表现毫无关系。相反，它是这种观点的一个标签：我们的断言是真的还是假的，取决于它们如何很好地符合实在存在的方式，而与我们对它的关系无关。这就是传统的（某人可能会说"正统的"）真理观。存在着多种不同的实在论。在认识论一章，我们在某一细节上讨论了一种——"典型的实在论"。典型的实在论认为，我们的感觉印象向我们描绘了独立存在的实在。这与"科学实在论"（它是科学哲学家特别感兴趣的一种实在论）相一致。这两种实在论甚至会互相交叠。但是，它们又不尽相同。

科学实在论是这样一种学说：科学为我们提供一幅关于独立存在之实在的真实的图像。科学实在论者将科学视为某种类似于地图的东西。一幅 113
地图能够以或大或小之程度的准确性描绘一个地区。但是，假如它是准确的，那么对应于地图上的一点——在那里，三条公路被标明在距离一个教堂以南半里远的地方会聚，"在地面上"也会存在一个点，在那里，三条真实的公路在距离一个真实的教堂以南半里远的地方会聚。从而，根据科学实在论者，良好的科学理论的核心概念——诸如电子、基因、黑洞——

指的是实际存在的真实的事物；并且科学理论准确地描绘了这些事物之间所形成的关系。在这种意义上，实在论者说，科学“在关节处雕刻自然”(carves nature at the joints)。

实在论的主要替代者，在科学哲学中同其他领域一样，是非实在论。如同实在论一样，非实在论也具有不同的形式，但是它们全部会聚于一个中心思想，即这样的思想：我们对于世界断言的真理**不**独立于我们对世界的关系。更明确地，**无论**我们的主张是真的还是假的，与我们如何**确定**它们是真的还是假的密切相关。

现在，这种对于非实在论的定义已相当普遍以至光彩夺目。它吸引了许多首次接触它而将它视为一种相当不合理之观点的人。毕竟，诸如“月亮比地球小”这样的断言确实是真的，无论一个人恰好如何去确定它们的真实性。尽管如此，许多杰出的科学哲学家是一类或另一类非实在论者。为了更好地理解为什么，让我们简要地考察一些由另一位重要的当代科学哲学家托马斯·库恩（Thomas Kuhn）提出的核心观念。

库恩对科学如何进步的解释

库恩，如同其他人一样，为过去几个世纪自然科学所取得的显著进步所吸引。根据传统的观点——这是科学实在论者典型地赞同的观点，这种进步在于有关自然的信息的逐步增加，这使得科学家能够对世界的存在方式提供更准确且更广泛的描绘。但是，库恩对这种观点提出挑战。他进行挑战的核心要点在于他做出的两个区分：一个在于前科学活动与严格意义上的科学之间，另一个在于“规范的科学”与“革命的科学”之间。

这两种区分都与库恩的范式概念相关联。一个范式，粗略地说，是成功的科学的一种典型的模式：例如，托勒密的地心说天文学、牛顿的物理学、光的电磁理论，或者达尔文的进化论。这样的范式一度主宰着一个领域。虽然它们是主宰性的，但是它们在那个领域为科学家提供了一种理论框架、一系列的假定、一种趋向特殊类问题的倾向性，以及对于应该如何探究这些问题并提出令人满意答案的规则。

“前科学”是库恩用以描绘这种状况的术语，即在一种单一范式被广泛接受之前人们在一个理论领域发现的状况。在这种状况下，研究者可能会对什么现象有必要研究或解释，什么方法我们应该使用，以及哪些观察

114

是相关的进行争执。也不会存在一个单一系列的理论前提，他们能够想当然地将其视为一个研究的基础。例如，这就是在路易斯·帕斯特（Louis Pasteur）的研究之前的细菌学的事实，或者20世纪之前的心理学的事实。这些不利条件阻止了在一个特殊领域内的那些各种各样的研究活动创造一门学科。根据库恩，一旦一个思想流派战胜了它的敌对者并从而确立了一个范式，则从前科学向科学的转变就会典型地出现。从那时起，至于哪些现象值得研究、哪些问题有必要去解答、什么方法应该被运用，以及研究发现应该如何表达，就会存在普遍的一致意见。免除了对于他们学科的理论基础的持续的忧虑，科学家们可以将一个理论和材料的体系视为既定的而着手从事更专门的研究。在这种意义上，这门学科作为一个整体变得职业化了。

在严格意义上的科学内部，库恩区分了两种活动。他所谓的规范的科学是大多数科学家在大部分时间里从事的严谨的活动。它的主要活动在于查明一特定领域内主宰性范式的限界以及该范式的隐含之意。规范科学的一个典型的当代实例是人的基因工程——试图探寻和分类人的一切不同的基因，并详尽地分析人的DNA的结构。

与规范的科学形成对照的是库恩所谓的革命的科学。这涉及解答由规范的科学提出的问题，即在一个特定的领域内引发的一场理论危机的问题。革命的科学力图以这样的方式消除一场危机：建构一个新范式取代产生危机的那个范式。科学史，根据库恩的观点，由阶段性的革命或者范式转换所组成，被相当长时期的“规范的”科学活动所分隔。范式转换的实例有从牛顿物理学向爱因斯坦物理学的转变，亚里士多德对运动的解释被伽利略的机械力学所取代，以及原子论因达尔顿（Dalton）而复兴。在每一种情形下，一经确立，新范式就成为可能并且有助于指导在相关领域内的科学研究。从而，一旦达尔顿使他的化学家同事们相信每一个元素的原子都拥有一种将它们与其他的元素区别开来的特定的重量（一种革命的思想），科学家们因此就能够着手“规范的科学的”任务，即发现每一元素确切的原子的重量。

规范的科学内部的论争——例如，关于某颗星星与地球的确切的距离，或者一个DNA分子的化学成分——在一个特殊范式的成规（rubric）的基础上进行。由于这个原因，它们通常能够根据为所有的论争派别所接受的标准加以解决。但是，范式**之间的**冲突却不能在这种意义上被消解。这部分由于这样的冲突经常涉及有关基础性科学研究之价值的基本问题，

即这样的问题：哪些问题最值得解答，以及一门特殊的学科应该坚持的方
115 向。然而，根据库恩，一个更根本的理由在于，冲突的范式是**不能比较的**：它们依赖于不一致的假定，并且对它们许多的关键术语给予不同的定义，因此，根本不存在这样共同的理由，即能够充当以一种中性的方式消解它们之间冲突的一个基础。

在范式转换时什么发生了改变

在这一点上，库恩对科学如何进步的解释与实在论者和非实在论者之间的论争相关联。在他最著名的著作《科学革命的结构》（*The Structure of Scientific Revolutions*）中，库恩将对一个科学范式的接纳比做内含于一个**格式塔**（Gestalt）转换的一种变化，就像当一个人从将一幅画视为描绘的是一只鸭子转变为将它视为描绘的是一只兔子时一样。他合理地主张，心理学家对这种现象所开展的实验使得这一点无可置疑，即我们所感知的事物被阐明的预设和机制所限制，这样的预设和机制构成感知行为的基础并内含于感知行为。因此，**格式塔**转换例示了普遍的论题：我们认知的事物——认知的对象——被我们带入认知它们的行为的东西所塑造和影响。而且库恩相信，这在人类知识的所有层面都如此。

这同一个一般原理既在初步的感觉的情形中——在那里，所提及的对象是诸如有关鸭子—兔子的绘画这样的事物——发挥作用，也在科学家所从事的复杂的观察研究中发挥作用。这就是为什么库恩声称：科学家在一个范式转换的前后可以说是在沉思“不同的世界”。但是，在心理学研究的**格式塔**转换与科学内部的范式转换之间存在着一个重要的区别：只有前者能够通过参照一个外部的标准加以识别和讨论。我可以承认，当我从将在一页纸上的某些线条视为对一只鸭子的描绘转变至将它们视为对一只兔子的描绘时，我经历了一次**格式塔**转换（但不是，比方说，由一种描绘替代另一种描绘所引起的知觉改变），因为我可以认为在这页纸上的线条始终保持着同一。但是，在科学内部范式转换的情形中，不存在任何东西在这种意义上作为一个外部标准发挥作用。因此，一个人从来不能直接证明，一个范式的转换改变了世界本身的特性，这是科学认识的目标。但是在库恩看来，这种非实在论的看待改变的方式使得科学家对在他们的领域内革命性的改变的回应更有意义。

> 确实，这样说将会更简单且更合理：科学内部的范式转换仅仅涉及在科学家解释他们的材料这种意义上的改变。而这样说似乎就显得放肆且不合理，即科学思维内部的一个改变实际上改变了科学家正在研究的实在的实质。

对实在论者而言，非实在论似乎总是不合理的。这是因为，在我们的 116
日常思维中我们是完全的实在论者。这样，实在论在它自己的立场上具有常识性。但是，如同我们已经观察到的，在以常识的名义排除一种思想之前，我们应该反思这样的事实：某些最成功的科学理论——例如，日心说、牛顿的重力论以及爱因斯坦的相对论——在某种程度上完全与常识相矛盾。而且，像库恩这样的非实在论者有正当的理由拒斥实在论者对范式转换的观点——它们大部分与科学内部理论和观察相互关联的方式有关。库恩对这个问题所阐发的两个要点特别有趣。

第一，他声称，实在论的观点——将不同的理论视为仅仅是对实在的不同的解释——依赖于一种对于材料的观念，此材料即被简单地“赋予”观察者的某种东西。但是，无论一个人将科学观察的“被赋予物”视为什么，这种观念仍然是极其有问题的。假如这种基础材料被视为隶属于研究的相对复杂的事物——元素、电磁力、有机体、钟摆等，那么，库恩主张，一个人实际上所观察的事物不可避免地受主宰性范式的限制。例如，在前达尔文时代对人脸与猴脸进行比较的某个人大概会更关注差异性而不是相似性。达尔文之后，相似性变得更明显了。或者再一次，观察系在绳端旋转的一块石头的一个亚里士多德式的物理学家将会发现，这块石头试图达到落回地面的自然状态，但绳子却阻止了它这样做。然而，根据伽利略和牛顿确立的范式研究的某个人将会发现，钟摆遵循重力和能量转换定律活动。两种情形的要点在于，这两个观察者经验的东西——他们经验的直接内容——并不同一。

第二，虽然规范的科学在很大程度上与对材料的解释相关可能是真实的，但这种活动仅仅是可能的，因为——而且只要——所讨论的材料是“稳定的”。所讨论的科学共同体的成员共享一个范式这一事实也使这种对材料之实质的一致意见成为可能。例如，生物学家和化学家最终一致认为，活的生物体不会自然产生，直到帕斯特的实验确立了一个新的范式——假定了太小以致无法看见的微生物。在这之前，有人将自然产生视为一个已被证明的事实，其他的人则视之为不可能。根据库恩，无论何时一个范式变得有问题，材料也易于变得不稳定，并且不能再被视为简单地“给定的”。

这些论证及类似的论证的结论是，科学家不能接近如其实质上可能所是的实在——独立于他们对它的经验。因此，他们不能了解在何种程度上，假如存在任何程度的话，他们对自然的描绘符合“独立的”实在。实际上，实在“本身”（如他们“实际上所是”的事物）这个概念从哲学的观点看是无用的。从哲学的优越点出发，我们也可以说，根本不存在这样
117 的实在，并因此没有任何我们的描述性陈述能够符合它——也就是，它们不能无条件地真。但是，科学家所提供的对自然的描绘可以符合或者不符合为**他们所经验**的自然——也就是，相对于由主宰性的、科学家当下工作于其内的范式所提供的语境。

不足为奇，这种科学真理观颇受争议，但不是最不重要的，因为它似乎蕴涵着某种形式的相对论。由于不同的范式在一门科学学科的历史上区分不同的时期，所以，库恩的理论似乎有可能使得同一个陈述相对于不同的历史语境既是真实的又是虚假的。例如，“在远处没有任何活动”这个陈述是真实的，只要它描绘了为一位前牛顿的科学家经验的事物的存在方式。但是，只要它与这样一个真实的陈述，即关于一位用一个牛顿范式工作的科学家经验的世界的陈述相矛盾，它就是虚假的。不同的范式也将各种学科彼此区分开来。因此，以一种类似的方式，两个明显冲突的陈述相对于它们不同的学科语境都可以是真实的。

科学进步的回顾

这一切将关于科学进步的思想置于何地——毕竟，这是我们着手去努力解释的现象？

> 科学中的进步大概意味着向真理的不断接近。所以，假如科学中有进步，那么这意味着晚近的理论必定在某种意义上更接近于真理：它们必定较早先的理论更近似地符合独立的实在。假如我们免除这种传统的实在论的真理概念，那么我们会不会也必须免除进步概念？

这个问题由许多库恩的批评者提出。科学进步的概念是否仅仅使假定一种实在论的科学真理观有意义，这个一般性的问题能够占用我们许多页的篇幅。我们在此所能做的一切就是，简要地描述库恩的回答并让读者判断它是否恰当。

库恩认为，他的科学观与波普尔对于科学进步的概念是不一致的，根据后者，只要科学对自然提出了越来越近似于事物实际存在方式的理论性的解释，科学就是进步的。但是，由于（恰如波普尔认为的）我们没有接近完全客观的实在，库恩认为这个进步概念是空洞的。并且，由于相继成功的科学理论没有在一个统一的方向上发展我们关于自然的概念——例如，爱因斯坦的物理学在某些方面比牛顿物理学更接近于亚里士多德的物理学——所以，它也是一个历史上不合理的进步概念。库恩恰如其分地提出了一个**革命性**的进步概念。

他主张，规范的科学实质上是一种解答难题的活动。它的从事者解答的是具体的、界定明确且具有确定答案的问题。因此，它倾向于授予解答难题的能力以较高的评价。并且，它倾向于创造和选择那些在特殊的方面改善先前的或竞争性理论的理论。所谓特殊的方面，最重要地，是指它们更强的解答难题的能力或潜能，以及它们对诸如简单性、预测的准确性、实践的富有成效性和与其他学科理论发展的一致性等相关特性的拥有。使用这些标准，库恩声称，在一个特定的领域应该有可能决定任何两个理论何者是更新近的。从而，科学在下述这种意义上可以说是进步的：它创造了更好地符合它自己的成功标准的理论。 118

显然，这种对于科学进步的解释并没有消除争论。相反，它为一系列的新问题洞开门户：

- 刚刚提到的标准是科学家用以评价理论的唯一标准吗？
- 它们是否可以重要性为序加以排列？
- 它们处于何种地位？是否存在对所有科学家而言始终有效的一系列标准（并且是一系列经特别排序的标准）？或者，这些标准从一个时期到另一个时期或者在学科之间会发生改变吗？
- 假如它们确实会改变，那么，一个系列的标准能够被证明较另一个系列的标准好吗？并且假设如此的话，如何证明？

库恩的科学观极富影响力，并且不仅仅局限于科学哲学内部。在其他的研究领域，尤其是在像心理学和经济学等社会科学内部，学者们非常重视这样的思想：一个领域的进步要求一个范式的确立。因为仅仅在对根本原则——哪些问题是重要的、什么方法应该使用、哪些假定可以依赖、什么导致成功等——达成一致的地方，一门学科才能获得这种整体性、目的的一致性以及自然科学如此令人难忘地展示的持续向前的动力。然而，荒谬的是，库恩的观点也被许多人以一种彻头彻尾地相对主义的方式解释为破坏了对于科学或者任何其他领域的客观性进步的整体性观念。

我们始于对过去几个世纪自然科学的显著进步的强调，并且始于寻求对这种现象的一个解释。除了别的以外，我们的研究引导我们思考归纳推理的实质及合理性，假设—演绎法，对假设的证实、证伪及确证，实在论与非实在论之间的论争，以及科学的真理观。最后，我们发现，即使是科学进步这个概念也并非如我们所设想的那样给人以清晰的印象。一个人如何理解进步这个概念证明与他对各种其他问题——真理、实在论、方法论原则的地位等——的观点密不可分。我们可以满怀信心地预测，自然科学会不断取得进步。但是，我们也能够以几乎同样的自信心预测，确切地说，对于这如何、为什么及在什么意义上会如此的一场颇具吸引力的论争将会持续下去。

第5章

伦理学

119 在这一章，我们将涉及有关正确与错误、善与恶的问题，这是伦理学的实践层面。我们也会思考我们对于这些问题的信念的实质，这是理论的层面。伦理学理论用与其他学科所用的相同的方式探究它的主题：它的目标在于澄清真相，获得洞见，并且假如可能的话，获得对于它所提出问题的真理。它的问题包括：

- 像“善”（good）和“正确”（right）这样的道德概念的意义是什么？
- 我们的道德判断在客观上是真的还是假的，或者它们表达主观偏好吗？
- 具体的道德规则诸如“不要撒谎”或者“帮助那些处于危难中的人”能够得到理性的辩护吗？
- 对于道德地生活，我们拥有什么动机？

在实践的层面，伦理学是一项以正确的方式指导人生的事业，同时努力确保社会根据可接受的道德原则运转。这涉及做出具体的选择与开展具体的活动。在此，我们面对的问题诸如：

- 我应该捐赠一些东西给这个慈善团体吗？假如应该，捐多少呢？
- 应该撒谎去帮助我喜爱的某个人吗？
- 在追求自己的目标与为社区做贡献之间，我应当如何平衡？
- 我们的社会应该允许安乐死吗？假如允许，什么时候并且在什么条件下实施？

然而，虽然我们能够在伦理学的理论层面和实践层面之间做出一个一般性的区分，但是我们却不能将它们彻底地分别开来。道德反省大概是这样一个过程的组成部分，在其中我们决定去做什么；而且，对反省的决定本身就是一项活动，一种指导我们生活的方式。理论层面与实践层面的这种相互关联在接下来的篇章中会变得更加明显。我们将会首先审视人们经常谈论的某些道德观点，揭示构成这些观点之基础的某些假设，而后继续检验某些主要的伦理理论。纵贯我们的研究，术语“伦理”和“道德”被视为是同义的。

我们能够做出道德判断吗？

让我们从思考这样的一个观点开始，我们所有的人大概在某个时刻或另一时刻都对它的表述有所耳闻。

> 道德判断不会是评价性的，而是强迫性的。道德是一种私人 120
> 事务，而且由于没有人身处一个知道什么对他人而言是正确的这样的立场，所以，没有人有权力去谴责他们的行为。道德立场存在差异，如同生活方式存在差异一样，我们应该承认这一点并且应该宽容。我们应该生活下去并且让他人生活下去。

这种观点如何是令人信服的？这里，对某些这样的主张存在着一些可能的反对意见。

“道德立场不同”

在此，首先质疑的事情是，对于伦理观实际上是否存在大量的争论。人们反而对大量的**一致意见**——对于哪些人或行为是善的以及哪些是恶的——印象深刻。毕竟，对于甘地（Gandhi）和希特勒（Hitler）各自的道德状况，以及谋害生命与拯救生命哪一个是更善良的，似乎并不存在多少争议。而且，即使这样的不一致性是准则，它会表明没有任何观点能够是正确的吗？当然不会。对于全球变暖现象、基因改变的谷物以及进化论存在着激烈的争论，但是，这并不证明，对于这些问题没有任何一个是正确的和没有任何一个是错误的。相同的要点适用于伦理学。不一致性可能除了是事实——人们意见不一致——的象征之外，一无所是。

“自己生活下去并且让别人生活下去”

任何相信这一点的人都不会避开道德，他们正在向他们自己承诺一种道德立场——尽管是一种模糊的立场。提倡普遍的宽容，或尊重差异，其本身就是一种道德立场。同样，我们不应该进行“评价”这一要求隐含着对一种行为而不是另一种行为的偏好，它意味着，做出判断的人是错误的，而那些避免对他人做出判断的人是正确的。因此，信奉这一观点而同时又不暗中违背它，是不可能的。

“道德是一种私人的事务”

这如何能够是真实的，还不清楚。道德，据不完全定义，涉及我们彼此如何相处。而且，我们鉴别某个人的道德水准如何，(1) 根据他们的言语，以及 (2) 根据他们的行为。根据他们的言语，人们**告诉**我们他们重视什么——哪些事情对他们是紧要的，而哪些不是。根据他们的行为，人们向我们**表明**他们重视什么。在一个人的言语与他们的行为相冲突的情形下，大部分人会将行为视为更可靠的向导。但是，二者都不是私人性的。因此，难以想象，一种“私人的道德”实际上看起来会像个什么样子。

假如具有“私人道德”的某个人看见一个无助的人在街上被人攻击，那么，假如她对此感到不满，她去干涉会是“正确的”吗？干涉行为明显
121 会涉及他人，并因此不是一种私人行为。她所做的可能仅仅是表达一下她的不满：“嗨！别动他！”但是，这仍然不会是一种纯粹的私人行为。即使她从旁边走过，静静地思索“那是错误的”，她仍然是在对另一个在公共场所“之外”的人表达一个判断。或许，那些说道德是一种私人事务的人仅仅意指，我们每一个人应该仅仅对我们自己的行为表达判断，并且唯独对我们自己提出指示（“我一定不攻击无助的人”）。但是，为什么施加这些限定？它们来自何方？为什么它们仅仅适用于我？确实，它们适用于我，是因为它们将会适用于任何与我处于相同状况的其他人。但是，假如这一点得到认同，则道德在实质上如何会是私人的这一点又变得难以理解。

道德是一种私人事务这一观点也许依赖于这样的观念，即道德在某种意义上像喜好。几乎每一个人都承认，喜好是一件私人的事情。假如我喜爱巧克力而你不喜爱，那么我说你是错的并且你**应当**喜爱巧克力，那没有任何意义。这个论证表明，就像对于喜好的论证毫无意义一样，对于道德的论证也毫无意义。像这个假设这样的背景假设——通常不被表达出来但却总是影响我们的观点——就是所谓的预设。哲学的一个主要职责在于，揭示这些预设，阐明它们以便对它们加以检验以察看它们的价值是什么。假如上述对“道德是私人的”这种观点的反对意见拥有任何力量——而我认为它们拥有——那么，这应该会让我们怀疑涉及道德判断之实质的基础预设。它们可能根本不像对于喜好的判断。

思考另一个被普遍表达的观点，在某些意义上类似于前一个，但并非必然地遭到相同的反对意见：

做（和想）你喜欢的事情，只要你不会伤害其他任何人。

这一原则吸引了我们中的许多人。它表达了一种宽容且自由的观点，并且，大概植根于下述信念：个人应该有自由决定他们自己的命运，没有任何人有权力为他们做出决定。但是，它明显地还是一个伦理的观点，无论我们同意与否，一个持有如此观点的人几乎自然会继续做出进一步的道德判断。例如，他们大概会认为，强迫人们去做违背他们意愿的事情通常是错误的，而且他们可能非常愿意去积极保护某人免受第三方的胁迫。

所以，尽管我们能够根据对于人们应该如何行为的确定的观点"轻装行进"（travel light），完全地阐明道德原则却非易事。我们所看到的事情都不真正描绘一种对伦理的逃避。假如我们与他人相牵连，我们实际上就与道德问题相牵连：我们进行判断并且选择行为方案。有些人不喜欢这似乎隐含之意，从而反对做出"判断"（judgemental）——一个拥有这样内涵的语词，即以一种苛评的、权力主义的方式监督他人。但是，即使是对权力主义的一种拒斥也与一种道德观相关联，这种道德观内含指导我们的判断及我们的行为的原则。并且，这种观点必然隐含着一种对某些价值的 122
承诺。

情感主义

对于道德以什么为基础这一问题，这里有一种可能的回答：

道德话语只是对个人情感的一种表达。假如我说某件事情是正确的或错误的，我仅仅是在发泄我的情感。假如我告诉你，强迫某人做违背他们意愿的事情是错误的，那么，我之所以只能这样做是因为我感觉它是恶的并且我想让你也有同样的感觉。选择"正确的"原则对它根本不奏效，由于情感既不能是正确的也不能是错误的。

这种观点就是所谓的**情感主义**。它的核心主张在于，当我们使用道德语言时，我们通常只是在表达我们的情感。例如，当我看见一个强者欺凌某个弱小者时，我感到厌恶，我就利用像“不正当的”（unjust）、“不公平的”（unfair）或者“邪恶的”（wicked）等语词表达我的厌恶之情。我也许会提供对于你为什么也应该谴责恃强凌弱行为的论证。但是，无论我如何用关于善与恶的奇特语言描绘事情，我真正所做的一切都旨在努力使你获得与我同样的感受。

根据这种观点，道德判断既不真也不假。陈述“奴隶制度是非正义的”大概与像“草是绿色的”这样的陈述具有相同的语法形式，但是，这应该不会误导我们。“草是绿色的”描绘了事物在世界上的存在方式，“奴隶制度是非正义的”则并非如此。深入下去，它类似于这样的话语，像“巡逻官兵好哇!”（Hooray for Rangers!）或者“吸脂术——可笑!”（Liposuction-yuk!）。由于这个原因，情感主义的批评者嘲讽地将它称作“呸—好哇!”（Boo-hurrah!）的道德理论。假如情感主义是正确的，那么，对于我们的道德话语真正紧要的东西似乎不是它们的真实性或虚假性，而是它们如何有效地在我们的听众中激发类似于我们自己的情感。我的道德话语旨在通过点击正确的情感按钮在你那里引发某种情感，我找到你的情感—伦理的个人身份号码，并且得到所要求的回应。根据这种观点，即使对一种粗暴行为的最富雄辩力的谴责实际上也只不过是一种对我“由衷的”情感的表达。

起初，大概值得承认，一种如此的主张不能被严格地证明或否证。伦理学不像数学——在那里，我们一般期望有严格证明的定理。情感主义者对当我们做出道德判断时什么得以发生提供了一种解释。我们不得不问的问题，不是情感主义是否能够被证明为真或为假，而是它是否对道德话语和道德生活绘制了一幅恰如其分的图像。

情感主义者将道德话语还原为对说话者情感的表达，并从而否认，道德与真理具有任何关联。这所带来的影响是，消弭对于正确性或错误性的不同主张，以致在它们之间不存在任何选择——施暴者与受害者当然会对他们的境况有不同的感受，但是，没有哪一个在道德上比另一个更善或者
123 更恶。我们甚至不能说，某些情感在道德上比其他的情感更善。我拥有我所拥有的情感只不过是有关我的一个没有理性的事实，大概可以解释为在我人生的经历中作用于我的各种原因——遗传、条件、教育、宣传等——

的结果，所以，试图理性地批评或赞扬这一点就毫无意义。

批判地思考！　　情感语言

语词具有的暗示能量远远超出它们严格的词典定义。联系牢固地附着于它们，像蓬松的尼龙钩附着于“维可牢”搭链一样，在听众或读者中激发情感和形象。这些联系可以为积极的或消极的情感所加强。比较“自由战士”、“游击队员”和“恐怖分子”。这三者中任何一个可能都被用于描述同一种人，但是，随之而来的是急剧下降的赞同程度。带有一种特别强大的情感负荷的语词就是所谓的**“情感的”**（motive）；它们不仅为诗人而且为广告商和政治家所喜爱。负载着正确的情感语言的一次演说能够通过下述方式产生巨大的说服力：它使听众有所感受而不是有所思考。因此，关键在于我们保持我们的批判官能的清醒——我们不假定某件事情已被证明仅仅是因为我们的情感已被唤起。

从而，情感主义者倾向于根据**原因**来理解伦理观。他们认为我们的道德判断表达的是我们的情感——它们本身仅仅是各种原因的结果。问题在于，情感主义与我们对参与道德生活之事物的经验如此地冲突以致它难以被完全地重视。为了反驳它，一个人可以论证说，至少我们的某些道德判断并非只是非理性的原因的结果，它们反而以**理性**为基础。实际上，大多数时间里，当我们因人们的行为而赞扬或者责备他们时，我们认为，我们能够以一种理性的方式支持我们的判断。从而，我们有理由去谴责一种行为是不公平的或者宣布它是不光彩的，这些理由对于理性基础易于引发讨论和可能的争议。实际上，情感主义告诉我们，对于这一点我们正在欺骗我们自己。

要回答的关键问题在于，伦理判断是与世界上的事件和事物相关联，还是仅仅是我们各种情感状况的象征。实际上，我们通常在下述两类人之间进行区分：只用情感语言表达（或者似乎表达）情感的人，与那些对我们能够独自评价的某个事物做出判断的人。确实，我们经常严厉地批判试图凭借纯粹的演说而不是论证去说服他人的说话者。从而，假如你认为，你做出伦理判断是因为世界上的某些事物较其他事物对你而言更要紧，而且重要的是确保这些判断是正确的，那么，你不可能被一种对你所做之事的情感主义解释所打动。

情感主义存在的另一个问题是，没有弄清楚情感如何与道德语言相关联。假如情感是道德所依赖的全部，那么我想知道，是否存在我们应该称作“道德情感”的特殊情感，假如存在，我们如何识别它们。只存在赞同和不赞同这两种相关的情感吗？或者，不同的道德术语（诸如“不公平的”、“善良的”、“光荣的”、“邪恶的”）每一个都与不同的情感（诸如“怨恨”、“满意”、“尊敬”、“憎恨”）相关联吗？这种选择似乎是一种无差别的
124 对情感的冲洗，此情感以一种我们尚不清楚的方式转变成“道德话语”。

思考情感的方式之一是，把情感视为将我们统一起来的某种东西，我们能够通过语词、姿势或者形象共享的某种东西。语言的确在此发挥了巨大的作用：爱情、悲痛、欢乐等都是可以传递的。这是我们生活中受欢迎的一部分。但是，它可能不是当我们谈及伦理时我们想要的东西。情感可以是传染性的，并且我们可以在适当情境下充分地接受它们。但是，这会使我们受到情感上富有说服力的语言和其他的修辞技巧的操纵。（任何想得到一个生动且邪恶的实例的人，应该看一部关于庞大的纳粹党在20世纪30年代一次集会的电影。）

然而，情感既能将我们统一起来，也能使我们孤立起来。假如某个人对某个事物具有强烈的情感，并且试图使我们确信我们也应该具有同样的情感，那么，我们可能不想追随她。某个人用以表达一个论点的力量在它的价值上没有任何真正的可取之处。假设，这个人没有以她雄辩的口才简单地将我们彻底说服，并且我们能够保持某种独立批判的态度，那么，我们必定会感觉到，我们需要一个与她共命运的合理的理由。其要点如下：合理的理由是恰当的论证——这与阈下的广告、诱惑性的形象和情感饱满的演说迥然不同——所全力以赴的。在广告界，两者间的分界线最明显地被弄模糊了。从汽车到政治党派的每一事物都可以依据性别形象、权力等加以划界——形象，力图将产品与广告商所产生的情感联系起来，但是它没有真正地回答问题：“他们正试图卖给我的这个东西**实际上**像什么？”

最终，这个问题不仅关乎于情感主义是否为真，而且关乎于它**变成**真的可能性。情感主义者根据揭露我们所做之事的真相而谈话，为的是表明什么在“真正地”进行。假如我依据他们的话语看待他们，并且将所有正确的和错误的话语视为纯粹情感的，那么，我们可能会以创造一个情感主义的世界而告终。在一个道德语言实质上是操纵性的世界里，我们会逐步

以各种类型的求助仅仅将狭隘的自我利益视为我们算作可以成为我们利益的东西。我拥有我的对于什么是可望之物的情感，而你拥有你的。仅当你通过洗脑措施或者凭借粗暴的力量胁迫我，或者仅当它符合我的利益，我才会与你联手。权力、自我利益和操纵行为变成了最终的实在。

情境伦理学

我们能够发现一种更令人满意的对道德判断以及它与行为之关系的解释吗？也许。我们可能会承认，“做正确的事情”意味着在一个特定的时间和地点做出一个判断，但却可能拒斥这样的观念：这必定意味着对我们 125
所遇见的每一类事件和每一类人都施加标准或规则。

> 每一个情境都是不同的。你不得不重新适应每一个新的情境，根据你发现自己身处的一系列新的条件，努力去做似乎是正确的事情。生活永远不会自我重复，所以，为什么对它施加一套不变的规则呢？

这是为所谓的**情境伦理学**所偏爱的探究。它似乎避免了过去对行为强加的准则或传统的标准对现今的影响。它还拒斥了道德地行为实质上就是对一个规则的运用这样的观念。在这个方面，它看似合理，由于在多数时间里那似乎不是我们所做之事。我们努力“根据它的是非曲直来判断每一个事件”。但是在其他方面，在此表达的这一观点是可质疑的。假如你认为，伦理学仅仅关乎情感，那么在一个特定的情境下，你大概将有理由去选择做一件事情而不是另一件。在这一点上，伦理判断和伦理选择与我们所做的其他种类的决断相差并不悬殊。当然，我们的许多行为是相当机械地做出的，但是在我们必须做出重大抉择的情形下，我们大概不会以一种纯粹任意的方式去行动。我们的行为揭示出，在这些情形下什么对我们是重要的。即使我们在一种新的情境下似乎在采取与以往完全不同的行为方式（比如说，在一个情境下撒谎，而后在下一个情境讲明真相），我们差不多也总有一个采取不同行动的理由，它不能靠反思发现。

假如“情境伦理学”在任何可承认的意义上还应该是伦理学的话，那么主张践行它的人就可以被问询：要求一种新的应对的全新的情境如何？

我们都习惯于这样的观念，即尽管撒谎是错误的，大概还存在某些情境，在其中撒谎是可以接受的（例如，不伤害某人的感情），但是，那并不意味着我们放弃了根据无论任何原则而行为。它只是意味着，构成我们行为基础的原则和价值在似乎适合于新情境的意义上得以运用。所以，我们的目标至少在于，在我们对新情境的应对中的一种基本的一致性，尽管我们并不总是有意识地运用一个规则。

思考我们如何应对这样具体的道德二难境地，即在那里，我们面临一个对两种恶行的选择——例如，我们必须决定是告诉某人真相而导致他痛苦呢，还是撒谎以使他免受这种痛苦。我们似乎拥有一系列基本的假设，它们告诉我们根据一种日复一日的基础（on a day-to-day basis）做什么：例如，撒谎一般是错误的，使人遭受不必要的痛苦是错误的，遭受苦难一般是一件坏事情，等等。我们自己或许没有弄清楚这些假设，但这一事实并不意味着它们不存在。而且，这些假设能够常常以一般原则的形式被清晰地表达出来。这是重要的一点，因为它意味着，伦理学事业具有某种关于它的**理性的**东西。我们可以反思我们行为的理由。我们甚至能够批判、修正和改进我们的道德观点和态度，这是一种情感主义者和情境主义者似乎排斥的可能性。

126 然而，一个基本的问题（或一系列问题），即任何对我们的道德价值和原则的批判性的反思所不得不面对的问题，涉及它们的起源。它们来自何方？为什么我具有这些价值而不具有某些其他的价值？我所支持的观点仅仅反映了我所从属的特殊文化和历史时期吗？假设如此的话，那么当有关一个人在哪里和在何时出生的偶然性事件如此明显地流传下来时，我们如何能够为一个道德标准比另一个正确这种说法进行辩护呢？这是有关伦理相对主义的问题。

伦理相对主义

任何人将难以争论说，我们的信念，包括我们的道德价值，在某种程度上反映我们所从属的社会。但是对伦理的相对主义者而言，这种观念仅仅是一个起始点。相对论者不会简单地关注这样的事实，即不同的文化常常信奉不同的道德标准。他们还否认，任何一种文化，与任何其他文化相比，都可以说在其价值、信念或者实践上是正确的或者优越的。（相反的观点认为，在历史上存在着适用于跨文化和跨时期的对于正确和错误的标准。这种观点获得了各种称谓，其中最常见的是"伦理客观主义"、"伦理绝对主义"和"伦理普遍主义"。）**伦理相对主义**具有各种不同的类型，它们具有不同程度的精妙性和复杂性。一种非常流行的伦理相对主义以下述方式继续论证。

> "正确的"和"错误的"只能意指在一种特定的文化中是正确的和错误的。运用一个人的（亘古不变地一个人自己的）文化标准对在一种不同的文化语境内做出的一个行为施加一个道德判断，这彻底被误导了。由于没有一个人能够在一个如此的争论中被说成是正确的或者错误的，所以，简单地说"你从你的角度是正确的，而我从我的角度是正确的"更好。尊重文化间的差异。没有一个人是正确的，所以，自己生活下去也让别人生活下去。

这是当今许多人发现既合理又富有吸引力的一个观点。它是合理的，只是由于在不同社会中发现的标准和实践的差异性。例如，在某些文化中，婚外性行为是绝对禁止的；而在其他的文化中，它在规定的限度内是允许的。在很长的时期里，甚至在应该是"开化"的地区，奴隶制度还被认可；如今，我们认为它在道德上是令人厌恶的。一种类似的观点的差异性还可见于许多其他的道德问题：流产、杀害婴儿、安乐死、死刑、肉刑、食肉、高利贷、同性恋爱、一夫多妻，所列举的仅仅是一些。抛开这种差异性，如何合理地假设：存在一种单一的、束缚所有人的道德标准，无论他们属于哪一种文化？

伦理相对主义也是有吸引力的，至少部分地，因为它表达了一种对自高自大的种族中心主义的拒斥。例如，近代的欧洲人经常如此行为，即似乎他们的行为和看待事物的方式是唯一正确的方式。其他的文化被视为 127
"原始的"或"邪恶的"——或者任何等级的低劣的。假如它们处理事情的方式不同，那只是意味着它们是错误的；它们没有任何东西去教导更"先进"的社会，而是向它们学习许多的东西。这种对一个人文化信念和实践之优越性的自信现在不太常见了。对于这些问题，至少在某些方面，存在一种巨大的谦卑性。但是，我们应该提醒我们自己，在愿意承认没有一个群体**可能是**正确的与声称没有一个人**能够是**正确的之间，存在着不小的差异。我们还应该意识到彻头彻尾的相对主义者之主张的激进的实质，他认为，在一个特定的文化群体的实践之外，伦理判断根本无所适从，这个观点表明，你不能对任何文化的实践做出判断，因为不存在为你提供必要标准的超越文化或文化之间的核心的伦理准则——一种产生某些严肃问题的立场。让我们首先看一看许多相对主义者似乎为赞成它而进行辩论的宽容的理念。

伦理相对主义者主张，当我们面临探究伦理观具有不同的甚至矛盾的不同文化时，我们应该采取一种宽容的态度。他们说，让我们完全地尊重它们。我们已经注意到，这种“自己生活下去也让别人生活下去”的态度所具有的一系列问题。首先，它并不被伦理差异性的存在所实际地蕴涵；只是由于存在一种以上对于什么在道德上是正确的之观点，它并不表明有关这一主题的所有观点必定是同样正确的。差异性并不独立地蕴涵相对性。其次，即使一个人承认，没有一个道德标准是正确的，什么会从这推导出来？不道德？道德的无差异性？除我们自己的道德之外一切道德的无差异性？自我意识的种族中心主义？相对主义的核心论题蕴涵的是什么，这根本不清晰。再次，假如我们主张，我们应该同等地尊重所有的道德标准，并且不以人们在其文化中不接受的道德标准去评判文化，那么，我们就不能始终如一地宣讲普遍的宽容，或者尊重文化差异，或者尊重对差异的赞美，或者尊重你所拥有之物。这些观念表达了在某些文化而非其他文化中为人所追求的特殊的伦理价值。伦理相对主义者不能超越不同的文化，告诉不同的社会它们应该如何彼此相待而同时否认存在任何超越文化的道德价值。

看一看下述列表。设想对于它们全部坚持的一种十足的相对主义或绝对主义立场的含义。

1. 阿兹台克人（Aztec）通过从活的肉体中扯出心脏对囚犯的祭神式的屠杀。

2. 19世纪的帝国主义。

3. 男女之间的平等。

4. 对犹太人的纳粹政策。

5. 寡妇殉夫自焚（Suttee），这种将寡妇与她死去的丈夫一起放在火葬的柴堆上的印度风俗，直到相当晚近的时候在印度的某些地方还在推行。

6. 不列颠人对寡妇殉夫自焚这种风俗的禁止。

7. 自由演说。

8. 欧洲人对美洲的侵占和殖民。 128

9. 英国人对不列颠的侵占和殖民。

这个列表的目的在于，试图使我们正视这种相对主义立场的充分含义。我们必须清楚，我们不可以通过非法的途径实现我们的价值。试看5号事例。它不会说你乐于成为赞同这一点的一个相对主义者，即假如妇人同意与她死去的丈夫一起火葬，但如果她是被胁迫的，她就不会同意。为什么她的愿望应该考虑？假如你认为它们必须予以考虑，那么，你似乎在以一种绝对的方式运用3号事例——男女平等这一原则。现在，思考6号事例。不列颠人禁止寡妇殉夫自焚这种风俗是正确的吗？或许你认为他们不应该首先到达印度，在此情形下，看起来你似乎在以一种非相对主义的方式看待2号事例。但是，自从他们到达那里之后，他们对寡妇殉夫自焚这种风俗采取一种"自己生活下去也让别人生活下去"的政策——即使寡妇们要求他们不要如此，这种做法是正确的吗？

我们还应该提醒我们自己，一个现代社会难以是同质的，并且在它的内部对于有关正确性和错误性问题具有深刻的分歧。例如，美国对流产行为的争论，或者在爱尔兰（Ireland）对于离婚的争论。在任何大型的社会内部，通常存在着诸多子文化，经常由不同的道德观点加以描绘——宗教基础主义者的、专家治国论者的、环境主义者的、学术专家的、特别种族群体的，等等。而且，任何社会难以被封闭在他们自己的小天地内；他们在大多数时间里贸易、战争、结成联盟及相互影响。这样，将每一种文化（或子文化）描绘成拥有一套完全孤立的信念并且一意孤行，这是误导性的。有时候，难以知晓一种文化在何处终结而另一种文化在何处发源。所有这些思考使得任何社会的成员，包括一个人自己难以说："你的道德标准只适用于你，你或许没有将它应用于其他社会。"

除了前述的所有难题之外，相对主义遭遇到一种进一步的反对意见。假如像"善"或者"恶"这样的语词如我使用它们那样简单地意指无论我的文化说什么都是善的或者恶的，那么，一旦我反对在我的文化中被普遍视为在道德上可接受的某种东西，则我一定是错误的，因为对于什么是善的和恶的或者正确的和错误的之唯一标准是在我的文化内占主导的道德观点。但是，这将会排除社会促使道德进步这种可能性，并且将会使一切在道德改革方面的尝试无意义。假如什么是正确的由大多数人目前视为是正确的东西决定，那么，努力改善我们的社会这种观念就没有任何意义。就此而言，我们的社会在道德上变得越来越恶这种观念也没任何意义。

但是，任何人将难以接受这些结论。任何人，包括相对主义者——他曾经在一次选择中投票，签署一份请愿书，写信给他的政治代表或者参加一次示威运动——表明他们相信那里可以出现改善和恶化。并且，我们某些最重要的道德英豪是这样的人，即他们似乎首先是异教徒，因为他们并不信奉被普遍支持的对于什么是正确的之观点：像耶稣（Jesus）、苏格拉
129 底、甘地、废奴主义者和鼓吹妇女参政的妇女这样的人。我们已经在思考的这种伦理相对主义者如何理解废奴运动，或者更近的公民权和女权主义运动？一种对理解道德进步概念的无能为力确实是任何伦理理论的一个严重的缺陷。

抛开这些类似的反对意见，我们或许感到，伦理相对主义包含着一种洞见，然而却是被混淆的——不能通过一种对它的一些更庸俗的类型的不一致性和后果的证实如此容易地处理。它部分的吸引力或许在于，当人们面对绝对主义时所感觉到的彻底的不相信。说得婉转些，一个道德准则以及它对于正确和错误的标准能够以某种“不在场”（out there）的方式存在，可以应用于一切文化和时期，这似乎不可能。我们许多人将回避这个观念，即道德规范在这个意义上是客观的：实际上，它们是宇宙装置的组成部分，而且独立地“在场”（there），无论我们碰巧怎样思考这个问题。假如我们不能接受这种道德观，我们就或许感受到相对主义的吸引力。

似乎存在两个独特的但却相互关联的，需要更深入思考的问题。

- 关于道德准则的起源和基础的问题。
- 关于超越文化和时期应用道德规范的问题。

让我们更详尽地探讨这些问题。

道德标准来自何方？

伦理相对主义部分地是一种对人们似乎形成的关于道德的许多不同结论的回应。假如我们回顾历史，我们就会发现对于正确和错误的信念，它们看起来似乎植根于由历史动力、环境、战争、偶发事件等形成的一种生活方式。这些生活方式似乎决定了对于生活在它们之中的人来说什么将被视为“善”。所以，处于一种特定文化中的人将会因为这样的理由对吃猪肉或吃人的行为表示赞同或不赞同，即它们与他们享有的经验有关，而与这些实践的内在的“正确性”、“错误性”无关。当然，他们或许相信，他们采取了一种正确的处理事情的方式，但这不需要使一个外来者信服。假如那个外来者意识到文化是多元性的，每一种文化各有它自己的标准，则她或许就会逐渐相信，一个人的道德价值取决于一个人自己的生活方式，而不是周围的另一种方式。“吃人的行为是错误的”是我的文化的伦理观，因为我们这里不吃人，而不是相反。

这种观点具有一些合理性。然而，我们会提出反对意见，说道德标准并不像相对主义者所设想的那样彼此迥异。文化间共享的东西远比将它们分裂的东西重要。根据这种观点。“西方的”商人、古希腊人和阿兹台克僧侣从根本上具有相同的基本关切和需要——他们都是人，所以，他们共
享人之为人的条件。同一种事情对他们所有的人而言都是重要的：例如，130
实现生活的方式、建立和享用有意义的关系、教养儿童，以及通过工作和体育运动表达他们自己。内含于这个关于普遍关切的列表中的东西大概是理解和向他人传递道德根本原则的愿望。从而，变化或者至少其中的许多变化是表面化的，并且仅仅适用于掩饰一种基本的伦理普遍性。然而，一位相对主义者或许以下述方式回应：

> 文化之间存在着巨大的、现实的差异，而且这些差异不能解释成表面现象。即使所有的人都共同居位于地球并且都面临着由一门普通的生物学提出的某些非常基本的问题，他们还是会做出十分不同的回答。他们共同居住在地球上，但却生活在不同的世界里。你不能脱离文化以便寻求一种更基本的人性——它将在试图建立一种普遍的道德标准时发挥任何作用，你所揭示的东西太过基本。一切

对于道德价值的有趣的问题出现在文化的层面，这就是巨大差异的存在之所，并且在那里找不到唯一“正确的”答案。

那些坚持这一观点的人，假如他们是始终如一的，将不得不将它应用于他们自己的道德信念，将它们视为像任何他人的道德信念一样完全是依赖文化的。从这种观点看，绝对主义的主张似乎是站不住脚的，甚至是傲慢的，而相对主义似乎倒是更合理的观点。

道德规范应用于何人?

这个问题似乎足够清楚了。假如道德的唯一基础是历史和文化，则难以看出，任何一个道德标准如何能够比另一个“更好”。虽然一种文化的实践和信念或许在一个外来者身上激发崇敬或厌恶之情，但是它们不能得到理性的评价。我可能会对文化X中这样的实践感到吃惊，比如一夫多妻、杀害婴儿或者女性割礼，但是那只是因为我恰好来自文化Y。也许，那些属于文化X的人将同样厌恶我们所做的某些事情（诸如，囚禁吸毒者，或者准许通奸），或者厌恶我们所接受的某些事情（像工厂化农业）。而且，假如我在文化X中接受教育，则我的观点将会与他们的观点大相径庭。根本不存在这样的标准：能够应用于不同的文化，以期发现它们如何符合某个关于正确性和错误性的绝对标准。

更富有思想的相对主义者，一旦被要求解释我们如何看待道德进步，就会承认变化出现于文化之中，但是会指出，异教徒/改革家通常通过这样的方式提出他们的理由反对他们的社会处理事情的方式：求助于已经显
131 现于那个社会的观念。改革家会说某些如此的话语：“我们说我们相信这一点，但是为什么我们不践行它?”或者：“我们应当扩展这一信念，使它也影响这另一地区。”重新思考废奴运动和争取男女平等权利的运动。他们拥有一个成功的标准，确切地是因为人们能够将改革家的话语与已经被奉为那种文化核心的信念联系起来（在这个例子中，就是发端于所有的人都是上帝子女这种观点的平等相待的信念）。的确，假如这样一种联系没有建立的话，则难以看出，有关改革的问题如何首先被提出。

当然，所有这些思考仅仅适用于一种文化，具有其他核心信念的其他文化大概根本不会产生这些联系。而且，伦理相对主义者还不得不拒斥任

何客观主义的或绝对主义的道德进步观，由于根本不存在这样的独立标准，用它可以去证明：新情境客观上是道德上更善的。他们所能说的一切是，在某一时刻在一种特定的文化内似乎可以接受的实践，在将来的一天逐渐会显得不可接受（并且反之亦然）。

只要相对主义者避免提出他们的理论所不容许的非相对主义的主张，他们或许就能够避免明显的不一致性，甚至提出一个合理的理由。然而，仍然存在某些思考可能引导我们去挑战对道德是什么的相对主义的解释，而不机械地信奉这样的反直觉的绝对主义的立场，即道德真理在某种意义上悬而不决，完全脱离了任何人思考的内容或者任何人生活的方式。让我们回顾我们刚刚讲过的关于某人如何逐步信奉相对主义的故事。

一位观察者看到道德标准的多元性并且断言：由于道德观隶属于文化之间产生的巨大变化，所以，不能存在在它们之间客观选择的可能性。但是，为什么不能？确实，人和文化都各不相同，但这一定意味着在它们之间不能做出任何选择，或者没有文化可以评判任何其他文化吗？实际上，见证某些实践非常困难，而对它们作出道德判断并不难——直到最近，种族隔离法在南非（South Africa）还被视为成熟的。

相对主义者看起来像这样的某一个人，即她对其伦理观的真实性的自信遭受了一种严重的损失，或许会逐渐将它视为纯粹的偏见，开始逐渐减弱的一种条件作用的结果。当然，她越来越敏锐地意识到为一个人的观点提供一种非相对性的辩护是何等的困难。这把我们带到了问题的要害处。这位相对主义者对她“本土的”（local）道德价值的自信的损失是可以理解的，但是那并不必然意味着它是可辩护的。一个对它的回应，即或许有助于恢复某些那种损失的自信的回应将会形成这样一个要点：它与我们在审视情感主义时所讨论的一个要点相类似。在那里我们看到，一种对“情感伦理观”的替代性的探究或许会将我们的注意力引向道德判断的**对象**，而不是它们的被假定的隐性的原因。这意思是说，专注于判断所致力的事物（拷打、种族主义、仁慈……），而不是判断“背后的”情感（愤怒、厌恶、高兴……）。它的意思就是，问询我们的判断是否可以辩护，并且试图形成有意义的判断、在它们背后有合理理由的判断、反映我们的原则的判断，等等。 132

假如我们对相对主义者尝试这种探究，那么实际上，我们是在主张，承认我们从一种特殊的文化观看待事物不必削弱我们做出道德判断的能力。这包含某种对理由的求助，即求助这样的观念：我们能够提出上述有助于形成我们的观点并且做出我们自己的理性判断的事物。根据这种观点，说“拷打是错误的”这个人能够以理由支持她的主张。她提出的理由可能或多或少是令人信服的，但是它不是完全武断的或者对纯粹个人情趣的一种表达。尽管它一定会受她的教养和文化传统的影响，这些却也是会受到检验的。

这是一种重要的主张。我们甚至能够将我们的文化背景也带到审判厅前，能够以一种盘点存货式（stocktaking）的训练反思对我们施加影响之物，此训练可能引导我们去拒斥“我们一直在这里做事情的方式”。或许，我们永远不能绝对地确定我们的观点是正确的。的确，我们可能坚持这样的观点：关于正确的伦理判断的目标是一种理想，即一种永远不能最终达到的但却能够有益地设定为目标的理想。从而，在我们的判断总是受到批判这种意义上，它们将不得不成为暂时性的。这一切的隐含之意在于，与他人的一次对话这一概念受制于共享的规范，而且参与那一对话的一种意愿就是我们所谓的理性的态度。

这好倒是好，可是被相对主义所吸引的我们的观察者可能会反驳道：但是你没有真正回答这个问题：什么算作一个合理的理由？对这个问题的回答可能会因文化的差异而不同。例如，在某些地方，实践符合传统这一事实被视为继续它的一个合理的理由。在其他的地方，这大概就是合理的：一个人在遵从由一部圣典或一个权威人物所颁布的指令。决断可以根据梦做出，解梦可以根据一位占卜者、个人的新发现、道德直觉或者大多数人的意见。我们能够将所有这些做出或者辩护一种道德决断的方式作为“非理性的”而予以排除吗？而且，难道对于一种纯粹的“求助理由”的观念就不存在一点不真实的东西？伦理争论不能根据存在争论的社会中使用的方法来处理，人们会对什么可谓是有说服力的产生分歧——有时是尖锐地，甚至是极端地，因为对他们而言紧要之物是不同的。那就是通常我们说人们具有不同的价值时我们所意指的东西。

这是一个合理的观点，并且是相对论的批判者应该接受的一个观点。他们应该因此避免太抽象地想象伦理争论，并且愿意丰富他们这样的观念，即这样的争论相对于一个共享的世界以及在其中现存的一种普遍的人性这样的背景而发生。这个论证可能会如此展开：

价值不只是飘移不定的，它与我们所认为的世界的存在方式不相干。我们相信，某些行为在一个以某一方式向我们显现的世界里是可以接受的或者是不可接受的。我们的价值与我们理解世界的方式密切关联，并且与我们所认为的对于它是重要的事物密切关联。但是，这种重要性不是一个一时兴起的问题：我不只是"碰巧反对"纳粹分子。假如我遇见一个真正的纳粹分子，我对他或她的价值的拒斥是我的重要观点：对于雅利安人的（Aryan）人种是优越的，犹太人天生是邪恶的，阿道夫·希特勒（Adolph Hitler）具有远见卓识等信念，事实上是不正确的，道德上也是可憎的。价值不是一种事物的思考，更不用说是一种任意选择的例外。我们视为善的东西与我们视为世界的真实之物不可避免地交织在一起。质疑某人的伦理观意味着质疑他们对于世界的信念。 133

你发现，这个论证如何是令人信服的至少部分地取决于你在什么程度上认为冲突的价值可以根据理性、根据一种对一个共享的世界的求助来解决。回到什么可算作一个合理的理由这个问题，也许有些文化提供不同的答案仅仅因为对它们而言重要的事物是不同的。或许，它们理解世界的方式的差异如此根本以致使得上一语段中的这种论证是不可能的。假如对话的双方就如何描绘一个行为或者一个情境，或者就什么算作证据，或者就对话如何可能甚至不能达成一致，那么，你如何开展一次对话？或许，不同的人有时候用这样根本不同的方式理解世界：某些伦理准则根本不能与其他的伦理准则进行比较，它们仅仅反映那些截然不同的理解。假如这是真实的，那么，相互间不可理解的程度大概就不可避免且不可超越。

然而，假如我们没有生活在一个共享的世界，则我们共享同一颗拥挤的行星，并且如同我们已经注意到的，我们对于根本做不出任何判断没有选择。即使伦理学是人所创造的，并且即使特定的道德准则反映创造它们的文化和条件，那也没有使道德观成为我们能够省却的某种东西。对于如何共同生活以及如何理解不同的价值体系这个难题也不会消失。没有任何人这样行为，即似乎没有任何事情较任何其他的事情更好：选择似乎界于对话与冲突之间。

事实和价值

> 什么使得相对主义如此合理，又是什么使得它提出的问题如此难以处理，实际上是某个非常简单的东西：价值判断不能证明是真的或假的。我能够证明草是绿色的或者地球是圆形的。但证明种族主义是恶的或者谋杀行为是错误的是极其不可能的。

对于价值判断，似乎的确存在某些特别之处。不像我们做出的大多数
134
其他判断，它们似乎不以任何东西为基础。简单地讲，一方面，我们拥有关于事实的世界——我们的五官感知的事物、科学家能够研究的事物、我们对于它可以是正确的或错误的之事物：例如，天在下雨；花园中有一棵树；巴黎（Paris）是法国的首都。另一方面，我们拥有关于价值的王国——当我们说事物是善的、恶的、正确的、错误的、美丽的、丑陋的等时，我们正在讨论或引出的东西。困难在于将一个与另一个联系起来，在于把握**描绘**世界是什么样的与**指示**人们应当思考什么或做什么之间的关联——假如存在一种关联的话。在哪里（甚至无论哪里）价值符合宇宙的装置？事实的主张如何能够为价值判断提供逻辑支持？这些问题全部聚拢于通常所谓的**事实—价值分歧**（fact-value gap）。

我们到目前为止所检验的一切问题可以视为依赖于关于我们的价值判断的地位这一核心问题。情感主义和相对主义都试图解释我们的价值如何符合世界，前者使它们以我们的情感为基础，而后者使它们以我们的文化为基础。二者都是**还原论**的实例。还原论者根据某种其他的、更基本的现象定义一个事物。他们主张，被定义的事物（V）“只不过是”这另一个更基本的事物（F）。例如，情感主义说，道德话语“实际上”只是对我们的情感的一种表达。还原论者将价值归结为某些事实，并且在这个过程中价值通常就销声匿迹了：事实（F）“实际上”是价值（V）的等所物。所以，这将是对由事实—价值分歧所提出的问题的一个解答：将价值还原成事实。

一种将价值还原为事实的选择就是去察看事实是否能够以某种方式**蕴涵**某些价值。或许在此意义上，存在着“道德事实”，对世界的完全描绘将包含对人的道德特性、行为和情境的描绘。假如如此的话，那么世界的存在方式就会迫使我们接受某些价值并做出某些行为。这种观点就是所谓

的**伦理自然主义**。它所具有的一个明显问题是，人们的价值各异，有时候非常显著，即使是在对事实没有任何争议的情形下。

思考对“安乐死”（assisted suicide）的争议。这些事实鲜被争论。假设约翰·道伊（John Doe）67岁；他被三位专家诊断为患了肝癌；他们每一位都预测，他大概会在六个月之内离开人世；他说，他正经历的疼痛和恶心使他不能再享受生活；他以口头和书面的形式声称，他希望一位医生为他注射一剂致命针以使他摆脱这种惨痛；除了是完全理智的和极其真诚的，没有任何理由去假设他是任何其他状态。有人相信，在这些情况下，要做出的正确的事情就是尊重这个人的愿望。其他的人认为，安乐死从根本上是不道德的。当然，这种争论可以在想象上是事实性的。安乐死的反对者可能会使他们的反对意见以这样的假设为基础，即假如它在任何情况下都允许的话，则这会在我们的文化中对降低人的生活价值产生长期的影响。假使那样的话，整个争论将归结为对于这个假设事实上是否正确的怀疑。但是，在某些情形下，这个争论显然不是关于事实而是关于基本价值的。有人认为，安乐死绝对是不道德的，其他人认为，让人遭受违背他们意愿的不必要的痛苦从根本上是不道德的。一旦这一争论演变成这种类型，发掘例外的事实将无助于解决它。

批判地思考！ “是—应当”问题

135

思考这个论证（A）：

偷盗是不合法的。
根据法律，非法翻印软件是一种偷盗行为。
因此，非法翻印软件是不合法的。

这个论证显然有效——结论从前提推导出来。但是，注意，结论和前提完全是同一类型的陈述，它们全部是简单地陈述某件事情是如此的**事实性的**主张。现在，思考另一个论证（B）：

偷盗是不合法的。
根据法律，非法翻印软件是一种偷盗行为。

因此，一个人不应当非法翻印软件。

这个论证是无效的。我接受前提但排斥结论，这并不会导致自相矛盾。例如，我可以相信，不合作主义在此情形下得到辩护。

(B) 的无效性的根源在于“是”与“应当”之间的逻辑区别。前提都是“是”陈述，而结论是一个“应当”陈述。一般地，一个有效的演绎论证的结论不能提出没有隐含在前提中的新的主张。但是，将一个“应当”引入论证 (B) 的结论就是这样，就是它致使这个论证无效。要使这个推理有效，我们需要在前提中引入一个“应当”陈述。例如 (C)：

偷盗是不合法的。
根据法律，非法翻印软件是一种偷盗行为。
一个人不应当做不合法之事。
因此，一个人不应当非法翻印软件。

这是有效的（将 (A) 的结论——非法翻印软件是不合法的——作为一个未被陈述的中间步骤）。但是，现在对于任何想以此方式证明结论真实性的人而言，问题就是去证明“一个人不应当做不合法之事”这个前提的真实性。

一个相似的要点适用于一切从纯粹描述性的前提推演出评价性或规范性结论的尝试。例如，事实——一个男子因为他自己的性虐待狂癖杀害了许多无辜者——并非在逻辑上蕴涵他在道德上是恶的这一结论。要有效地推演出这一结论，人们必须增补一个更进一步的前提：某个为了他们自己的癖好而杀害无辜者的人在道德上是恶的。这个评价性的结论现在大概就可以被推演出来，但仅仅因为这个论证的前提现在包含一个价值判断。

136 有关事实—价值分歧的问题也被描绘成有关从一个“是”推演出一个“应当”的问题（参见前一页的文框）。我面临一个可以用纯粹事实性的术语加以描绘的情境。那么，仅仅通过察看事实，我能够发现我应该做什么吗？有些哲学家论证说，确实可能从一个“是”推演出一个“应当”。美国哲学家约翰·塞尔 (John Searle) 是一位众所周知的做此尝试的作者。塞尔专注于关于承诺的实例。在他看来，假如我说出诸如"我承诺去……"这样的话语，那么，我就承担着做我所承诺之事的责任。我现在的责任是对你履行我的诺言，所以，我应当做我所承诺去做的任何事情。从"没有理性的事实"（brute fact）——我说的一些话语——推导出我应当去做某事。

假使这样的话，一个"应当"能够从一个"是"有效地推演出来吗？塞尔的论证所存在的一个问题是，当我做出承诺时，我实际上是在开始从事社会承诺的实践——它的主要规则是一个人应当遵守他的承诺。开始从事这种实践就像赞同玩一种游戏一样。所以，在开始游戏时，我已经同意根据规则去玩，这意味着我在一开始就接受了一个"应当"。当我说出像"我承诺去……"这样的话语时，那里包含有许多没有理性的事实（我说话的声音）。由于这个原因，塞尔的论证是没有说服力的。它没有真正地从一个"是"推演出一个"应当"；相反，它从对一个已经内在地包含了一个规范性维度的情境的一种描绘中推演出了一个"应当"。

一切从一个"是"推演出一个"应当"的尝试都面临同样的挑战：描绘一个情境，在其中事实以某种方式逻辑地命令一个人应当做什么。但是，每一种如此做的尝试都会遇到同一个问题——为什么一个人不应该做出相反的行为总是合理的。例如，假如你告诉我，我不应该丢垃圾，我就可以问为什么不应该。假如你说垃圾损毁了街道的形象，我就可以问，为什么我应该关心那些。假如你说它破坏了其他人的享乐，我就可以问，那为什么与我相干。最终，你可能被引导去说诸如此类的话："你应该关心他人，因为那是成为一个善人的必要因素"或者"你应该关心环境，因为我们都负有一项如此做的基本义务"。但是，我还是可以用如此的问题来回答："为什么我应该努力成为一个善人？"或者："为什么我应该尽我的义务？"（最后，在此讨论的问题大概就是伦理学最根本的问题：为什么成为道德的？我们将在后面再谈这个问题。）

难以看出，伦理自然主义者如何能够应付这种对于"悬而未决的问题"（open question）的论证。他们想说，事实在某一点上"为自己辩护"（speak for themselves）；他们声称，某些事物是善的或者应当做某些行为，这完全是明显的。但是，伦理自然主义的批评者否认事实曾经为自己辩护。决定哪些事实将明确地对我们有所值的是我们自己。这样，我们对于伦理观（以及对于政治学和艺术）的判断永远不能是关于孤立的没有理性的事实的。它们包含价值判断，并且这些判断永远不能完全地还原为纯粹 137

地事实性的描绘，也不能有效地从纯粹地事实性的描绘中推导出来。

规定

假如伦理的自然主义不能弥合事实—价值分歧，那么，我们的伦理判断的地位依然是可质疑的。我们仍然不得不重视这种可能性：它们不具备任何客观的有效性，并且它们与具有理性根据的、富含知识的判断相比更像是对个人偏好或情趣的表达。因此，让我们从事实—价值分歧的“另一个侧面”来探究这些问题，并且看一看是否有可能发现伦理语言的任何特别之处。为此，我需要察看它如何符合有关我们如何使用语词的一幅更一般的图像。

假如我说“这是好的（good)”，则我似乎是在描绘某个事物，并且在许多情形下，我能够以理由支持我的判断。例如，假如我说我的 CD 播放机是好的，并且你要求我给出我的理由，则我就可以说出它们：它发音清晰、易于操作、外观新潮，等等。换句话说，它是某一类事物的一个典型的实例：它做到了那些 CD 播放机应该出色地做到的事情，并因此充分地满足了我将它描绘成一台好的 CD 播放机的某些标准。

或许，假如我在道德的意义上将某事物描绘成“善的（good)”，我们就可以提供一个类似的分析。假设我看见一个朋友为了花时间安慰处于困境中的某个人而牺牲了他自己的快乐，并且我将他的行为描绘成在道德上是善的。如被问及为什么，我就会指出，他的行为是无私的，它表明了一种对另一个人的困难的同情，等等。对于某些伦理的自然主义者，需要说的仅仅是：这些事实“为自己辩护”。但是，这似乎是不正确的。一方面，将“这是善的”视为对于“这具有品格 x、y 和 z”的一种简记会遇到对于有关悬而未决问题的论证的怀疑。如此追问总是合理的：“然而品格 x、y 和 z 真正是善的吗?”假如“善的”仅仅意指“具有品格 x、y 和 z”，则这个问题就没有意义。另一方面，假如我说一个行为在伦理的意义上是“善的”，则我肯定我不仅在说它具有某些品格，我还在**称赞**它。问题在于，当我表达我的称赞时我在做什么？

称赞与选择有关。它隐含着说话者一方的一种态度。某人说“那在道德上是善的”，而后补充说“但我绝对对它毫不在乎”，这必定使人感到古怪。道德语言与我们所关心、拒斥、敬重、鄙视、希望成为的事物等紧密关联。当我们称赞一个行为是“善的”时，我们是在含蓄地选择那个行为作为我们要做的善行，并且也是作为他人要做的善行。所以，我们可以被说成是在**规定**那个行为，并且这包含与其说是一个描绘不如说是一个指令或命令（imperative or commond）。假如我说遵守诺言是正确的，则我实际上是在告诉你遵守你的诺言。

> 这可能是完全真实的：当我们说某事物是“善的”或者“正确的”，我们是在含蓄地告诉人们如何去行为。但是，那只是说一些有关道德语言实质的东西。它实际上没有告诉我们应该去做什么。138
> 这是伦理学的核心问题，但是到目前为止没有任何被思考的理论——情境伦理学、情感主义、相对主义和自然主义——能够令人满意地解决这个问题。如何承认道德语言在规定性上是有帮助的？

当我们说道德判断是规定性之时，我们没有说任何有关它们内容的东西。它们的内容可以广泛地变更：“遵守你的诺言!”“报复对你的任何伤害!”“不要抵制邪恶!”这些命令明显地表达了迥然不同的道德观点，但是它们都具有至少一个共同点：它们都是规定。这一事实涉及的不是它们的内容而是它们的**形式**。然而，假如所有的道德判断都具有一个共同的形式，则这一事实本身可能就具有道德意义。它是否具有——道德主张的“形式”是否具有它们的内容所应具有的含义——是一道难题。但是，许多伦理理论家论证说：事实的确如此。提出诸如此类立场的最早的思想家之一是伊曼纽尔·康德（1724—1804；参见形而上学一章的文框）。他对我们如何决定我们应当做什么的解释仍然是曾经提出的伦理学理论中最具刺激性和影响力的一种。尽管我们不能在这里探讨康德的整个理论，但我们可以审视它的某些核心思想，它们或许有助于我们就我们正在讨论的问题获得更深入的洞见。

康德的探究：可普遍化

我们已经看到，我们通常不仅描述性地使用道德语言，并且规定性地使用道德语言。当我们使用道德术语时，我们经常是或明确或含蓄地发布命令。康德承认这一点，但在两种命令之间做出了一个重要的区分。一些是他所谓的**假言命令**（hypothetical imperatives）：这些命令告诉某人为了达到某一目的他们必须做什么。例如，我可以告诉你如何到达某处（“乘57路公交车”），或者我能告诉你哪一种CD播放机可以买（“买这种样式的——它物超所值!”）。诸如此类的命令都表达了某些这样的东西：“假如你想X，则做Y”；“假如你想去艺术馆，乘57路公交车”；“假如你想要廉价货，就买这批设备”。

现在，或许可以把道德命令理解成这种形式。它非常可能说，“遵守你的诺言，因为假如你不遵守的话，就没有人会信任你，而你不会喜欢那个样子”，或者“帮助处于危难中的人，因为那样他们在将来会更可能帮助你”。但是，道德命令也能用一种不同的方式予以理解，这就是康德所谓的一个**绝对命令**（a **categorical imperative**）。这种命令具有这样的形式：“做x!”它不告诉你做某事是为了某些其他的缘故或者为了实现某一目标。
139 相反，它告诉你，你负有一种绝对的且无条件的责任去以某一方式行动（或者去以某一方式避免行动）。它告诉你要诚实不是因为你会受到尊重或者在事业上成功，而仅仅是因为你**应当**要诚实。这种探究，即认为价值判断不是基于事实的考虑，而是我们最重要的意义的起始点（starting point of supreme importance for us）。

在假言命令与绝对命令之间做出这种区分之后，康德继续论证说，一切道德命令最终归结为一个核心的道德命令，即他所谓的绝对命令。他主张，这是根本的道德原则，一切更具体的道德原则都可以从它推演出来。这个原则还可以称为“可普遍化”原则（“universalizability” principle）。让我们看一看它所包含的内容。

假如某人真正在伦理地行为，则我们假定他们是在“根据原则”行为，我们不希望发现他们在为他们自己制定特殊的规则。假如他们在对他人施加判断，则我们不希望他们根据对他们自己也不适用的规则来做此行为。

虽然我们所有的人都不同，并且不得不对付不同的情境这一点明显是真实的，但是大多数人却要求同等的关照（consideration）。以家务劳动为例。现在，我们大多数人认为，妇女不应该仅仅因为她们是妇女而待在家里做繁重的家务活。这是一种对公平的主张，是一个这样的要求：同样的关照施用于不同的人、同等的其他事物。当然，一个人可以反对说，其他的事物永远不同等。情况各异，并且试图根据某一原则行动的一个人当然必须考虑情况的真正差异。例如，原则——每一位家庭成员都应该对维系这个家庭做公平的贡献——将不得不以这样的方式应用：考虑每个人的年龄、他们的能力、他们的社会责任，等等。但是即使如此，情况从来也没差异到无原则可以应用的程度。这一点可以在合法的体系中得到认同；两个案件的情况向来都不一致，但是假如它们被视为是完全不同的，法庭将永远不能施用任何法律。

绝对命令

我们的原则可以普遍化这一思想相当自然地从这些思考中推导出来。一个真正的道德原则必须能够被一致地应用。具体的命令或许仅在一个特定的情境适用于我或者适用于你："开门！""投篮！"但是，一个真正的道德命令**适用于处于一个类似情境的任何人**；它因此必须始终以一个普遍的原则为基础。"遵守你的诺言"必须适用于**我们中所有的人**，包括我自己。康德如此表达这一要求：**你应该总是如此行动以至你行为之后的原则能够愿意被作为一个普遍的法令**。他把这称为绝对命令，道德的根本原则。它的含义是什么？

假设我想违背一项诺言，因为我不再方便去遵守它。我说过，在这个周末之前我将把我欠你的钱还给你，但是我想抓住一家鞋店一次一日降价销售的机会，所以，我花费这些钱买了一双新拖鞋。在这里，我行动时依据的原则是什么？它大概类似于这样的东西："一旦遵守诺言将剥夺我想要的某个东西，我就会违背我的诺言。" 140

既然这样，我还能真诚地希望每一个人根据这一原则行动吗？似乎不能。假如它变成一个普遍的原则，每个人都遵奉的一个准则，整个承诺的惯例就会遭到破坏。没有人能够信任何人会遵守诺言，所以，任何人将永远不会为诺言而烦恼。（注意，违背诺言，像撒谎或偷盗一样，依附于它的对立面。它只能作为规则的一个例外而出现。）这样，我就不能努力确保原则的一致性了。当我违背我的诺言时，实际上，我是在希望每一个其他的人都遵循一个原则（"遵守你的诺言"），同时允许我自己遵循另一个原则。在对我自己制造一个例外时，我变得不一致了。从而，我根据一个不能普遍化的原则在行动，并且这表示我的行为是不道德的。

绝对命令表达了一种对人——作为理性的行动者（agents）、被赋予根据原则行动之能力的生物——的莫大的尊重。的确，对于康德而言，道德行为的区分标志是构成人的行为基础的原则，而不是一个旨在追求的特定目标。康德用另一种类型的绝对命令强调这种对行动者的尊重：**总是将人视为他们自己的目的，永远不把人仅仅视为目的的方式**。这意思是说，我们不应该用他人作为实现我们目的的方式。像我们自己一样，他们也是理性的行动者，并且同样的责任和要求既适用于他们也适用于我们。有趣的是，康德主张，两种类型的绝对命令——“可普遍化原则”和“目的原则”——实际上说的是同样的事情。这一主张的确是令人感兴趣的，但是它远不是显而易见的，而且几代学者一直对它背后的理由感到困惑。

康德伦理学存在的问题

绝对命令的理念似乎与世界上许多地区传统上所接受的对于正确的行为（right behaviour）的观念相一致。所谓的基督教传统的“金规”（Golden Rule）说：“你们希望别人怎样对待你们，你们也要怎样对待别人。”（Do unto others as you would have others to unto you）同一规则也出现在孔子的《论语》（*Analects*）中，并且它的理论变形可见于犹太教、伊斯兰教、印度教、佛教和道教的经典。然而，在它的宗教形式中，这个规则似乎既包含一种扩展我们同情心（使自己置身于另一个人的位置）的富有想象力的努力，又包含一种平等相待的要求。另一方面，康德的绝对命令似乎只包含这后一种要求，以我们的推理能力为基础。这大概是一种强化（strength）。假如我们完全依赖于我们的想象力和同情心，伦理学甚至可能得到比目前更不协调的应用。但是，康德的探究，由于它极其强调始终理性地行动，可能会引导我们低估同情心（对另一个人抱有同情）、移情作用（与另一个
141 人有同感）、怜悯（与另一个人有共同的遭遇）的重要性，以及一切其他的情感——许多人认为在某种意义上对于道德是至关重要的——的重要性。情感主义认为，道德完全以情感为基础，由于康德，我们陷入走向另一个极端的危险之中，并且承认情感在我们的道德生活中根本不发挥任何作用。

对于根据原则行动的这一切谈论好倒是好，可是，难道我们没有忽略一个非常明显且重要的事物——即我们行为的后果吗？确实，后果必须算作某种东西。实际上，为什么不说正确的行为

是一个产生最佳后果的行为?

这种研究对康德对于伦理学的探究——它根据人的责任和义务定义道德——提出了又一个非常严肃的问题。康德认为，决定一个行为是否是道德上正确的是它的“形式”：它符合某个一般原则还是与之相矛盾？这种对伦理学的探究就是所谓的**道义论**（deontological）。它富有力量，正如我们所看见的那样。例如，它捕捉到了这一观念，即道德原则必须普遍地和公正地应用。但是，它也具有一些缺点，或许最严重的缺点在于，当评价行为时它倾向于轻视后果的重要性。

缺少对后果的考虑可以视为一个更一般的问题的一个方面。康德的绝对命令概念是相当形式的和空洞的。我们被告知我们的责任的**形式**，也就是，根据绝对命令去行动。但是，我们需要一种更清晰的对于道德**内容**的观念，对于我们的责任实际上是什么的观念。可普遍化原则是一种仅仅告诉我们一个道德判断必须采取什么形式的框架，它在我们逐步确定内容应该是什么时没有给予我们什么帮助。我们应该视什么为一项责任？一旦责任间发生了冲突，我们应该选择哪一项？假设，例如，我们能够保护一个无辜者免受伤害的唯一方式是撒谎。我应该服从哪一个命令：是不要说谎话的命令，还是保护无辜者的命令？

绝对命令的抽象实质似乎发布给我们这样的命令，即命令我们不要弄清楚我们究竟为什么应当服从它们。脱离了对我们生活在其中的现实社会（事实）的种种思考，我们就失去了对于道德为何的意义。我们想要对于被意愿之目的的某些指示，以及对于什么对意愿是合理的某个指示。这隐含着一种更具体的对于善的观念，即我们应该在我们的社会现实化。康德留给我们这样的责任，即我们履行它们是因为它们必须被履行，就像登山者攀登一座山是“因为它在那里”一样。我们想要更多的关于伦理观与我们实际上所过的生活之间的关联方式的信息。尤其是，我们想知道道德的**要义**（the point）是什么。难道道德行为是内在地可估价的（超越它自身没有意义）吗？或者道德行为的意义存在于它身外（或许在于行为的可能性后果）吗？一种伦理理论，即功利主义，相信它对这些问题有一个合理的回答，一种在康德的理论没有承认的意义上还承认后果之重要性的回答。

功利主义：最大化的幸福

142 **功利主义**是伦理自然主义的形式之一。伦理自然主义者，如我们先前所看到的，相信我们应该把我们的伦理观植根于世界的普通的（“自然的”）特征。功利主义者是自然主义者，因为他们想察看我们生活的事实，以便决定要做的正确的事情是什么。功利主义也是一种形式的**后果论**（consequentialism）——这意思是说，它认为，一个行为的道德价值取决于它的后果。以其最简单的形式，功利主义说，假如你在两个行动方针之间进行一次选择，你应该选择你认为总体来说最有可能产生更大善的那一个。当然，这一准则还是相当模糊的。我们需要了解什么产生了最好的后果或者“更大的善”。功利主义者对这个问题有一个坦率的回答：他们说，终极的善是快乐或幸福。这些事物在这样的意义上是终极的善，即我们因它们本身的缘故，而不是仅仅作为某些其他事物的方式而重视它们。问询某些人他们为什么想要钱，或者他们为什么想去学钢琴，或者他们为什么想去登山，这是有意义的。但是，问询一个人他们为什么想去体验快乐，或者他们为什么想成为幸福的，这没有多少意义。他们在回答时所能说的，除了成为幸福的，还有什么比成为悲惨的更好？

功利主义从“功利”（utility）这个语词得到它的名称，该语词在这个语境下**意思是**快乐或者幸福。术语“快乐”和“幸福”当然并不确切地意指相同的事物。我们把快乐视为相对短暂的生活体验，并且我们倾向于将快乐的情感与具体的行为诸如听音乐、吃饭或者登山联系起来。另一方面，幸福通常被视为一种一般的存在状态：描绘一个人一生中更长时期的特征。我们可以设想体验了许多许多的快乐却不幸福的一个人：例如，经常热衷于吸毒的某个人大概符合这一描绘。但是，我们也认为，二者之间通常存在着相当强的关联。一种鲜有快乐却颇富苦痛的生活不能视为一种幸福的生活。幸福地生活就是去体验许多快乐——更可取的是多少有些不同的快乐——并且不会体验太多的痛苦。由于简洁的缘故，由于这种理解——这个术语内含着快乐的观念，我们通常在此仅谈论幸福。

功利主义的核心原则通常被称作**功利原则**。它主张，行为是正确的，只要它们增进了幸福；而行为是错误的，只要它们造成了不幸。所提及的幸福不仅仅是行动者——从事这一行动的人——的幸福，而且是受此行动影响的每一个人的幸福。的确，功利主义始终是一种激进的平等主义的理论，主张平等地考虑每一个人的幸福。在这方面，至少它与康德的观点共享一种对公正性的关切。因此，功利主义提出的基本道德命令是，我们应该努力去创造“最大多数人的最大的幸福”。

功利主义的观点存在一些吸引人的具体之处：

1. 它具有常识性的一面。每一个人都承认幸福的价值，并且这种观念——道德从根本上关乎于努力增进幸福同时减少痛苦——是可以理解的、合理的和有吸引力的。它求助于我们的自然的信念：道德应该涉及使世界成为一个更善（也就是，更幸福）的地方。

2. 它提倡一种公平和无私的态度。

3. 它提供一个旨在解决道德争论的一致性的标准（criterion）——一个规则或者标准（a rule or standard），即“最大幸福原则”（GHP）。这将成为盛行于现代社会的各种各样的复杂问题之间的一枚通用的货币（a common currency）。GHP 是我们所有的人都能够赞同的东西，不管我们之间存在着的其他分歧分裂，因为我们所有的人大概都希望存在更多的幸福。这并不是说，GHP 对我们所有特殊的伦理问题提供了一种直接的回答，但是它确实提供了一种通过一个公认标准了解那些问题的方式。

4. 它是一门“最少承诺”（minimum commitment）的哲学。在接受它时，我们仅仅被要求相信 GHP。它并不试图成为一种关乎每一事物的伟大理论，它也不依赖于有争议的形而上学的或者宗教的主张。它完全适合日渐世俗的和现世的当代世界。同时，没有任何人被要求放弃他们大概已经信奉的无论任何其他宗教的或者形而上学的信念。

5. 它包含为所有的人都理解的考虑和评估。我们从购物到选择职业，我们日常生活的多数时间都在考虑花费和利益。所以，我们会十分自然地根据对行为可能性后果的评估去思考对它们的评价。从而，GHP 具有并不神秘的吸引力。幸福是紧要之物，并且我们所有的人都知道为什么。对于从事一个行动没有一定之规，这只是由于传统的缘故，或者只是因为它被视为一个人的责任。

功利主义存在的问题

功利主义赢得了许多对它的赞同。尽管如此，它的主张不得不面对一些非常棘手的问题——质疑这一理论作为对我们应当如何思考道德的一种完全的解释的恰当性。让我们思考这些问题中的一些。

快乐或幸福可以测量吗?

功利主义者必须处理一系列的涉及幸福如何被测量的问题。即使一个单一的人能够比较和评估她在自己一生的不同时刻所享受的不同层次的幸福(并且这不是明显真实的),却极难对不同人的幸福进行比较。人们使他们自己致力于各种各样的事情:运动、艰苦的工作、家庭、艺术欣赏、性活动、饮食、电视、上帝、政治、文学、园艺和排定列车时刻(train-spotting),这一切都有它们的拥护者,每一个拥护者都能够说,他们选择的活动使他们幸福。但是,我们如何能够决定哪一个产生最大的幸福,这并不清楚。它们甚至可能是不可比较的。

144

约翰·斯图亚特·密尔(1806—1873)

约翰·斯图亚特·密尔(John Stuart Mill)出生在伦敦,著名的政治理论家詹姆斯·密尔(James Mill)的儿子。他在家中接受了相当全面的教育,并且如他父亲所希冀的,他成为功利主义观点的有影响的代言人。功利主义的观点首先由大卫·休谟并且后来由詹姆斯·密尔的朋友杰里米·边沁(Jeremy Bentham)提出。

密尔的写作论题广泛,但是,他的如今最受广泛阅读的著作是两本小册子,《论自由》(*On Liberty*,1859)和《功利主义》(*Utilitarianism*,1863)。在前一部著作中,他捍卫了所谓的"伤害原则"(harm principle),它说,对任何人而言,包括政府,限定一个人的自由的唯一合法的理由是阻止对他人的伤害。在《功利主义》一书中,他捍卫了一种较边沁所信奉的更复杂的功利主义。虽然他与边沁一致认为,快乐是内在地可估价的,但是,他辩论说,并非所有的快乐都具有同等的性质。他说,有些快乐完全比其他的快乐更善:心灵的"更高级"的快乐(the "higher" pleasure)一般比肉体的"更低级"的快乐(the "lower" pleasure)具有更多的价值。

密尔与女权主义者哈丽特·泰勒(Harriet Taylor)关系十分密切并最终与她结婚。她对他的思考产生了巨大的影响,并激发了他写作晚年的著作《对妇女的压迫》(*The Subjection of Woman*)，在其中他提倡妇女参政。

不同快乐的这种可比较性对杰里米·边沁（1748—1832）——功利主义的创始人之一——而言并不是一个问题。根据边沁，各种快乐仅仅在两个方面彼此不同：强度和持续性。其他事情也都同样如此，持续时间较长的快乐比持续时间较短的快乐更善，并且强度较大的快乐比强度较小的快乐更善。假如这是真的，那么我们或许可以在性质上对快乐进行排列。但是，我们不能说，一种快乐在性质上比任何一种其他的快乐更善。边沁的确准备大胆抓住这个棘手的问题。与他的理论一致，他大胆地宣称，假如所产生的快乐的性质是同等的，则针戏（pushpin，一项简单的运动）就同诗歌一样善。

这种思考方式可能会简化我们的考虑，但是难以认为，某些活动（诸如绘制西斯廷教堂［Sistine chapel］的壁画或者从事科学发现）在某种意义上比其他的活动（诸如终日观看有线电视［cable TV］的购物频道）更有价值，即使快乐的性质是同一的。这是约翰·斯图亚特·密尔（参见文框）的观点。他认为，快乐既在性质上不同，也在数量上不同，在他所谓的“更高级的”快乐和“更低级的”快乐之间做出了区分，并且做出了颇为著名的论断：“成为一个令人不满的苏格拉底也比成为一头令人满意的猪更善。”但是，将艺术和文学置于电视或者运动之上的一个层次仅仅反映了对于一个知识分子——与踢球相比，他更擅长阅读——的看法（以及偏见）吗？说任何了解这两种活动的人会将阅读排序在足球之上，这一点也不善，有些尝试这两种活动的人却偏爱体育运动。谁说欣赏一个人的体育技能是一种“更低级的”快乐？ 145

有关测量和考虑的问题也在社会中产生。确切地说，“最大的幸福”是什么意思？难道使许多人十分幸福或者使一些人非常幸福就更善吗？难道只要他们的出生可以期望成为至少是适度幸福的——由于用那样的方式我们增加了幸福的总体数量，我们就应该努力去增加人口吗？单独的 GHP 没有为这些问题提供答案。并且，这些问题本身对从根本上测量幸福的可行性和可理解性提出了进一步的怀疑。

幸福是我们的唯一目标吗？

功利主义典型地预设：快乐和幸福是我们一切行为的终极目标。严格

地说，这种观点对于作为一种伦理学理论的功利主义并不是必不可少的，

批判地思考！　　内在的价值和工具性的价值

评价某个事物就是认为，因为那个事物存在，所以世界是一个更好的地方。一般而言，存在两种我们可能评价某个事物的方式：本身作为一个**目的**或者作为某一其他目的的一个**方式**。我们以这第二种方式评价大多数事物；我们认为它们是可估价的，因为它们能够使我们获得某些其他的东西。例如，我们评价金钱是因为它所能购买的东西，购买洗衣机是因为它们给予我们更多的自由时间，购买电话号码簿是因为它们使交流更方便。我们说，这些事物具有**工具性的价值**。

然而，某些事物由于他们自己的缘故而得到评价，而不仅仅因为它们有助于我们趋向某些其他的东西：例如，快乐、幸福、友谊、爱、美丽、德性和正义都作为这一类的商品来招徕顾客。当某个事物由于它自己的缘故而得到评价时，它就可以说具有**内在的价值**。当然，某个事物有可能既作为一个方式又作为一个目的而得到评价。例如，许多人在这个意义上思考教育。

146 但是，它对这样的一个论题提供了支持，即单纯的幸福作为我们由于它自身的缘故而追求的一个事物是内在地可估价的。然而，我们可以对这幅有关人的动机的图像提出一些问题。思考下述两个实例。

首先，想象贞德（Joan of Arc）的情形。她领导的使法国脱离英国的战役似乎不可能完全被激发或者甚至主要由对乐趣的追求所激发。难以置信，当她处于生死存亡的紧要关头并且当烈火围绕她的身体燃起的时候，她正在体验快乐。尽管她完全有可能得到某种神灵的庇佑而免遭被活活烧死，但我们没有任何证据来支持这一点。似乎更合理的是，她——像许多为了某种理想而牺牲自己的其他人一样——为了比快乐更重要的某种东西而体验痛苦。她幸福吗？可能是。她可能感到幸福，因为她完成了她的使命，拯救了法国，做了上帝的工作，等等，而不管烈火焚烧的痛苦。但是，这确实涉及了超出她在火堆上的时刻之外的表现：它将意味着把她一生的活动视为一个整体。假使那样的话，则幸福是她或任何人旨在追求的

一个确定的事物，这一点并不清晰。

其次，设想科学创造了一项惊人的新发明，享乐机（hedon machine）。你所做的一切就是使你自己接通电源并且享受它给你带来的快乐的感受：纯粹的快乐，灵活多变以避免单调的快乐。假如你的确使你自己接通了电源，你就会使你自己享受无穷无尽的快乐。实际上，你将永远不想使你自己断电。假如某人成功地吸引你的注意力达足够长的时间以便询问你，你是否想走出去做其他的事情——散步、参加音乐会、读书，等等——你就会拒绝。接通电源的愿望如此强烈以致你就不想其他任何事情了。这是在早期功利主义者最不切实际的梦想之外得到保证的快乐。当然，假如每个人都使他们自己接通一部享乐机的电源，则将会没有人留下来维修这些机器，供应食物等，但是，我们没必要在这里担忧那一点。我们的问题是：你自己会追求这样的生活吗？大多数人大概会说不，因为与享乐机联结在一起的生活将不是人的真正的生活。在生活中存在这样的事物：我们追求和重视它们，但不只是享受它们。尽管并不总是容易地讲清楚耗费在接通这种机器电源上的生活将会缺少什么，但像“实在”、“真理”和“可靠性”这样的语词要铭记。

这个实例还揭示出功利主义对于人的动机的假设的另一个可疑的方面，也就是这样的观念，即存在某一事物（快乐），它是在我们所做的一切特殊的事情（骑马、弹吉他、吃饭、划船、读书……）中我们在追求的真正的东西。早晨，我还没有清醒就在想：“今天，我如何能够使我的快乐最大化？我知道了，我将去划船。”更确切地说，我想去划船，而不是去做别的，比方说，去骑自行车。假如我从这一活动中得到了快乐，那么，这是至少部分地因为我在做我想做的事情。当我们设想享乐机对我们是一个真实的选择时，快乐的丰富性在这个语境中得到强调。没有人发现它非常有吸引力。即使我们把功利想象成幸福而不是快乐，这个理论存在的问题也没有减少。幸福通常被视为与一般的生活模式相关联，这种生活模式可适用于置身于各种各样的情境在做完全不同的事情的人们。

假如这是正确的，则它无益于将幸福想象成由一个特定的行为或一个单一的事件所形成的一种产物。我们可以说，假如我们希望的话，每一个人——贞德和烧死她的士兵，茅根马铃薯和运动员，登山者和书虫——都在“追求幸福”，但是任何事情有多少在被谈论，这并不清楚。假如“幸福”被用作一个一般性术语——包含各种各样的人们可能通过做他们想做 147

的事情获得的快乐，但实际上不能定位成对于任何特殊活动的一种清晰且确定的结果——那么，它对功利主义者没有多少助益。功利主义的优点之一起初似乎是，它承诺使道德以某种可计算的事物为基础，从而简化我们的道德选择。现在，似乎留给我们的选择如下：或者是对快乐精明而讲实际的评估（我们事实上并不总是追求它），或者是模糊的幸福概念（我们不能测量它）。

我们能够——并且我们应该——被一个增进最大幸福的愿望激发吗？

功利主义告诉我们，我们应该努力使所有那些受我们的行为影响的幸福最大化。但是事实上，没有任何人实际上按照这一原则生活。它似乎要求一定程度的无私性，甚至一种牺牲一个人自己的幸福的意愿，期望人们这样做是不现实的。毕竟，任何重视使所有那些受我们的行为影响的幸福最大化这一命令的人，将不得不成为某种伦理超男或超女，大部分时间都在矫正错误和帮助他人。

从功利主义的观点看，每次当我们沉迷于饮酒或者购买奢侈品而不是将钱花在某一有价值之事业的时候，我们无疑犯了一种道德错误。而且，作为一种后果论的道德理论，功利主义的特征之一是，缺少一个特定的行动者可能被号召去履行的特定的责任。例如，它似乎不承认家人或朋友可能对我们提出的特别的要求。严格的功利主义似乎意味着，让我们喜爱的人位列陌生人之前的行为不能在道德上得到辩护。对忠诚的要求一定低于对“最大数量”的要求。

功利主义为非伦理行为进行辩护吗？

正式地反对功利主义的最严厉的意见大概是，它能够被用以支持大多数人认为在道德上是错误的行为和方针。例如，想一下团伙抢劫的问题。任何有理性的人都会谴责它。但是，假如我们认真考虑严格的功利主义的观点，我们就不得不问抢劫是否会增加或者减少由所有那些受害者所体验的总体的快乐。现在，一个人可能说，受害者所体验的不幸，包括一切作
148 为结果发生的不幸和她长期遭受的对快乐的损失，将远远超出为她的攻击者所体验的快乐。但是，假设并没有超出？那是不是意味着这种行为是道德上可接受的，抑或终究并不如此恶劣？肯定不是。即使功利主义的考虑表明，这次抢劫造成的苦难多于带来的快乐，**那**也不是它在道德上是错误

的之理由。假如我们被问询为什么团伙抢劫是错误的，我们中的多数人甚至不想介入这样的考虑。我们大概会说，它是错误的是因为它违背了受害者的愿望并因此包含着一种对她的权利的侵犯。

设想另一种情境，在其中警察和审判员知道，假如他们因为一次恐怖主义的爆炸囚禁一个无辜的人（他们不能捕获真正的犯罪者），则这就会产生这样的效果：消除公众的恐惧并恢复他们自己的自信心。假如这是一个会使总体幸福最大化的行为方针，那么，他们似乎就能够根据功利主义为它进行辩护。但是，这个结论将再一次彻底与我们可能称为道德常识的东西相违背。惩罚无辜的人是**不公正的**。这是对他们的**权利**的一种侵犯，而不是他们**应该得到**的东西。但是，功利主义似乎愿意粗暴地对待正义、权利和功过等问题，假如这么做可能使总体幸福最大化的话。正如边沁曾经公正而又不吉祥地评论的那样，它把所有对于“权利”的谈论视为全是“夸张做作的胡言乱语”（nonsense on stilts）。

一个功利主义者的回答

尽管有这些反对意见，功利主义对许多人而言仍然是一种有吸引力的伦理理论。确实，它的辩护者说，假如你太过简单化地解释这个学说，它就会陷入这样的困难之中，即它所提出的各种考虑就会显得太机械，它对人的动机的解释就会显得不恰当，并且它就会蕴涵与我们普通意义上的正义不一致的结论。但是，功利主义不必以这种过于简单化的方式建构。例如，它不是这种功利主义理论的一个必要的组成部分，即我们能够精确地测量和比较为每一个人所体验的每一种快乐。它足以能够对我们的行为会导致什么样的后果进行一般的——并且当然是可错的——评估。从总体上和长远上看，我们会增加世界上幸福的数量呢，还是会增加它对痛苦的储量？

一个功利主义者也不需要主张，我们所有的人都变成全天候的社会改良家。密尔在进行下述论证时对这种反对意见给予了一个合理的回答：普遍的幸福通常最宜为努力保证自己幸福的个体以及他们身边的人（家人、朋友、同事和邻居）所享有。并非圣洁性（saintliness）在道德上是错误的。的确，圣洁的人，即为他人自我奉献的人，发挥着一种有价值的社会职能：不计较让与他们所帮助的那些人的物质利益，他们对我们呈现一种无私的理想——激励我们其余的人少谋一己私利而多关心他人的福利。但

149 是，这并不意味着，具有自我牺牲精神的圣人的世界将成为一个更加幸福的地方。

这个论点——功利主义可能为我们通常认为不道德的行为进行辩护——是一个更严重的问题。当然，一种对功利主义者的回应，简言之，就是说我们通常的道德直觉是错误的。假如常识告诉我们，单一个体的权利应该视为重于许多人的幸福，则那完全是因为常识！难道个体权利的拥护者不论什么武器都会用吗？假如拥有致命的化学武器的恐怖分子企图颠覆合法的体系，那么，让成千上万的人惨遭杀害比观看一种不正义的行径更明显地善吗？那会是合理的吗？

这些是清楚的问题。并且，我们的确应该承认这样的可能性：道德常识可能是错误的。毕竟，是常识宣称婚前性行为、同性恋关系和人种混杂是不道德的。像功利主义这样的伦理理论的职责之一是对我们想当然的信念和实践提供一种全新的、批判性的观点。尽管它是有效的，但是这一点却不能克服涉及正义和个人权利问题的困难。无论如何，这些都要求对这一理论进行重大的修改。

行为和规则功利主义

到目前为止，我们一直在讨论一种称作**行为功利主义**的功利主义，它根据行为的后果来判断**特定行为**的道德价值。正如我们所见，问题在于，这种理论可能宽恕我们通常认为是不道德的行为。在应对这种反对意见时，一些功利主义者创造了一种被称作**规则功利主义**的更复杂的理论类型。规则功利主义不说我们应该始终从事增进总体上最大幸福的行为，而是说我们的行为应该由规则指导。假如人人都遵守规则，那么规则将会导致总体上最大的幸福——即使在某些情形下，我们不是在将幸福最大化。

至福千年的圣者（millennia）积累的智慧教导人类某些种类行为的一般倾向是什么——无论它们从长远的观点看是否适合增进我们的幸福。例如，我们了解到，杀人、偷盗、撒谎和欺骗倾向于造成痛苦，而仁慈、诚实和遵守诺言倾向于增进幸福。我们的道德标准应该符合这种积累起来的知识。以这种形式，功利主义看上去酷似多数人凭直觉认为的一个道德标准应该所是的样子。它信奉这样的原则：无辜的人不应该被故意地囚禁，不管任何假定的短期的功利所得，因为从长期的观点看，那种行为会降低一般的幸福：那将会减少对法律的尊重，并且我们所有的人都会感到越来越不安全。

规则功利主义有点像高速路的规则。它要求我们去思考，假如某些类型的行为变成一般性的，则结果将会是什么。在没有指示之前我就转向可能会在一个特殊的时刻——当我知道我能侥幸逃脱而不被处罚的时候——节省我的一点能量，但是，假如每一个人都不接受指示，那会如何？一般性的结果将会是更多的意外事故并因而造成更多的痛苦。在这里，重要的是要注意，规则功利主义的原则不同于可普遍化原则——它是一个要求我不能自相矛盾的形式规则。规则功利主义要求我们去思考某些行为——变成一般性的，并且还可能具有节省考虑时间这样的附带利益——的**实践后果**。我们没有被要求去努力评估在每一新情境下最好的总体结果将会是什么，我们只是遵循依据 GHP 而确立的规则。仅当两个规则冲突时，我们才需要进行一次以 GHP 为基础的考虑。 150

规则功利主义看起来像对行为功利主义所面对的某些问题的一种简洁的解答，但是，它本身并没有摆脱困境。一个这样的问题尤其困难，即假定一个规则已经确立，我们应该承认它的特例吗？假如应该，什么时候可以承认？回顾高速路的规则这一实例。我们被告知遵循某些规则，即使违反它们将不会造成任何伤害反而可能增进总体的幸福。例如，我们在红灯亮时停车，并且等在那里直到它变成绿灯，即使我们很忙并且能够看见没有交通工具开过来也要等。但是，现在设想一辆消防车，正飞速驶向一座起火的建筑物。任何迟误都可能意味着失去生命。消防车闯红灯的表现——假定结果没有造成意外事故——会得到辩护吗？一个“强功利主义者”(strong utilitarian）将会要求：恪守规则，无论违反它的理由可能看上去如何合理。这个规则就是使幸福最大化，并且不承认破坏规则功利主义原则的特例。

当然，这里具有某种讽刺意味：这个功利主义者，原本只想避免武断，遵循那些可能使幸福最大化的行为方针，现在却成了这样一条规则的强制者，即如果严格地运用，这一规则就非常可能增加痛苦。所以，或许特例应该被承认。这就是所谓的“弱功利主义者”（weak utilitarian）的观点，并且它似乎代表了一种更合理的探究。然而，一旦我们开始努力计算何时我们能够担负得起终止规则的后果以及何时我们应该坚持它们，我们就会冒使整座大厦倒塌的危险。现在，规则似乎仅在个体计算者计算他们应该计算之物时才产生效力。实际上，我们是在说诸如此类的东西：遵守规则（这具有一种广泛的功利主义的辩护），除了这么做会妨碍使幸福最大化的时候。但是，遵循**这**一方针再一次要求我们单独地评估每一情境。

简言之，规则功利主义或者必须被严格地坚持，假使这样的话，它就不得不为恰好是对功利主义打算对我们免用的规则的那种盲目的、严格的坚持进行辩护；或者它允许对这些规则的特例，假使这样的话，它就会倒退到行为功利主义。

规则功利主义与康德主义明显共享的一个东西是这样一种道德观：它
151 实质上是一个关于确立并从而遵循一系列明确的规则的问题。伦理相对主义，就它把道德等同于一系列存在的文化规范而言，展示了相同的倾向。道德是完全关乎规则的这一观念是相当普遍的。对此，一个理由是，道德标准与合法的标准紧密关联，并且一个合法的标准由一系列法令（理想中它们是完全无歧义的）构成。土地法在某种意义上为我们提供了一个关于能够指导我们行为的实践标准的范式。另一个范式，也求援道德是完全关乎规则的这一观念，是有关十诫和摩西（Moses）颁布给以色列人（Israel）其他法令的那一范式。西方文化渗透进这种传统，所以，它必定会活跃我们的思维。然而，古希腊人——我们还因为我们的某些伦理观念对他们深表感激——就不享有这种对规则的绝对关切（overriding concern）（有人将会说摆脱不了的思想）。在他们看来，伦理学与其说是有关辩护和服从绝对的道德规则的，不如说是有关培养某一种**品格**的。近些年来，这种对伦理学的探究出现了一种有意义的复兴。我们将通过察看它是否可以对困扰我们在检验的其他观点的那些难题提供一种解决途径来总结我们的研究。

为什么成为道德的？

首先，让我们重新返回一个绝对根本的问题——为什么成为道德的——来重新定位我们的研究。这个问题已经多次出现，但是我们尚未真正地解答它。这里有一个回答：

> 没有人会“伦理地”行动，假如他们不是必须这样的话。它完全是一个你不得不玩的精心制作的游戏，一种你不得不为步入社会付出的代价。道德是一系列致使你服从的规则，是一种阻止

强者干他们想干之事的方式。真正的强者完全拿得到他们想要的东西，除非他们经洗脑后对它感到愧疚。只有一个规则真正值得担忧：不要被制止（don't get caught）。

为了帮助我们思考这种对伦理观的挑战的隐含之意，让我们看一看是否存在一个对于伦理行为的令人信服的论证，即使在没有任何明显的利益来自它的情形下。假设，你发现一枚戒指，具有使佩戴者隐身的魔性（magical property）。难以想象！你可以去任何地方，做任何事情，只要你戴着这枚戒指，就保证不会被发现。你可以做你喜欢做的事，看你想看的东西，拿吸引你的事物。佩戴着这枚戒指，还有什么理由来解释你为什么不应该只是遵从自己的愿望吗？

你可能不再受"诚实是最佳方针"这一准则的影响，由于你的不可见性将能够让你不受惩罚地得到你想要的东西。无论如何，假如你是精心的，你就能够过上一种双重人格的生活：在可见时是道德上正直的，在不可见时是冷酷地自私自利的。诚实对于身处新环境的你而言似乎不是最佳方针。如果你无须担心会树立一个坏榜样，你就可以放松。由于没有人需要了解谁是你恶毒行为的真正创造者，你就不会引导任何人误入歧途。对 152
规则功利主义就谈这么多。至于可普遍化原则，这样的诱惑——视它为空洞的形式并从而是可任意处理的，或者以满足你愿望的方式去解释它——大概是无法抗拒的。毕竟，没有任何其他人曾经可能拥有像这样的一枚戒指，所以，为什么要用关于假如每个人都拥有将会怎样这样的问题来烦扰你自己呢。

假如我们打算捍卫一个人应当伦理地行动这一主张，我们除了简单地援引康德的绝对命令或者功利原则，还不得不做更多。这里，问题在于：为什么我不应该仅仅追求我自己的利益，而不关心任何其他事情或者任何其他人？或许，我们有必要更加仔细地审查在一切被思考的事物中究竟什么"属于我的利益"，无论我是否拥有一枚具有不可见性的戒指。这项研究超越了有关特殊行为和规则的问题，并且思考人类可能会过的生活类型。

我们是受时间约束的、社会性的生物。我们拥有一种隶属于我们自己的、超越此时此地的观念。那就是为什么回顾、总结过去的经验教训、预期、计划、希望和担忧、下决心等对我们是有意义的。我具有这样一个观念，即我是这种类型的人：为过去所做的行为负责任，能够评估我下一步计划做的事情的结果。假如我打翻了许多东西，那么我知道人们会认为我是笨拙的；假如我经常迟到，我就会被认为是不守时的。这种对于我是谁的不断增加的意义主要是通过我与他人的关系形成的：脱离了我生活于其中的世界，它就不会出现。成为人，从而成为一个社会性的动物仅仅意味着与他人共享空间。人的社会性蕴涵着语言，一种理解什么在我们的世界上发生的方式。那并不意味着我们不能对一切重要的事情存在争议，但是，它却意味着我们不能对**每一件事情**都存在争议。抛开我们的许多争议，那始终会存在大量的我们在任何一个时刻都不再质疑的东西。这个共享的世界像一块舞台后部的彩画幕布，面对着它，任何争议都会显现，而没有它，任何形式的对话都确实不可想象。没有一个共享的世界和一种共享的语言，争议首先就不能得到清晰的阐述或辨别。

发现魔戒（magic ring）或者买彩票中了上百万可能会帮助我处理一些问题，但是，一些非常基本的问题还仍然没有解决。我现在做出的选择有助于我在未来会发展成什么样。我是一个人，是会**变成**某个人的某个人。所以，合乎情理的是，将伦理观与关于我的生活如何改善的更多的问题相关联，假定机遇眷顾我的话。这个问题不仅是："此时此地做道德上正确的事情是什么意思?" 而且是："我是哪种人？我想成为哪种人？我想过哪种生活?" 我如何回答这第一个问题与我如何回答这另一些问题密不可分，即使我从未有意识地寻求这种关联。这也完全适用于魔戒的佩戴者，即使他永远不会摘掉它。在过了这样一种生活之后，即追求他私人的
153 利益，总是做他致力于成为"他的最佳利益"的事情，他就会变成某一个人——或许是这样一种人：比方说，欺骗人们、偷窃，并通常将他个人的利益置于他人利益之前。换句话说，他至少在部分时间里变成了一个偷窥者、一个窃贼和一个自私的欺骗者。

这或许不会烦扰他。他可能认为，他超越于我们本已的伦理观之外，因为尽管他确实用不可见性去行骗，但称这是"错误的"或者"恶的"仅仅表达了一个价值判断，并且"根本不存在任何要么善要么恶的东西，除了思考使它如此"。对这一点的一个回答是，指明我们用以描绘他是"偷窥者"、"窃贼"、"自私的"、"欺骗者"的语言种类。在前面，我们看到，一些理论家希望在事实与价值之间做出十分明确的区分。那里存在着一个明确的区分这一观念在这里或许是受欢迎的，但是，它却是有问题的。刚

刚提及的语词不是纯粹描述性的或者纯粹评价性的，而是能够被视为发挥两种功能的。“窃贼”是一个事实性术语，至少在平常和合法地不复杂的语境中是如此。一个人要么是一个窃贼，要么不是。但是，它当然不是一个**中性的**术语；假如你错误地使用它，那么你会落得这样的下场：在法庭被人控告犯了诽谤罪。人们不喜欢被人称作一个窃贼。这同样适用于许多其他的语词。例如，以语词“吝啬”为例。假如某些人告诉我玛丽是吝啬的，我可能会问他们为什么他们那样认为。他们继续提供给我一些实例作为证据（当轮到她的时候，她从来不买饮料，从来不借钱给别人却为自己向别人借钱，并且不乐意偿还，总是认为什么都欠她的，等等）。然后，我亲自去察看，并且发现她确实以这样的方式行事。她是吝啬的。这是一个事实性的描述，但是它也是评价性的。

像这样的形容词的存在一般告诉了我们有关价值实质的某种东西。在命名人的癖好（propensities）或者性情（dispositions）时，这些术语表示，我们以这样的方式理解品性，即把描述性（是什么）和规范性（一个人应当做什么或者像什么）混为一体。由于这个原因，一种对人生的解释——将它本身限制为事实性描述，避免评价和规定——必定是不能令人满意的。我们可以**尝试**对人的行为给出一种无价值性的解释（a value-free account），如同在“A从B那里拿了钱，他说将在一个月内还钱，但却没有这么做”之中那样。然而，尽管这告诉了我们有关一个事件的某些东西，但是，它剥夺了我们理解它的意义的工具。只有我们了解了人们在其中的意图和动机是什么，我们才能探讨这种意义，由于这将不仅阐明一个孤立的事件的意义（一笔未偿还的借款），而且阐明未来可能会发生什么事情（不再借款给A，对A的一定程度的社会孤立，A对此的可能反应，等等）。从而，假如我们想理解人们正在做什么，我们就不能省却他们所归属的品性和行为的意义。并且，这些意义渗透在规范性的语言中。

分裂描述性和评价性这一企图所犯的错误在于，将唯一“真实的”事物设想为无理性的事实、对象及它们之间的关系。但是，世界不是一个中性事实的集合，根据这样的事实我们阐明我们的价值判断：它始终向我们显示出丰富的意义。人类背对着一幅关于意义和价值的彩画幕布过他们的生活，这幅幕布是不真实的只因为这些事物不是物质性对象。

亚里士多德（公元前384—前322）

亚里士多德与他的老师柏拉图一起被列为人类历史上最富原则性和最具影响力的哲学家之一。他的兴趣领域广泛。他现存的著作包括关于生物学、天文学、物理学、形而上学、认识论、逻辑学、修辞学、伦理学、政治理论和诗学等方面的作品。这些著作在西方哲学中占据一种核心地位，以至到中世纪末期，亚里士多德哲学实际上是所谓“传统”（The Tradition）的同义词。抛开在现代纪元之初对亚里士多德的反对（由思想家诸如笛卡儿和霍布斯领导），他从未真正地离去，而且当前正经历着某种复活。许多这种复兴的兴趣集中于他的《尼各马可伦理学》（*Nicomachean Ethics*），它根据德性提出了一种对伦理观的解释。

亚里士多德的世界观的一个显著特征是，他假定每一事物都有一个目的或功能（purpose or function）。他将这一原则与其说运用于自然事物，不如说运用于像桌子和椅子这样的人工制品，它们非常清晰地是为满足人的目的而设计的。在亚里士多德看来，一个对任何事物的充分说明（account）都将包括对它的“终极因”（final cause）或者目的的一个解释（explanation），这个说明本身就是哲学家们所谓的目的论（teleology，源于telos，意思是结果或目的［end or purpose］）。这种目的论的思考是亚里士多德伦理观的核心，由于他一开始就假定，人怀有一个目的（a telos）。这个目的旨在实现人的潜能，旨在通过培养那些我们与人类的兴盛相关联的特性达到自我实现。这个目的通过践行它们而实现。一个经常行善的人具备成为善良的之习性；一个进行节制的人就会变成有节制的。践行德性从而对一个人而言既是美好生活的一个方式又是美好生活的一个组成部分。

“勇敢”和“意义”不是一块石头或一棵树是事物这个意义上的事物，但是，它们确实属于一个世界，并且这意味着它们不纯粹是个体对世界的投射物。

德性伦理学：一个有关品格的问题

坚持刚刚描绘的这种观点的哲学家有时指出古代的道德德性观。这种对伦理观的探究始于问询什么特性使一个人成为善良的人。这些特性——勇敢、诚实、值得依赖等——就是所谓的**德性**。它们实质上是以这样一种方式行动或感觉到的倾向，这种方式既是一个人美好生活的一部分，又引导我们去思考何谓一个人的美好生活——可能也被称作人的兴盛（flourishing）。 155

这种对伦理观的探究是古希腊和古罗马哲学家，尤其是柏拉图和亚里士多德的特征，但是，它在近些年又显现出一种复兴。这种探究的一个优势在于，它似乎应付了这样的问题：什么算作我们在讨论绝对命令时所遇到的善。绝对命令施加给我们的责任悬而未决，没有辩护。我可以问："为什么是这些责任？为什么我应该仅仅根据可普遍化原则行动？"提倡善即德性观点的人会这样回答：德性应该加以培养，因为它们有助于人的兴盛。

当我们像亚里士多德描绘的那样审视德性时，我们发现，它们被描绘成一种以一种整体性方式去思考、愿望、感受和行动的倾向。换句话说，它们帮助我们变成了这样一个人：对他而言，思想、情感和行为是和谐的。这种人通过做正确的事情获得满足，而不是做正确的事情是使她的快乐最大化或者获得某种其他的外在利益。她变成这种人的途径是，培养某些感受和思考的习惯，这些习惯有助于一种幸福的生活，因为它们消除了"我**应当**做这个"与"我**想**做这个"之间的区分。用一个更现代的词语，我们可能会说，亚里士多德意义上的人是幸福的，因为她不自相矛盾，而是健全的并且相对远离神经过敏者。这是一种兴盛的方式。这样的一个人不可能去设想，一枚魔戒将通过对外部利益的获得而提供一种更善的幸福。

德性伦理学，正如人们通常对这种探究所称谓的，是另一种伦理自然主义。它主张，我们将某些特性等同于德性的根据在于对"我们是什么"以及"我们应该努力成为什么"的一种真正的理解。作为一种自然主义，这种探究当然会遭到一些一般性的反对。这些反对意见包括：

- 质疑它基于人的本质所做出的解释的准确性。
- 质疑充斥于它的人之兴盛概念的价值的客观性或者普遍性。

其他的文化对于什么"证明一个人是善的"具有不同的观念。例如，许多文化在过去给予肉体上的勇敢和军事上的勇敢一种极高的奖赏。通过比较，我们或许更倾向于强调情感上的敏感和智力上的聪明。再一次，我们碰到了有关相对性的问题，这一次是对于人的德性概念。谁打算说我们应该选择哪个（或哪些）理想呢？

- “悬而未决的问题”的论证。即使事实是如同德性理论家说的那样，他们也没有必要强迫我们去接受一种具体的关于人的德性的理想。我们总是能够提出像这样的问题：这种理想是真正善的吗？为什么我们应该选择它而不是其他可能的理想？

156 最终，一位德性伦理学家只能举出关于他们所谓的人的兴盛的（真实的或者理想的）实例，并且要求我们去赞同他们的判断。当然，他们做出的是一个价值判断——或者可能更准确地，是一个**负载着价值**的判断。但是，那并不蕴涵它是完全独断的。我们对所有种类的事物作出类似的判断：房子、汽车、树木和猫。我们所有的人都承认，在下述两个住宅之间存在着差异：一个是建筑质量上乘的房子，外观诱人，居住舒适，并且建筑位置便利或者风景如画；另一个是寒冷、狭窄、渗漏、坍陷了的贫民窟，蟑螂成灾，并且位于一个毒性垃圾堆旁边。几乎每一个人都会同意，一只猫——它享受着有爱心的家庭的照顾、充足的食物、一个靠近火炉的温暖的居所、一件光滑的外衣、锋利的牙齿、敏锐的感官、随心所欲自由地出入，并且过着一种有其他猫做伴的活跃的社会生活——比一只孤独、患有疥癣、满身跳蚤、靠三条腿一瘸一拐地游荡、用仅存的一只眼寻觅可能含有腐烂食物碎块的散碎垃圾的半饥饿的流浪猫“生活得好”（在猫科动物的意义上）。由于同样的原因，实际上，我们不愿意承认任何一种作为人的兴盛的一个可能范例的生活，也不愿意承认任何一种标榜人的德性的品格，假如某人承认道德的行为或许是选择魔戒以及它所带来的一切“利益”，但仍然拒绝它，那么，似乎就不存在人们可以说善比恶更可取的任何其他事物，除了使用我们先前讨论过的那种术语。一旦我把一个人描绘成“诚实的”、“值得信赖的”、“心地善良的”，等等，任何听到这种描绘的人就被期望立即承认德性与兴盛之间的关联。一个人可能会说，被描绘的这种品格和这种生活方式，是自我推荐性的。

但是，我的听众可能不这样看事情，这总是可能的。例如，他可能会发现他被要求去称赞的理想是令人讨厌地传统性的，并且可能放弃它们而去追求更极端和更片面的理想，诸如由残忍但却成功的犯罪分子所代表的那些理想。假如亚里士多德的观点是正确的，则这样的一个人在追求“错误的”目标时显露出一种应受谴责的无知。窃贼（thief）不只是在做他自己的事情：他是在做在这个语词所有意义上的错误的事情。而且，假如希腊人将道德德性视为人的兴盛的一个必要条件是正确的，则没有领会这一点的这个人就会最终承担他的错误的后果。他不幸的命运由柏拉图不可思议地描绘：他会变得越来越像他自己。

德性伦理学主张理论与实践的统一。它最强有力的论证是：不道德的行为也是非理性的，因为它没有达到一种兴盛的生活。它认为，我们对于人应该如何行为的价值和理念可以拥有客观的有效性，因为它们以关于人的真理为根据。所以，或许发现不可见性戒指的人会将它抛弃反而去培养德性。或许吧！

在这一章的初始我们主张，伦理学既是理论性的又是实践性的，涉及认识与行为，思考与选择。我们所思考的许多理论似乎是有缺陷的，因为它们每一个都倾向于专注于伦理生活的某些重要方面而忽略其他的。从而，每一个理论都不是令人满意的，由于它不仅对伦理观而且对人的行为和思想描绘了一幅歪曲的图像。**情感主义**认为，道德判断表达的是情感，但是它忽略了理性反思在我们道德生活中的作用。**情境伦理学**关注语境的重要性——在其中，我们不得不作出我们的道德选择——但是，它夸大了这些语境的唯一性并从而不能发现情境的类似性允许我们去制定一般的准则。**相对主义**使我们意识到理解道德规范——与它们在其中发挥功能的文化相关联——的重要性，但是它不能为这一点进行辩护，即对任何特殊系列的文化规范和实践采取一种批判的态度。 157

康德的伦理学恢复了理性，但却以情感为代价，并且没有看到，道德需要与人们对幸福的合法的愿望相联结。**功利主义者**将伦理观仅仅还原为一系列旨在使幸福最大化的谨慎的规则，但是在这么做时，过分简化了它对人的动机的解释，并且拒绝去认真考虑诸如正义和个人权利等道德关怀。**德性伦理学**或许是最富均衡性的理论，但是它倾向于对人的本质的假定和规范判断的客观有效性的想当然，它也像相对主义一样冒着这样的风险：不承认道德原则能够对一个人自己的伦理传统发挥的批判功能。

或许，从这一切中最清晰地显现的东西非道德生活的**复杂性**莫属。所有的理论都阐明了一些重要的道德观，但是，没有哪一种理论提供了一个恰当的、整体性的解释。这是因为整体太过庞大、参差不一、复杂，以致不能为一种单一的理论所把握。存在众多如此这般的伦理学家，他们希望能够简化道德观，尤其是康德主义者和功利主义者，他们都试图从一个或两个约束每一个人的根本原则演绎出所有的道德准则。但是，将道德推理还原为几个简单的推理或考虑的这种梦想是一个幻想。当然，这并非表明道德本身在某种意义上是虚幻的。它只是表明，没有任何理论曾经能够取代我们每一个人践行亚里士多德所谓的“实践智慧”的需要，因为我们被要求去处理出现在一种正常人的生活过程中的伦理问题。

第 6 章

政治哲学

158 几乎没有什么问题比社会应该如何予以组织这个问题更重要了。它是一个产生棘手问题的问题——谁应该统治，权力与权威的关系，法律的实质及目的，以及还有许多。诸如此类的问题自古以来就是有关政治哲学的问题，而且它们在今天仍然重要。然而，我们的出发点是一个对现代政治哲学特别重要的话题：**自由**的概念。它在近代政治哲学中的核心地位反射出它在现代世界中所享有的崇高的威望，即它在现代世界中也许变成了最高的政治和社会价值。在探讨自由观时，我们会被引导至上述提及的许多重要的并且传统的问题。假定了它的重要性，人们就会惊奇地发现，对于我们所谓的“自由”和“自由社会”确切地是什么意思存在着大量的争议。

首先，一个在使用的定义：

> 自由是做你想去做的事情，没有被任何其他人阻止。

这是一种常识性的自由观。一个人是自由的，当她能够做出自己的选择而未受限制或未遭胁迫。行动的自由是这方面的一个典型的实例，恰好是囚犯被否定的东西。在自由中受重视的成分似乎是阻止个体做他想做之事的最低限度的限制，因为理想的充分自由（complete freedom）就是自由地去做一个人想做的无论什么事情，根本没有任何限制。但是，由于“你想去做的无论什么事情”可能包含“**任何事情**”，包含诸如谋杀、抢劫或者敲诈等行为，这对于一个由像他们现在实际所是的人们构成的社会而言不是一种现实主义的基础。最强者倾向于以其余的人为代价来践行**他们**的自由。所以，我们需要一种对自由的限制。这种限制应该是什么似乎在直觉上是清晰的：

> 你应该自由地去做你想做的事情，假使你没有对他人造成伤害的话。

这一原则通常被称作**伤害原则**。作为它的基础的自由概念被称作**消极的自由**。它之所以是“消极的”，是因为它是**源自**限制的自由。没有人是在强迫个体追求或者避免一种特殊的生活或者一系列的理想，因为这是她会独自决定的某种事情。思考它的一个方式是，将每一种生活设想成一页白纸，当她选择时为这个个体展开供其填写。政府让你自由地去做你所喜欢的事情，只要你没有妨碍他人践行他们的自由。但是，注意，没有任何东西说你将**能够**实现你的愿望。拍打你的手臂不会使你离开地面，申请一份工作并不等于得到一份工作。消极的自由提供的仅仅是实现你的目标的最低条件。它无关乎那些目标是否是可实现的，是否是合理的，或者是否是你的最大利益。

消极的自由作为一种对常识观点的详尽的阐述，实际上，是自由主义的自由观。自由主义具有两个主要的支脉，它们获得了各种各样的称谓。这里，我们将称它们为**自由意志论**和**社会民主主义**。我们将会看到，在它们之间存在着重要的区别，但是，它们对自由是什么却具有宽泛地一致性的理解，而且这具有某些含义：

1. **选择的自由比被选择之物重要**。因此，政府一定不会试图对人们想做什么将会是善的提出任何一个概念。相反，它一定会扮演法律的实施者，会为个体维护最大限度的自由。这样的一个后果是“权利”对“善”的优先权。善被视为一个有关自由个体选择的问题；权利被视为对那种自由的捍卫。自由主义的政府所假定的唯一的一般的善（the only general good）是对于这种选择自由的价值，其余的取决于个体。

2. **对于这样的自由一个不可避免的后果是不平等性**。自由主义的政治经济是自由市场（资本主义），那是一个充满竞争的场所。竞争意味着赢家和输家，因为人们的能力或准备付出的努力是不均等的。所以，一个正义的社会的一个重要的特征是，个体将会拥有他们凭借他们自己的努力而赢得的商品，而其他人也许不能获得一些或者全部这样的商品。运气当然在一个人的成功中发挥着一定的作用，但是，政府不负责去改正这样的结果。

现在，我们转入对自由主义的一种更具体的探讨，并且，在这一章的后面，转入对社会民主主义的更具体的探讨。

自由意志论（一）

自由意志论者是对不受限制的消极自由的最有强力的支持者。他们认为，我们仅仅需要一个**最低限度**的政府（a **minimal** state）。自由意志论者的论辩的力量部分源自它似乎与许多人对于自由和个体的直觉相关联的方式。根据这种观点，自由是一个政治上的善，是个体的一种不会被这个政府所侵犯的基本的权利（entitlement or “right”）。

“西部”电影世界拥有许多最受自由意志论者珍视的特质，包括许多对个体而言的且不会受到多少法律干涉的自由。在这里，英雄是牛仔或流浪者，走他自己的路，做他自己的决定，理所当然地生活。较大一点的社会组织似乎是城镇，拥有它们的沙龙、谷物商店、马车行，等等。在镇中，由于各种各样的行业（客栈老板、企业家、铁匠等），个体以自由的相互利益关系进行交往，在市场上买卖他们的物品。在通常的西部，这种没有诱惑力的经济活动鲜有紧张感，这是可以理解的，但是我们会将它视为必要的背景而牢记心间，因为它提供了对于任何人根本存在于那里的主要理由。

160

在这个对强力个体而言的天堂里，法律（或者政府）由行政司法长官代表。他的职责就是运用任何必要的力量去阻止掳掠者剥夺镇民的生命和财产。镇民的利益在于拥护他做代表，因为他们必须拥护他，假如他们想过和平的生活的话。假如他不存在于那里，有可能在许多流血事件之后，最强大的匪帮就会最终控制这个镇，并实施一种保护性的敲诈，依据这样的方针索取某种东西，即“付费给我们，我们就会使你们保住你们的生命和你们的大部分财产”。假如这会产生和平，则对于无政府状态的选择就完全可以被视为可取的。但是，对无政府状态或者匪帮规则的选择将会成为行政司法长官与人民之间的一个契约。除了其他的任何东西，它将对这位行政司法长官的被革职提供条件，假如他不能恰如其分地履行他的职责的话。我们会在后面重返这种对政府与市民之间契约的观念。

现在，重要的是去了解这位行政司法长官**不**做什么。他不负责为谷物商店的老板提供资金以帮助他在生意萧条时渡过难关，更不负责保证商店老板的家人得到食物补给，假如生意彻底亏损的话。我们也不会看到，他重新分配刚刚获得的战利品去支付学校教师的工资，以便镇上的儿童能够上学读书。那一切以及更多的东西完全留给个人及其家人。他所做的任何帮助都将是严格意义上的善意的并且凭借的是一己之力，完全像任何其他市民一样。行政司法长官/政府仅仅负有捍卫自由权和财产权这样的职责，其他任何事情都留给努力和运气。由于自由意志论的理想的完美境界将这样的重要意义置于有关个体的自由**权**和财产**权**的概念之上，所以，我们会转向简要地考察“权利”的意义和重要性。

权利

我们已经看到，自由主义者重视权利胜过重视善。他们试图将公正地对待公民与关于何谓他们应该过的最美好的生活的观念相分离。“权利”在这个语境下指的是一般意义上的法律。但是，“权利”这个术语还可以具有更特殊的关于**根本上得到辩护的主张**的意义。我们说某人对某件事情拥有一种权利，假如没有人可以获准去阻止他们做那件事情或者主导那件事情的话。

权利应该是基本的且不可侵犯的，胜过其他的主张或考虑。所以，假如一个人对生活、自由、自由演说或财产拥有一种权利，例如，这倾向于意指这些主张是至高无上的，即使它们与一般意义上的幸福相冲突。假设，我拥有自由演说的权利。这意味着政府必须允许我讲话或者发表我自 161
己的观点，无论我说的东西多么不受欢迎。假如我的政府在与一个独裁政府签署微妙的贸易协定，并且我在一个尤其微妙的时刻广播信息谴责了那个独裁政府对这次缔约的粗鲁的政策，则我的政府**不能**禁止我发表任何言论，无论我选择的时机可能会如何不方便。这样，一种权利标志着政府干预的一个限界，或者免受政府干预的一个限界。它在公民的自由与他们的统治者之间设置了一道屏障，并且保障少数派戒备当选政府的权势。而且，权利蕴涵着责任：我的自由演说权意味着政府负有至少不禁止我讲话的责任。

权利似乎代表着对公民而言的**绝对的**自由。然而，事实一般并非如此。假如我进一步通过这样的方式行使我的自由演说权，即号召志同道合的公民去谋杀独裁政权到访的代表以及那些与他们有业务联系的人，则我的自由演说权就会被剥夺，并且我可能会受到处罚。这是因为我对权利的行使恐怕会伤害他人。所以，我的权利拥有的是一种**相对的**而不是绝对的地位，由于存在这样的环境，即在那里它可能会被取消。“对他人的伤害”这一标准限定了权利，正如它限定了一般意义上的自由一样，在诸如此类的情形下采用的是一种相当清晰且无可非议的方式。但是，却存在着这样的环境，在那里对这一标准的运用鲜有益处。一个实例就是对财产权的行使。

财产权大概授予所有的人这样的自由，即按其意愿处理他们的财产。

但是，思考这样一个事例：一位土地所有者试图在属于她的一个自然风景秀丽的地方搞建筑。居住在附近的人们可能会反对其对一片广阔且风景迷人的自然环境的破坏，而且他们可能会辩论说，她正在破坏他们的生活质量。这是一个很难根据“对他人的伤害”这一原则去解决的争论，因为这位土地所有者没有预示要攻击她的邻居或者剥夺他们的诸如饮用水等物质性必需品。在行使她的财产权时，她“仅仅”是在消灭他们所重视的某个东西。问题在于，这是否会纳入“对他人的伤害”这个标题之下。这个原则可以延伸至狭义上界定的肉体的伤害之外，但是这却在冒着这样的风险，即使得了解哪些行为**不会**落入那种描绘之下变得困难起来。一种对“对他人的伤害”的非常宽泛的解释可能会使这一点成为不可能：做其他人深深厌恶的任何事情。严重冒犯了一个群体的宗教敏感性的出版物，或者使一些人感到惊恐的大众艺术（public art）可能必须加以禁止。这看起来我们似乎需要另一个决定我们的权利范围的标准。

法律哲学家罗纳德·德沃金（Ronald Dworkin）提出了一个建议，即我们应该在基本的自由——不会受到侵犯，除了在特殊的且对个体有严重伤害的情形下——与普遍的自由——可以在普遍幸福的考虑下被剥夺——之间予以区分。自由演说权将会落入前一个标题，财产权将会落入后一个标题。但是，我们如何判定哪些自由是基本的以及哪些自由是普遍的仍然没有得到解答。判定的实现大概取决于一种政治程序，凭借它对不同的
162 善——例如自由、平等和幸福——存在争议的主张得到评估。假如这样的话，则我们从一个权利概念——就像一道不可移动的屏障或界限一样以某种方式“在那”——到政治权威的领域走了一段很长的路。

权利来自何方？

权利仅仅是我们的某种虚构物？否认这一点是可能的，并且有可能主张，我们拥有**自然的权利**。我们拥有它，因为我们是人。根据这种观点，我们需要做的一切就是辨别何为我们真正的职责，即较政治学更早且更深刻的，并因而是超出政治家或者大多数人的领域的某种东西。但是，假使如此的话，则我们如何逐步认识这些权利，存在多少这样的权利还不清楚，以及是上帝或者自然界有意让我们拥有恰好是这些权利还是还有其他的权利，我们尚未发觉。或许，我们应该以直觉的顿悟（a flash of intuition），或者以理性的灵光（the light of reason）来把握它们的存在，但是，

假使这样的话，则我们必须解释对于自然权利的特性及范围的不一致性，或者它们甚至是否在根本上存在。即使有的人较其他的人具有更优良的权利检测设备，辨别这种有用的设备的拥有者的标准是什么还是不清楚。无论如何，对自然权利的断言对于澄清在下述情形下做什么这个问题毫无助益：它们发生冲突的地方，或者支持它们的时刻就是对普遍的善的极度破坏。

另一方面，我们可以主张，权利源自政治决议、习惯或惯例而不是自然界。这阐明了它们的源泉，但却使它们受到了争论和修正，并从而剥夺了赋予它们许多力量的“前政治性的”（pre-political）特质。作为我们**发明的**某种东西，它们变成了它们应该限制的主张和思考的隶属物。从而，对权利的断言反映了先存性的道德（pre-existing moral）承诺和政治承诺，它们易于受到挑战。争论大概会集中于谁是权利的拥有者，以及他们应该拥有什么样的权利。权利归属于志同道合的公民、财产所有者、所有的男人、所有的人、胎儿、一般意义上的理性存在物，以及动物等，并且包括对自由、生活、选举、财产、工作、财政支持等的主张。委婉地说，对这些主张的普遍的赞同并不易于发现。

自由意志论的出发点在于个体自由的至高的且自明的价值。因此，它倾向于将对个体自由和财产的主张视为它们好像是自然的权利。但是，许多人辩论说，这种“权利”概念——在狭义上涉及获得和拥有财产的权利——实际上是一种对政治倾向的反映，而不是对永恒真理（timeless truth）的一种中性的描述。我们可以提出其他的权利主张，诸如工作权利，而不是所有权。将政治倾向翻译成关于主张和权利的语言，似乎是问题的一部分而不是解答的一部分，由于它排除了对于价值、目的和方式等政治学真正质料的争论。“我拥有一项对此的权利”是一个断言，而不是一个论证。

或许，权利（right）最好不被视为独立于政治学的自明的真理，而是 163
确切地视为这样一种**政治**途径，即为了反对权力（power）之便而对个体和群体牢固地确立根本的主张。这并不意味着，权利能够完全地与道德脱离。例如，不受严刑的权利，与许多德沃金的“根本的自由”（fundamental liberties）相比，似乎是一项甚至意味深长的主张，或许因为“自由”（liberty）好像不是最善于捕获所要求之义的语词。这样基本的主张，除了其他的东西，受联合国普遍的人权宣言（the United Nations Universal De-

claration of Human Rights）的指引，已与日俱增地用超越民族界限的术语加以拟出。但是，什么算作权利以及什么算作可以归于不同当事人的责任的实质继续受到争议。例如，应该拥有洁净水的权利吗，并且假如应该有的话，则谁负有提供这种水的责任？似乎清楚的是，关于权利和责任的主张永远不能被提升至完全“超越”政治学的地位。所以，虽然有些自由可能会作为权利得以牢固地确立，但是我们不必接受个体的权利拥有者作为整个政治哲学的根基。

自由意志论（二）

一个自由意志论的社会是一个极其难以生存的地方，尤其是，假如你没有远见、疾病缠身、家境贫寒或者极其不幸的话。你身患重病且身无分文，假如你的家人和朋友不能或者不愿意帮助，由于政府和社会没有义务去帮助你，你就只能去申请慈善基金。另一方面，任何人不会阻碍个体以她的努力去改善她自己的经济状况，假如她如此选择的话。这可能会使自由意志论的社会特别地富有并且在经济上高效，至少对企业提供奖励。但是，它顽固的个人主义能够在它对待失败者的趾高气扬的样子中显现出不能接受的苛刻，因为正义在这样一个政府中强调的是价值（merit）而不是需求（need）——价值被理解为**成功的奋斗**（successful effort）。

对于一个应该使自由最大化的社会而言，对最低限度的政府的一个主要的批判恰好是被贫乏地分配的自由。假如我们所列举的谷物生意亏损了，那么业主的孩子或许就不能负担起医疗乃至食物的费用。所以，疾病和营养不良可能会严重地限制他们去自由选择和自由行动。将他们与他们更成功的邻居的孩子——他们得到了所有这些利益——作一番比较。对教育的不平等的接受也会限制自由。那些无力聘请某人教他们读书的人没有决定是否学习一本书的自由（假定他们能够不顾他们的饥饿之苦痛）。最低限度的政府并没有提供**平等的**自由，并且令人担忧的是，许多人将永远无法做出他们的选择。从而，它可以被批判为一种奇异的**非社会性的**社会观。它强调个体是人的首要的事态，并且仅仅对社会性的善——被主要理解为个体的我行我素的权利——具有一种“浅薄的”（thin）解释。

164 真正的社会印有**社会**现象的痕迹。这些现象包括各种形式的不平等性。不同的家庭、行政区、种族群体等，不论个体的努力，他们都承继着迥然有异的生活机遇（life chances）。住房、学校和健康保障贫乏的行政区，与富有者居住的那些行政区相比，提供的自由更少。个体会因出生在一个不公正的社会群体而遭受痛苦，也会因他们自己不明智或不幸运的决定的结果而遭受痛苦。当然，自由意志论者或许对此表示冷漠，并辩论说，这种自由的不平等性对于一个提倡高度个人主义的自由社会而言是一种值得付出的代价。

对于这种观点，至少存在两种反对意见。第一种，可能会发表于自由主义的阵营内部，是一种我们已经接触到的意见。它就是，自由意志论在它对自由的分配上是不公正的，并因此处于成为一种对富人和成功者而言的自由主义的危险之中，提倡自主和高效，牺牲分配和参与。另一种反对意见从一种非自由主义的观点提出，根据下述理由批判自由意志论：除了自由最大化标准，它并不符合某些关于善或者正义的重要标准。这是一种重要的观点，我们在下文还将回归它。

社会民主主义

面对自由意志论者提出的一种没有安全保障的粗野的（robust）自由，许多人宁愿选择其他的某种东西。这里有另外一种思考方式：

> 我想生活于其中的任何社会必须重视个体的自由，但是，不排除社会责任或者正义。正义就是公平，是对把他们的生活说得非常重要的所有人而言的平等的机会，也是对那些失败者而言的阻止坠入深渊的一种途径。

这种观点经常被冠以“社会民主主义”之名。社会民主主义将对社会正义的追求摆到突出的位置上。它旨在发现一种社会调解机制（arrangement）——提倡一种广泛的自由主义的自由的理想，同时提供一种更佳的对自由平等性的规定。它解释说，正义不仅仅是让个体不受侵扰，而且是为他们提供平等的自由。它承认交易市场的必要性，但是假定存在着某些个体不能轻而易举地自我调解的事物，假如听任他自行其是的话。不同的社会民主主义者将这一路线施用于不同的地方，而他们通常想去审视的规定包括某种国民教育纲要（“政府教育”），对那些无力找到工作的人的援助条款（“社会保障”、“社会福利”），以及对所有人适用的医疗条款，不管他们的支付能力。当然，所有这些可能会以截然不同的方式——直接由政府供给或者通过对自由市场的某种管理——加以调解。两种方式，目的都在于保证某种条规，不过它是基本的。

这一切意味着一个规模庞大的政府，经费开支源于对公民的征税。税
165 收削减了一个人进行选择时处置财富的自由。公民同意这种个体自由的减少，因为她想生活在一个提倡更加平等的自由的社会。这样一个社会提供一种安全保障以控制市场的严峻形势，保证每一个人的基本需求通过所有的人——除了最贫困的成员——的贡献得到满足。如此看来，税收既可以是对个体的一种保障措施，又可以是保持社会凝聚力的一种方式。假如这附带着一个民主的政治体系，公民就既可以平等地参加选举，也可以保证政府仍然能够对它的行为进行解释。

这个社会民主主义的政府依然是显著地自由主义的。不管它在倡导平等的自由方面的积极作用，它在它的主张个体意志自由（autonomy）的自由观上与意志自由论关系密切。两种观点的支持者都认为，政府应该对个

约翰·罗尔斯（1921—2002）

约翰·罗尔斯（John Rawls）在哈佛大学（Harvard University）教书多年。他因其原创著作《正义论》（*A Theory of Justice*，1971）而闻名，该书或许是20世纪英语世界中最佳的哲学著作。

罗尔斯是一位对“社会民主主义”类型的自由主义的捍卫者，反对自由意志论者和其他批评者。在他的著作中，他论证说，最基本的权利、自由和机会（诸如选举权、执政权、良心自由［freedom of conscience］、演说自由、不受歧视的自由等等）应该平等地分配。但是，他承认某些种类的不平等或许是可以予以辩护的，假如通过承认它们，每一个人——包括那些处在社会最底层的人——都会变得比他们预想的更富有，如果财富和其他商品以一种严格地平均主义的方式分配的话。

罗尔斯通过对旧的社会契约观念进行一次全新的改变而对这种观点进行论证。他让你去想象：你处在他所谓的“原初状态”（original position），也就是，你准备投身于一个社会，但是你根本不知道你将会成为谁。所以，你不知道你是男人还是女人，是黑人还是白人，是富有者还

是贫困者，是伊斯兰教徒还是天主教徒，是聪明人还是愚笨者。罗尔斯主张，普遍的正义原则——假如你处在这种位置，则你将会赞同——是最可辩护的原则。《正义论》的许多篇幅致力于证明，假如我们处在原初状态，则我们将会选择罗尔斯的正义原则。

体应当选择什么作为她的善保持中立，并且，两种哲学的最大力量在于这种对多元思想、价值和生活方式的开放性。由于不同程度的限制，二者还承认，将物质上的不平等性作为对这种自由的必要的附属品。它们的分歧之处在于它们对这一事态的回答。自由意志论者倾向于根据下述假定而对市场不加干涉：这是使自由最大化并且促进总体经济成功的最佳方式，而社会民主主义者为了提倡某种公平的正义观而想去干预市场。 166

设想一种环形的运动跑道。为了给每一位运动员一个公平的——也就是平等的——机会，起跑点以这样的方式设置：随着这些起跑点向外侧跑道的靠近，它们被循序渐进地向前排列，以便处在内道的运动员不会占据一种不公平的优势。这意味着，所有的运动员都会拥有一个平等的起跑点，尽管它的确并不意指所有的运动员都会获胜。同样，社会民主主义试图提倡**机会的平等性**，但是假定就物质性回报而言的**结果的不平等性**。每一个人都（理想地）平等地在一个不平等的社会中自由地参与竞争，不论性别、种族或者财富。从而，政府为了弱化竞争产生的不平等的影响而进行干预，但不会完全消除它。它不抛弃它的个体自由即最高善的概念就不能消除不平等性。因为，哪里存在真正的消极自由，哪里就必须为对善的追求的成功与失败留下空间。**自由的**个体必须自行进行他们彼此间实质上是“私人性的”调解，无论是善的还是恶的。真正的自由必须包括失败的自由。

自由主义关于自由的假定并非没有遭到挑战。它可能论证说，个体的意志自由、私人财产及市场不是无可争议的自然事实或权利，而是**社会性的**调解物，是历史和文化的产物。这意味着我们有权利去改变它们，假如我们希望的话。我们的法律不必将私人财产视为不可侵犯的，假如对于诸如平等、团结或正义等其他的考虑似乎更紧迫的话。而且，某些社会现象似乎具有一种不能单纯根据个体及其选择而予以理解的意义和逻辑。这些现象包括就业与失业的方式、剥削与贫穷、资本的全球转移、公民的自豪感、社会阶级及身份。

结果的不平等性，是自由主义社会的特征，倾向于固化在人们生活机遇中的差异——社会民主主义者不断地努力使之最小化。设想两位律师，每人每年赚10万元。假设他们都是勤奋工作的个体，由于机会的平等性，他们完全以自己之所长获得了他们所拥有的东西。现在，设想两位从事伙食供应贸易的个体，每人每年赚1万元。每位律师赚的是每一位伙食供应商的10倍——一种巨大的差距。现在假设，两位律师彼此成婚，他们组合的收入现在是20万元。假如两位伙食供应商彼此成婚，他们组合的收入现
167 在是2万元。这对两对夫妇可能为子女提供的不同的生活机遇有何影响？两对夫妇都会希望他们的后代拥有最好的生活开端，但是，律师夫妇显然能够为他们的子女创造一个更好的开端。而且，富有的子女不仅会为他们自己获取这种优势，而且他们还可能将这一优势传递给**他们的**子女，或许在这个过程中使它不断增强。这样，结果的不平等性就为社会民主主义者——他们既想以机会平等的名义进行干预**又**想以自由的名义完全放任自由——提出了一个长期的问题。

社会民主主义者承认社会性或公共性的维度——但仅仅作为一个维度。他们的周期性干预以个体及其选择的核心地位为根据，而这使得他们缺乏任何真正彻底的改革。自由主义者想强调，自由的重要性是至高无上的，并且进行选择的权利（无论多么不理性或者无论对个体如何有害）以及追求和拥有善的权利（具有结果上的不平等性）必须予以辩护，确实加以提倡。权利依旧凌驾于善之上。假如自由主义的模式具有严重的缺陷——如同它的批评者坚持认为它是的那样——则问题或许出在自由主义者所运用的善的理论上。正如我们所见，这就是主张对个体自由的倡导是最高的社会价值。但是，这一假定可以加以挑战，正如下述论点也可以加以挑战一样：自由市场是不可避免的且最可能的经济关系体系。两种主张都依赖于一个我们马上就会更仔细地思考的人的本质的概念。

政治哲学和人的本质论

一切政治哲学都预设一种人的本质论（a theory of human nature）。有些对此是明确的，有些不是。但是，所有的政治哲学都对人根本上像什么持有一种观念。假如它们没有这种观念，它们将不能对人实际上干什么，或者对他们希望他们干什么有多少理解。例如，一个对于赞同做出不受妨碍的决定的权利的论证假定，人们有能力自主地行动。并且，相信我们从

根本上完全是自私的那些人，对比于认为我们完全是“自然地”利他的那些人，大概会倾向于一种不同的政治哲学。

甚至，解释政治行为的尝试也依赖于一种人的本质论。一旦我们试图说人们为什么做某事（什么激发了他们），我们就已经对什么**能够**激发他们产生了一种观念。任何解释人的行为的尝试都包括这样一种解释行为：允许提供解释的人以一种有意义的方式去塑造事实。这些解释依赖于对于人从根本上像什么这样的观念，而且，这些解释反过来又与解释者的价值和政治观紧密关联。细心的读者将会在这一点上注意到一种循环性：政治哲学家预设人的本质论，他们自己又受政治观的影响。从而，根本不存在这样中立的点，基于它我们能够增补事实，并且能够对最美好的社会必须是什么样的做出判断，由于“最美好的社会”负载着对于什么是或者应当是值得想望的之假定。

尽管解释对事实赋予了一种塑造和意义，但这并不意味着所有的解释 168
都是同等有效的。有时，这是因为事实并非形同解释所主张的。说德国人民在 1933 年受到一种世界范围的犹太人阴谋的威胁，这是完全不真实的，无论纳粹党的理论家如何叫嚣。纳粹分子具有一种为他们的种族理论所限制的对人的观点，而这些理论当然可以受历史学家和生物学家的争议。所谓“真实的”和“虚假的”都是相对于政治论点而言的。

尽管如此，并不容易对普遍的人的本质论进行判定，它声称，人在根本上要么是自私的且富有侵略性的，要么是利他的且富有合作精神的，等等。这样的有关我们“本质”的观点——包括这样的观念：**存在**一种要么是固定的要么是可以改变的人的本质——支持了对哪些事实是相关的或重要的之判定。由于这个原因，这些理论不能被视为简单地是真实的或者虚假的。从而，如何评价它们就成了一个困难的问题。

或许，最好的探究就是去检验任何人的本质论以察看它是否遗漏了我们经验的关键层面。假如一种理论，似乎作为一个接受条件，要求我们忽略或者抛弃我们认为我们对自身所了解的值得重视的一部分，则警钟就应该敲响了。它们还应该敲响，假如这种理论以这样的方式滥用我们的轻信：要求我们想象人们以根本不像我们所熟悉的真实的人所用的方式在行动或思考。所以，对人的本质的最佳解释需要对我们复杂的现实实施正义有充分的理解。让我们看一看心中有这些思考的自由主义者对人的本质的假定。

积极自由与消极自由

消极自由建造了一个关于作为具有愿望的单位个体的人的模型，一部“需求机器”（wants machine）——它的主要问题在于畅通无阻地接近他们所需要的对象。这假定：（1）我知道我需要什么，以及（2）对于获取我需要之物的主要障碍是具有**他们的**愿望的其他人。在一方对另一方的战争中，任务就是通过政府排除尽可能多的不必要的争吵。所以，人类主体就变成了一种躲闪车，一辆为了获得他自己的满足而重击入侵他的减震车，拥有作为一种裁决者的政府。对这一模型的一种严厉的反对意见是，它太过于粗野：它只强调个体在其中应该自行做出他们的选择的空间。就像哲学家查理斯·泰勒（Charles Taylor）对它的评述，消极自由提供给我们一种**机会**自由观，强调我们能够做什么，我们愿意尝试什么，我们是否会用这些选择做任何事情。

成为一个具有愿望的个体比消极自由的支持者所认为的要复杂许多。一种不同的观念可能会源自下述两个假定：

- 我认为我所需要的不会必然与我**真正**想要的东西相同（也就是，什么将会成为我的利益）。
- 169 愿望和利益不能予以理解，假如我们仅仅专注于个体；我们需要思考“我们”而不是“我”。从而，着重点在于普遍的善（the Common Good），在于什么是被视为社会存在的男人和女人的真正的最大利益。

这种思维方式为**积极自由**的观念铺平了道路。这不是一个机会概念，而是一个**实践**（exercise）概念。它强调一个人对他的生活的控制程度，以 170
及塑造他的生活的能动性，或许根据某个理想，不过是未加以完全清晰阐述的。一种对自由的更“积极”的理解的拥护者因此试图对愿望、信念与理想间的关联提供一种更充分的解释，由于它对这个观点是关键的，即我们应该对行使我们的自由的更善与更恶的方式有一个概念。

我的愿望与信念密切关联。我不得不相信某些关于世界的非理性的事实以便将某个事物视为是值得愿望的。例如，我不会认为一杯水是值得愿望的，假如我认为它不能让我止渴的话。有些信念更加复杂，包括对下述情形的判断：我最好满足我的相互冲突的愿望中的哪一个以及什么时候满足它（例如，最好先工作而后喝上一杯这一信念）。其他的信念——而且这些信念在此对我们具有特殊的利益——与我的自我理解相关联，我认为我是或者希望是哪一种类型的人（“没有一份更具挑战性的工作，我将永远不会幸福”，“我应当对我的学生更仁慈一些”）。注意，这些后述的信念涉及根据下述有关信念对自我及他人做出判断：对于已经置身于一种无法逃避的社会环境的自我而言，什么是重要的且有价值的。根据一个理想塑造一个人的生活是一件要做的特别复杂的事情，由于它涉及采纳这样一种观点：允许一个人去批判以及试图修正饱含当前愿望的信念。它的意思是，不仅具有愿望，而且具有“更高级的”**对于**那些愿望的愿望（例如，我可能愿望拥有几乎不自私的愿望）。

自我理解既是社会性的又是能动性的。它之所以是社会性的，是因为我们出生于一个不仅仅是关于“非理性事实”的物质环境。我们的人性形成于一种文化，即塑造我们对于什么是真正重要且有意义的之意识的与他人的生死较量。这就是我们的愿望、更高级的愿望和其他种类愿望的语境。教育、传媒、广告都对发展中的自我施加难以克服的压力，以塑造一种将具有特殊信念和需求的人。任何反对这一点的斗争也会根据其他的理想——已经形成了部分社会现实——得以开展。愿望之所以是能动性的，是因为我们能够批评这样的需求和反对，即似乎以对世界及我们在其中之地位的错误假定为基础；这允许我们提出一种新的观点去拒斥昨天的、太过狭隘的、自私的或者幼稚的观点。而且，这是**由于**我们作为社会存在物的品格，而不是与之无关。

消极自由让人们基于他们当前的愿望追求他们各种各样的目标。这应该是自由，但哲学家黑格尔（Hegel）轻蔑地称之为“反复无常的自由”(freedom of caprice)。问询某人她是否自由地满足于她的愿望，或许对她 170
是不是真正自由的不是一个好的向导。我们会认为一个幸福的奴隶是自由的吗？一个受到善待的奴隶可能会告诉我们，她非常幸福，因为她拥有她想要的一切，但是，我们一定会赞同她是自由的或者真正幸福的吗？这个奴隶的愿望为她狭隘的选择经历所限制，所以，她所需求的一切处于奴隶状态：她逐渐习惯于对她的束缚。假如我们能够解除她所受的束缚，我们这样做会犯错误吗？假如我们能够将在这种意义上明显受奴役的状态与

"自由"加以对比，则我们可能会深入到这样的要点：不平等、贫穷甚至用户第一主义大概对人们具有相同的影响。他们可以将想象力狭隘化，从而阻碍对于我们能够获得什么或者成为什么的观念的形成。假如人们的自我期望值定得非常低，那么满足他们当前的愿望对于保证他们的自由就是一种极其不恰当的方式。

自由的自由主义模型的批评者经常强调对于自由的行使以及上述提及的人的愿望的能动论的社会条件。这标明了优先性从**选择的权利向正确地选择**（也就是，选择哪一个是善的）的转移。这种对自由选择的理解是我们所谓的"积极自由"的一部分。让我们深化我们对这种观念的理解，途径是察看可以用来解释它的两种方式。

积极自由（一）：人性的新起点?

假设一群反对自由主义社会的竞争的人创建一种新型的公社，他们根据的不是个人主义而是一种共享型的普遍的善。他们远离了最近的城镇，而开始过一种基于平等和自我实现的理想的生活。实际上，这所说的意思是，剥夺私人财产，同时，公社的全体成员致力于为所有人的善，而不是为了一个人的富足以牺牲他人利益为代价去工作。我们可以设想，他们制定出一个任务明细表，并且使任何物资（金钱、工具、食物等）为所有的成员共享。

为了使我们的讨论更清晰，让我们集中于这个群体的四个成员：吉尔、杰克、西德和南希。在星期一，吉尔在公社果园里采摘苹果，杰克准备伙食，南希修理一辆出了故障的拖拉机，西德写诗。在星期二，轮到西德去田地里工作，吉尔做饭，整个一周他们都如此轮换。这颇费时间去组织，但他们都对他们正在创造的这个新世界满怀热情。比对于他们的公社如何繁荣的物质细节更重要的是，他们正在发展如同这等人的全新的自我：他们视他人为兄弟姐妹而不是潜在的敌人。每个人的自由发展是一切要务，因为普遍的善意指没有一个人的兴盛以牺牲他人为代价。当然，他们仍然不得不克服"旧的自我"——他们在他们所离开的世界中所拥有的，克服奴性的自我——受限于它自身的强迫，克服因用户第一主义的引诱而膨胀的愿望，克服由弱肉强食原则（换言之，市场）所激发的憎根。
171 但是，他们是乐观的。他们将创造一个新开端，而后他们会用这样的真理培养新的一代：成为一个自由的人就是成为一个放弃自我优势的人。这新的一代没有必要被强制去遵守规则，由于这一点将会实现：一个人想要做的应该与他应当去做的相同。他们将会实现使愿望和理性相一致的理想。

但是，过去那自私的自我难以抛弃。杰克大概被他在集日瞥见的附近城镇的丰富的消费品所诱惑，开始搜刮公社的少量产品为他独自享用。或许，他在一个秘密的地方藏了一些苹果以待日后出售。他被发现并被迫向他人做自我解释。无论他声称为个体自由而奋斗还是懊悔地低下头，都不必困住我们。相反，设想集体将会对他持有的看法。他们不太可能视他为自由精神或者勇敢的提倡者，而是视为一个**不自由的人**。根据他们共同对一个新起点的渴望，杰克是一个退步者，即屈服于**纯粹欲望的**某个人。更低级的自我，圣保罗（St Paul）称之为"人类犯罪本性"（the "old Adam"），再次断言（暂时地?）了它对他的控制。无论他们选择驱逐他、惩罚他还是重新教育他，他们都不会将他视为某个人——只不过与众不同地行使了他的自由，而是将他视为这样的某个人，即做出了不理智的并从而是不自由的行动。这是因为，在偷苹果时，他的行为似乎表明，他的利益与其他人的利益相冲突。实际上，他真正的利益在于与公社一致地行动。他们以这样的方式看待它：根据理性的指示去行动就是为了所有人的善去行动，而不是为单独的一个人自己。杰克是值得同情的，假如他可以改过自新的话。

这里所描绘的这种类型的"积极自由"源自一个假定：**存在**一种普遍的善，它可以被所有的人认知并追求。它是一种在历史上采取过各种不同形式的一般性的探究：宗教的、理性主义的及空想的—政治性的。在它的每一种形式中，公民们努力去实现他们个体的善与普遍的善的统一。随着强迫个体尊重他人的要求的消失，政府和社会之间的差异，以及对法律及其执行者的需要也就消亡了。由于个体必须需求属于他自己最大利益的东西，即属于所有人的善，所以，对个体而言，追求任何其他目标简直是不合理的。假如他确实追求了这样的目标，则它们仅仅在表面上看来是善的，换句话说，它们是错误的，即不属于他真正利益的目标。这种观点的提倡者经常把这种个体与集体间的不一致与个体"更低级的"或恶的愿望与他"更高级的"或理性的愿望之间的一种假设的不一致相比较。公民实现的真正的自由——也就是，理性的自由，即什么对一个人是正确的——与什么是合理的以及什么是所有人的善是一致的。

这一切对于协调个体利益与集体利益的讨论听起来非常合理，但是，

172 存在一个问题。我们刚才略述的或许不是一个对于"积极的"或"真正的"自由的而是对于压迫（oppression）的行动计划。一个理由在于，我们刚刚描绘的观点发现，它难以对差异性和分歧（diversity and disagreement）提供一种恰当的解释。假如真理为所有的人所熟知，为什么如此多的人忽略或者拒绝它？而且如何对待这些唱反调的人呢？真正的事实——对于自然界乃至对于最高善的存在具有分歧——或许促使"更高级方式"的支持者去假定：我们中有些人比其他人——他们是（或许故意是）盲目的——更有知识。所以，这些其他的人必须经过教育，或者被强迫去追求正确的事物。

这种态度，即认为人们知道什么是一个人的最大利益胜过他们自己之所知，被称作**家长作风**（paternalism）。一旦这种态度公开化，关于作为继续教育营地的新社会的一幅没有吸引力的图像就会显现，在其中，西德、南希和吉尔作为孤陋寡闻的杰克的教师和领导。这意味着给予了西德、南希和吉尔极大的信任。它意在假定：他们知道关于善的真理，并且他们自己到目前为止一直为这样合理的理由所引导，即他们可以得到杰克全力的信任。过去两个世纪的历史可能会使人不愿意对信念做出这样一种飞跃。

我们应该如何共同生活这种观念与我们前面讨论的观念之间的区别是十分明显的。我们刚刚描绘的"积极自由"根本不会被自由主义者承认是自由。在努力避免过分的个人主义时，积极自由的支持者在对大真理（One Big Truth）的追求中似乎牺牲了差异性和异议。但是，许多人将会对这样一个东西的存在表示怀疑，或者对那些声称已经熟知它的人表示不信任，或者对一个致力于追求大真理的社会失去信心（是否存在这样一个东西）。看起来，我们似乎没有为自由主义发现一个适当的选择。

"消极"自由概念或"常识"自由概念的捍卫者可能会指出，真正的自由包括对什么与一个人的自由相关做出错误判定的机会。虽然自由主义者不承诺赞成对一切可能愿望的满足，但是他们却为人的目标的差异性留有开放的空间，不像真正的"积极自由"的支持者——他们好像有破坏性地承诺这样一种观念，即对比于自由主义的善的差异性，存在着一个对人们而言的核心性的善。这足以诱导我们返回到使消极自由最大化的理想。但是，这样做还意味着使我们返回到一个关于人即"需求机器"的粗野的模型以及一种对不可避免的且尤为重要的不平等性的接受。在返回那之前，让我们审视另一种方式，运用它，积极自由的观念可能会得以形成。

积极自由（二）：兴盛的自由

对自由主义/自由市场探究的一种可能的选择是**平等主义**或民主主义的社会主义。对此，理查德·诺曼（Richard Norman）曾提出一种情形。根据诺曼的观点，平等无须与自由相对立。在他看来，我们所面对的主要问题在于，在少数特权人物掌控下的权力、财富和教育设施的集中；所以，我们应该追求的是更大的平等。但是，不像空想社会主义者，像诺曼这样的民主主义的社会主义者无须将平等解释为统一性（也就是，对一切人都相同的生活），而是相反解释为**对自由的平等的接近**（equal access to freedom）。 173

这种观点或许看上去与社会民主主义的观点极其相似，但是，它的不同之处在于它对口号"机会面前人人平等"的关键性的回答。假如这些是仅仅在一个等级社会竞争的机会，民主主义社会主义者说，它们就是对自由的一种错误的承诺，因为，如我们所见，即使是自由主义的精英也会加强基于结果的不平等性的特权。社会，在其中权力、财富和教育的不平等性根深蒂固，朝着一个平等主义的方向去改革将会难于上青天；因为目前享有财富、权力和特权的那些人倾向于利用他们的优势去支持他们的观点。同时，处在社会底层的人享有的自由只能描绘成是有名无实的。在这种情境下，只有改造否定人们有益生活的结构的一致行动才会真正地增加自由。

有益的生活由那些有权力行使他们自由的人去过。假如一个人是贫穷、无权力或者无知的，则这种可能性就很小。贫穷除了带来物质上的痛苦，还会挫伤自尊心以及减少期望。没有权力会造成冷漠和失望。无知使人陷入对于他们的机遇和能力的蒙昧之中。以教育为例。少数重新接受全日制教育的成年人经常将此视为一个改变人生的事件，而不仅仅因为他们赚钱的能力得到了提高。对知识的获得、智力的提升、对新技术的掌握，以及批判思维的习惯都会激励一种新的自信心。随着他们对自己的机遇意识的拓展，他们改变了，并且他们的愿望也如此。但是，自由主义者的"自由"社会没有赋予大多数平等的幸福或者这样的转变所展示的兴盛。太多的人受阻于在他们的生活中行使真正的（"积极的"）自由，这截然不同于仅仅满足于他们碰巧已经具有的一些愿望。

这个问题通过仅仅集中于对个体而言在市场中竞争的机会不能得到解决。平等主义的探究赞同这样的社会改革，即将会消除使不平等性永恒的结构。这些改革包括拓宽政治参与渠道的措施，诸如民主化进程、对市场的更加社会化和民主化的控制以及对接受最佳教育之不平等性的废除。

对主张这样一系列政治目标的那些人的一种反对意见是，它将会削减某些人的自由。假如我们只考虑教育，则对所有的人施行教育以及消除牢固的特权的一次真正的尝试大概意味着提高税率和关闭私人学校。从而，平等性的增加以牺牲自由为代价。改革的支持者可以辩论说，在这个方向上的一种运动将会又一次对绝大多数人的自由在总体上实现更大数量的增加。只有极少数特权人物将会失败，并且他们将会割让一种其他人应该共
174 享的自由。即使如此，这样的疑虑将持续存在，即大量增加的公共消费需求，大概受再分配税的刺激，是否可以为一个社会所接受，作为该社会成员的个人重视如其所愿的消费的自由。

如此一来，使这第二种积极的自由变成现实将需要大量的对于以普遍赞同的理想为基础的社会改革的承诺。它的反对者会怀疑它的经济可行性（它或许简单地证明了对市场的有效功能的一种太过强悍的入侵）以及它的道德的权威性（它限制了至少一些人的消极自由）。所以，论证在两个没有确定性结论的自由概念之间反反复复地展开。争论没有得到下述事实的支持：双方频繁地攻击对于对立立场的漫画（caricatures）（“草人”[straw men]），而不是他们最具哲学代表的更为复杂的、思想丰富的观点，并且将任何对他们自己原则的背离都视为一条趋向地狱的滑坡的起始点（参见文框）。

批判地思考！　　草人与滑坡……

这些是可疑的策略，通过歪曲一个论证以便使它比事实上显得更脆弱而采纳它们，为的是怀疑一个反对者的论证。不足为奇，它们盛行于任何有争议的领域，尤其是政治学。

如何攻击草人

在这里，你对你的反对者的观点构造了一种弱的形式，而后攻击那

个形式——它总是一个容易的目标——而不是你的反对者的真实的观点，宛如他们自己会将它陈述出来一样。

例如，积极自由的支持者可能会将消极自由描绘成这样一种探究：支持任何种类的行为以及任何种类的方针，不管多少不平等或不幸福的结果，只要其他人的权利没有受到侵犯。而后他们可以攻击这个“草人”并取得一场轻而易举的胜利。但是，这种表面的胜利是没有价值的，因为这个草人并不代表反对者的真正的观点。

滑下滑坡

设想你的反对者在一个论证中提出或提倡X。然后，你回答：假如我们接受或承认X，它就会不可避免地引出Y，而且，一旦我们得到Y，则在我们最终得到Z之前就仅仅是一个时间问题，其中，Z作为某个令人恐怖的或者骇人听闻的或者不合理的东西而被选择。

这里有一个例子：“积极自由的支持者想限制市场上的自由经营。但是，假如我们那样做的话，我们就朝一种中央集权的控制型经济迈出了一大步。并且，这不可避免地使我们走下通往专制的道路。”在这里，软弱性在于，沿滑坡滑下的每一步，一个事件导致下一个事件的每一主张，都能够加以质疑。假如，任何步骤都是不合理的，那么一切接下来的步骤都会严重被弱化。（但是，假如每一步骤**能够**被证明是合理的，那么滑坡以及它的危险性或许就是真实的。）

或许最好根据这样的观念——针对于人人都具有的关于人的善的观念——来探寻各种政治哲学之间的真正的区别，而不是根据这对“积极的”和“消极的”自由来划分。对于使用各种类型的积极自由的理论而言，真正与众不同之处在于，他们对于善是什么提供一种更为充分的描述，而没有将它作一片空白留给个体让他们自己填补。正如我们所见，问题在于，如何用下述这样一种善的观念为这样一种理论奠定基础：这种善的观念能够为正义（“权利”）提供一种基础，而不会丧失异议和多元主义这些自由主义政府的有特色（并且有价值）之特征的可能性。 175

善

一种更充分提出的善的观念可能会对挑战自由主义的市场催育的自由提供道德权威。它将代表一场明确的趋向一种“善先于权利”（good before right）探究的运动。像“有益的生活”或“践行自由观”（exercise concept of freedom）这样的术语会将我们引入这个方向。但是，那里总是存在一种危险：一种实质性的（substantive）对善的观念（一种“殷实的”善论［a “thick” theory of the good］，如同它有时被称谓的，相对于构成自由意志论探究基础的“浅薄的”［“thin”］善论）将被用以为干扰人们的消极自由的行为进行辩护。

最古老且最明显的探究是，根据对人实际上像什么的事实性描述创造一种善论。而后，我们根据这一点可以努力建构一种对人而言的善的生活观。从而，可推荐给个体的生活方式将会成为伦理学的主题，同时，保持有助于过善的生活的社会条件成了政治学的任务。这种探究还适合于为一种正义论奠定基础，在该理论中，法律的目的是对**人之兴盛**的促进，而不是对抽象的财产权和自由的保护。

“兴盛”是一个更模糊的语词。善的概念之有用性将不得不被更清楚地阐明。它可能包括一个基础系列的实质性的善，诸如**有意义的工作**、**基本的生存条件**、**休闲**、**艺术**、**社会关系**以及关键性的，在行使自由时对基本的**意志自由**的要求。这一系列的善必须是一致的且合理的，而且它还必须是实践性的——也就是，它应该是我们对何为正义的判定的一个有效的指南。这样的一件事情或许是可能的。例如，将对有意义的工作的需求视为一种基本的社会性的善，能够为拒绝自由的意志论的理想提供一个标准，由于它导致并且容许失业。

然而，正义论——以一种加以清晰阐述的善的观念为根据——提出了
176 它自己的问题，尤其是对持异议者和少数派。以集体性的善的观念为根据的正统观念对个体来说可以是遵奉主义的、顽固的、危险的。例如，有人将会说，既针对个体又针对社会的善的生活不能包括同性恋关系，他们因而可能会努力运用他们这方面的善的观点去辩护对同性恋权利的否定。为了避免这一点，一个社会——围绕着某种对人之善的核心观念组织起来的——需要区分下述两类事情：一类是可以留给个体自行决断的事情，诸

如性选择，一类是社会拥有合法的权益去提倡（像参加选举）或者阻止（像贫穷）的事情。假如这如此的话，那么它看上去就好像我们没有某种权利观就根本无法作为。

“善”或许严谨地或者松散地被定义。假如它是明确的、具体的以及高度规定性的，则它恐怕压制不同于它所确立之范式的那些范式，由于在诸如宗教礼拜、职业及情趣这些方面的选择的自由可能会摆脱个体的控制。但是，假如它被非常宽泛地定义，则它冒有空虚的危险。例如，断言有意义的工作是人之兴盛的构成部分，没有对善在哪里冲突提供任何指导。根据许多经济学家，使经济效益最大化不可避免地造成某种失业现象。所以，哪一个在此享有优先权：所有人的就业，还是一种更高的一般层面的物质繁荣（这大概也是善的一部分）？还不清楚的是：政府对善的提倡在哪里可能会受到公民权利的限制？这些是棘手的问题，但是并不是必然不可克服的。关键的仍然在于尝试去澄清价值——构成社会制度的基础以及包含对社会正义、平等及自由的观念。这样的价值可能会在奠定政府权威的基础上发挥什么作用，是我们下一步要思考的。

权威与权力

政府从何处得到它的权威？这里有一个极其普遍的观点：

> 它是最强大的统治者。无论任何人说的是什么，它都是运用迫使顺从之力量的能力。试看历史：一旦权力丧失，政府就会倒台。

这个观点可以得到一个简单的论证的支持。任何政府必须能够保证，它的法律为公民所尊重。这样，政府必须被视为拥有**要求屈从**的权力。权力从而是权威的实质性的先决条件。没有权力就没有权威。它不仅仅是指，权威需要能够以命令迫使它的法令有效，而且是指权力最终是权威的真相，即隐藏在现象背后的实在。因此，值得去研究我们的权力是什么意思？

我们可以将“权力是权威的真相”这一主张与我们先前的“野蛮的西部”城镇的例子关联起来。在那里，我们描绘了为他们相互的利益而共同

生活的人们。和平由一个有权力的行动者，即行政司法长官维系。没有他
177 对他们的保护，他们可能会成为匪徒——称他们为克兰西兄弟（Clancy brothers）——的牺牲品。所以，他们付给他丰厚的报酬，并且在匪徒入侵城镇时支持他。从而，一切将依赖于在枪法上胜过他的敌人的行政司法长官。假如他的枪法不能胜过他的敌人，并且镇民罢免了他，则劫匪就会将他们的意志强加给镇民。武力（force）是决定性的，而情感不是。所以，寓意似乎是显而易见的：它就是最具权力的统治者。

“权力”是使事情发生的能力。在政治和社会语境中，它意指使人们去服从某人的意志。这可以凭借纯粹的物质力量实现，在这种情形下，受到强迫的人没有任何选择。因为一种外部的力量剥夺了他们独立行动的能力。但是，对于权力可以做什么的纯粹的认识常常就足以保证屈从。这是真实的，即使是在这样的情形下：非常粗暴且不受欢迎的权力自我确立——宛如在一种纳粹式的占领或者在我们的克兰西兄弟控制的情形那样——由于多数人选择通过做他们被要求的事情保护他们的生命和财产。独裁统治像德国的纳粹政府的法律仅仅从权力（最终的意思是，武力）的那些授予者那里获得他们的权威，而公民拥有的则是对甘于接受后果或遭受后果折磨的选择，这根本就不算一个选择。

尽管如此，凭借并且绝对依赖粗暴的武力确立的权力在最初易于抵制。假设，克兰西兄弟决定作为一种强盗贵族（一种“抢劫贵族”）居留于镇上，为的是靠居民们供养。而后，与镇民建立某种妥协的关系，而不是仅仅随意杀戮和蹂躏镇民，将会成为匪徒的权益。完全撇开一味地实施长期的敲诈勒索这样的事实，假如有足够多的受害者存活下来并且实现繁荣富裕，则生活对于一味实施恐怖统治以使人们驯服的城镇的新主人来说就会变得十分不安全。所以，克兰西兄弟需要为镇民容忍他们提出一个明确的理由，因为显而易见的一点是，即对永久心怀愤恨的人施用残酷的武力对统治者从长远的观点来看不是一种安全的前景。

实际上，公民——或者更确切地，主体——需要一个明确的服从理由，除了对他们应该违背的使人不愉快的后果的恐惧。所以，一个想避免废黜的君主会常常给予人民某种东西，即使这仅仅是比他们在政府的条件下享有的更大的安全性。这种和平由一种恐惧与希望的化合物来维系：主体恐惧某种使人不愉快的事情会发生在他们身上，假如他们违规的话；同时，他们希望一种类似的恐惧也会为他人所心怀。实际上，最高统治者

说，“时刻笼络拥护者/避免事态恶化”，而精明的主体不会迷失方向。那么，在这种情境下，权威不仅依赖于粗暴的武力，而且依赖于那些被统治者的赞同——即使它仅仅是一种不言而喻的且稍显可怕的赞同。我们可以称这种赞同为**深谋远虑的赞同**（prudential consent）。保证深谋远虑的赞同的安全，它或许足以减少两种恶行，这种逻辑类似于保护性敲诈的逻辑。

我们已在讨论的在行使哪怕是粗暴的权威时达成赞同的某种东西的存在暗示了**权威**和绝对**权力**之间的一种区别。在此，“权力”这个语词指的 178
是粗暴的武力；一方发号施令，而弱的一方就此事毫无言说。“权威”这个语词，相比之下，具有一种更具双边性的意义；那里有一种统治者与被统治者之间相互认同的程度，以及从后者的角度而言的赞同。当我们**承认**法律或领导者的权威时，我们就承认了其合法性。这意思是说，至少在原则上，我们可能会撤销我们的赞同，使最高权力仅仅靠武力去支持它。对最高统治者来说，对这样一种事态的预防由这样一个政权的命运加以图示，即他们不得不派遣坦克进入街区去支撑他们自己：这通常是他们终结的起点。

我为什么允许他人统治我？

因此，权威需要权力，但是没有权威的权力依赖于单纯的武力，从长远的观点看它不可能是适宜的。即使最极端恶劣的夺权者通常也承认，一个统治者必须要求在他这一边既拥有公理又拥有强权。他们不说“我是法律”，而宁愿说“我是合法的”。这表明，我们所有的人，包括统治者，倾向于认为真正的统治权意指靠法律而不是靠武力实施统治，并且我们将一种独立的权威归属于法律。假如如此的话，则我们需要检验这种权威所依据的理由。我们需要了解什么能够将统治权授予法律而不是授予武力。这条线索大概在于在确立权威时赞同所起的作用。从而，我们被引向一个非常基本的问题：人们为什么允许被统治？

> 人们一般会赞同某种事物，假如他们认为它符合他们的自我利益。没有政府就不会有法律；而假如没有法律的话，则每一个人都将会根据唯一的一种法令生活——弱肉强食的原则。没有人希望那样，所以，我们拥有政府。

我们已经接触到这种观点，首先在这一章的开篇之处，而后又在我们讨论权威与权力之间的区别时。基本的观念是，政府通过一种统治者与被统治者之间的“社会契约”成为公民自由和财产的保护者。为了保证所有人的自由和安全，法律被准许削减公民其他方面的绝对自由。没有这样的法律，我们将回归粗暴的无政府的“自然状态”——存在于社会创立之前。即使公民不能在投票箱前表达他们的倾向，在这种场合下契约也可以存在，因为关键在于普通个体的自由与安全之间的交替换位。一种源自统治者和被统治者自我利益的**不言而喻**的赞同——一种对合法的权威而言完全深谋远虑的基础——是必要的。这是一种在我们粗野的西部实例中不言而喻地在劫匪与镇民以及更明确地还有行政司法长官之间发生的事情。

然而，这种解释可能依然没有公正地对待像“公正的”（rightful）这样一个语词所应有的全部意义。赞同的存在表示一种伦理的维度，由于一
179 种契约倾向于包含一种承诺（即使它是含蓄的），而承诺行为通常被认为会产生伦理义务。任何社会契约中的伦理维度一般在政府根据民主的方式被选举时会更清晰。这是因为所涉及的承诺是更清晰的：追求政府官职的人说，假如他们当选，他们就会这样做，而其他的人当选就会那样做。但是，除了一位民主主义的政治家可能做出的或者违背的任何明确的承诺，根据一种特殊的法律调解竞选官职通常意味着一种对保护这种调解的承诺。选举本身从全体选民的角度可以被视为一种尊重政府权威的承诺。双“方”（both “side”）都被期望根据规则参加选举，而假如他们不根据规则，则道德语言总是被用以谴责他们。官员——像我们例子中的行政司法长官——可以被控告泄密（betrayal）、拉选票（selling out）、利用他们的职务之便，等等；他们管制的那些人可以被定性为犯罪分子或者造反者，假如他们遵守他们那一方的契约的话。将这一点与高压的统治者与被实行恐怖统治的人之间的关系加以比较；在这里，统治者提出的是威胁而不是承诺，而“权力的话题”相对于粗暴的权力现实简直无足轻重。

托马斯·霍布斯（1588—1679）

托马斯·霍布斯（Thomas Hobbes）常常被视为最伟大的现代政治哲学家。写作于英国内战期间，霍布斯主要关切的是规定什么是必要的，以避免社会混乱及广泛分布的苦难——那是这样一个社会的特征，

在其中法律和秩序遭到破坏。

霍布斯最伟大的著作是《利维坦》(*Leviathan*, 1651)。在其中，他以一种假设的“自然状态”（state of nature）——那里没有法律和核心的权威——设想生活是什么样的。他的观点是，在这些条件下，生活将是“寂寞的、贫穷的、龌龊的、粗野的、短暂的”。为了逃避这样的自然状态，人们就一种“社会契约”达成一致。他们同意放弃某些他们个体的自由，将它们移交给一位“君主”，他的职责是确保每一个人遵守契约——也就是，服从法律。在这种意义上，稳定、和平和繁荣得到保证。政府的主体从而自由地追求他们各种各样的目标，安全地处于这种认识中：他们没有置身于变成他人的贪心和侵略之牺牲品的危险境地。

对于社会契约论，存在一些相当一般的反对意见。一个是历史的不准 180
确性。素未存在这样的时刻：政府和公民事实上为这样一种调解签约承担义务，所以，二者都不能成为这样的契约的一方，即具有虚构性这种古怪离奇的特征，或者甚至具有不可能拒绝的更古怪离奇的特征。但是，这种反对意见相当容易反击。我们可以认同从来不存在一种历史性的契约，但是还是要辩论：将社会看做它**似乎**以一种契约为根据有助于我们更好地理解政府与公民之关系。**似乎**这样一种契约已经签订，结果就是这样，无论历史细节如何。

另一种经常针对这一理论的批评是，它依赖于一种过分简单化的人的本质的模型。自我利益、社会个体、自然状态下表面上的独立，应该统统写入社会契约。由于契约是相对复杂的人类社会的产物，所以，这一点并不清晰，即“自然的”男人和女人曾经如何能够迈出脱离无政府状态的第一步。但是，这种反对意见可以用克服前一种反对意见的方式加以克服。所要讨论的不是人类社会的历史起源，而是某些政治调解是否可以用这种模型加以阐明，以及或许得到辩护。它是这样的一种模型，它的目的在于解释政治关系而不是社会关系。从而，它没有，也没有必要，致力于主张在他们生活在政治社会之前人与人是不来往的。

然而，批评者可能想坚持他们的要点。他们可能主张，作为政治关系之基础的契约关系的思想取决于一种历史明确的且过度个人主义的政治模型。“契约”（contract）就是关于人类经济的契约（bond），就是买者与卖者之间在市场上形成的关系：它向政治领域的转移预设了我们的政治关系类似于资本主义的关系。从而不足为奇，它如此巧妙地适合于自由意志论的模型，宛如它产生于一种典型的自由意志论的人之本质观。

无论这种反对意见如何有力量，我们可能依旧认为在社会契约概念中存在某些有价值的东西。第一，它强调应当遵守诺言，这意在强调在现代政治事务中赞同的重要性。如今，对被统治者的赞同经常被视为一种必须满足的**道德**要求，假如政府准备获得合法的权威的话，并且这常常被认为是一个支持民主主义的强有力的论证。第二，社会契约论解释了政府如何以及为什么具有某些对它的公民的义务，诸如提倡正义。当代的以赞同为根据的对于合法权威的观念因此超越了我们用以开始的纯粹深谋远虑的观念。自由意志论者或许将政府的职责仅仅视为保护每一个体的基本权利，但其他的理论家拓展了对契约的观念。例如，社会民主主义把从政府的角度提供机会平等的义务写进了契约。而且，一旦我们接受了这种一般的观念，即政府与它的公民签有一个契约，其宗旨在于提供多于他们在自然状态所享受的自由，门庭就会对如此的期望洞开：政府应该尽其所能确保每
181 一个人享有充分的自由权益。

这自然会导致这样的观念：对政府的权威的进一步的辩护在于它促进普遍的善的能力。我们在对“积极的”自由讨论时发现，或许存在着政府应该因为内在的、道德的理由追求的目标，而不仅仅因为他们提倡自由或者安全。例如，政府或许建立、资助或补贴保健（health care）、教育、福利、病残者的利益、图书馆、博物馆、艺术馆、音乐节、民族公园、野生动物保护区等，由于他们积极提倡我们前面指出的人的兴盛或者使之成为可能，而不是因为他们保护任何人的权利或者提供平等的机会。正如我们所见，这是一种包含超出个体自由之善的善的观念。但还如同我们所看到的，难以清晰地阐明这样一种善论：广泛而言它足以确保差异性和多元论，具体而言它足以充当社会方针的指南。

功利主义

> 为什么用所有这种关于“人之兴盛”的话题使每一件事情复杂化？这个概念或者太模糊以致没有什么用，或者太具限定性以致不能指导任何政府承诺去保护自由且尊重差异的方针。而且，这个概念是不需要的，由于我们拥有一个更简单、更好的概念：

幸福。政府的职责在于促进每一个人的幸福。这就是我们从它那里想要的东西，而且只要它努力去实现这一点，它的权威就是合法的。

这种将善等同于幸福（包括对痛苦的减轻）的观点是功利主义基本的原则，是一种我们在伦理学一章还思考过的学说。简单地陈述，功利主义的观点是，政府应该旨在促进最大多数人的最大的幸福。这是目的，并且政府实质上是这个目的的一个方式。它的所有法律也是如此。就是促进普遍的幸福这个目的赋予政府及其法律以权威，并且只有一个追求这种目标的政府才能合法地要求我们的赞同。

下述这样的理解是重要的：功利主义首先定义善、幸福，而后决定什么是权利——无论提倡什么样的善。根据这种观点，政府不是在保护任何人的“自然的权利”或者“上帝赋予的自由”。符合道德律令的法律也不会先于或者独立于人类社会而存在。我们拥有一项禁止谋杀现象的法律，这得到辩护的理由是，不是因为谋杀是本来错误的，而是因为假如我们没有这项法律，则在我们的社会中幸福将会减少。当然，我们有时可能会对法律的作用产生误解。我们可能认为，白天禁止售酒将会减少醉酒现象、旷工现象、街头暴力、交通事故以及酒精引发的疾病，实际上，一旦颁布特许法（licensing law），这些事情就会比没有颁布特许法之前变得更糟。 182
但是，这种偶然性的错误是可以预期的。有时候，要了解通过一项法律或者增补一项方针将会造成什么样全部的、长期的后果，是非常困难的。例如，禁售法以及禁止拥有麻醉剂法通常根据功利主义的理由加以辩护：人们认为，假如吸毒合法化，则与麻醉剂相关的社会问题就会增加。但是，有些对这一点有争议的人辩论说，麻醉剂的合法化实际上将会拥有有益的长期效果。

法律打算促进普遍幸福的方式类似于高速路的规则在我们的路上提示安全的方式。存在这样一些特殊的场合，在那里服从高速路的规则会减少而不是增加幸福：例如，假如你错过了一个出口，就不得不选择：或者驱车向前再行驶五公里，或者违反“禁止转向”的指示。但是，这不是一个对于反对制度及执行法律的合理的论证。为了使总体的幸福最大化，我们所有的人在恰恰是所有的情境下都需要尊重这样的规则，即为了每一人长远的、更大的幸福，短期的幸福可以牺牲。为所有人服从的交通规则的存在恰恰创造了对道路安全而言的如此重要的可预测性。假如我们能够安全地假定，遵守规则的习惯在每一个人那里都根深蒂固，则我们就无须担忧正在朝我们驶来的汽车的司机正在对是否值得简要地说明他的意图做出一个私人的决定。我们不会想那个司机养成了将所有的规则视为临时性的之坏习惯，而且我们不应该通过我们自己的实例鼓励这样的习惯。这对一般性的法律同样适用。对法律的普遍的遵守具有一种普遍有益的效果。假如一项法律无法提供这样一种总体性的效果，则它就应该被立法者废除，但是，一旦它通过了，它就应当被服从。

然而，这种推理的思路在我们思考良心问题的时候就会更加可疑。一个赞同功利主义的公民可能认为，法律无法促进最大的幸福。实际上，她可能认为，它造成了真正的痛苦，而且，这种痛苦如此巨大以致持续遵守它将是不道德的，直到它得到改变。人们——拒绝交付英国政府在20世纪80年代创立的人头税——经常运用这样的论证。或者，她或许想违反追求幸福最大化的法律以便公开地反对在她看来没有使幸福最大化的政府的方针。例如，反战游行示威者有时非法地毁坏财物以表达他们对政府方针的异议。她甚至将制定这般法律的政府视为一个为了每一个人的利益而必须推翻的恶劣政府。作为一名功利主义者，她将会考虑，在这些情况下，正确的行动方针就是违反法律，乃至挑战政府。

在这里，更大问题是对于公民不顺从的伦理观。在什么情况下，假如曾经有这样的情况，以及因为什么理由公民的违法行为可能得到辩护？从
183 功利主义的观点看，我们对政府及其法律的忠诚总是有条件的。确实，一名“规则功利主义者”——一个这样的人：主张参照像“不要偷盗”这样的一般原则控制我们的行为，假如服从的话，这证明会促进普遍的幸福——可以论证说，“永远不违反法律”是一条我们应该始终遵循的原则。任何对法律的违反，这个论点继续延伸，都会破坏法律的权威，并从而威胁社会的稳定及普遍的幸福。

但是，确实可以存在例外的情况，即在其中公然违反法律真正促进更大的善吗？一个典型的例子将会是这种情境：在20世纪50年代末的美国的部分地区，当时州政府及许多公开的和秘密的组织积极地歧视非洲裔美国人。那些抗议这种情境的人经常运用非暴力的公民抗议（non-violent civil disobedience）策略，并且他们可以合理地论证说，一种长期的功利主义的考虑将会为他们的行为进行辩护。但是，这提出了一个新的难题：什

么算得上一种例外情况？看上去，这似乎是人们不得不继续自我决定的某种东西，并且我们可以期待对此问题存在不同的观点，甚至在功利主义者之间。用可行的术语讲，什么经常被证明是具有决定性的是绝大多数公民的观点；赞同你的人越多，你的公民不顺从策略就可能越有效并且可能越会促进普遍的善。但是，假如这是如此的话，那么功利主义的探究就没有解决我们关于权威的问题，因为我们现在又一次求助于授予法律权威的**赞同**原则。一旦良心与法律相冲突，我们应该促进普遍的幸福这个原则就不会独自地提供一种解决这种冲突的方式。

赞同或许授予权威，但是，它本身没有为政府或者为立法机构提供一个**目的**。功利主义试图通过这样的方式做到这一点，即为政府及其他目的——政府试图作为普遍幸福的方式（像正义、公平和自由）加以保证——进行辩护。但是，假如正义、自由及对权力的保护被视为更高目的之幸福的方式，那么大概说来，为这一更高的目的牺牲它们有时或许是可以接受的。同样的问题还出现在我们在伦理学一章对功利主义的讨论中。它的确是一个问题，但出于对功利主义的公平，它同样可以对非功利主义者是一个问题。例如，思考自从种族隔离统治结束后盛行于南非的一个争论——对于在种族隔离统治下非法骚扰、殴打、拷问及杀害人民的警察和军事人员，现在是否应该给予正义。对正义热心之士无论如何会说是；但是许多其他的人，担忧这可能会如何严重地阻碍建设一个稳定、统一、繁荣社会的进程，采取更实用主义的、功利主义的观点：每一个人更大的幸福比改正过去的错误更重要。这是一个棘手的二难推理。

对于功利主义的观点——政府本身应该关切对幸福的促进——另一个明显的问题是，存在着许多不同的人们用以追求幸福的方式。某些种类的快乐或者幸福比其他的更善吗？在乡下欣赏歌剧或者散步就会在某种意义上“善”于欣赏儿童喜剧或者享受大麻的效果吗？由于这个原因，一些理论家谈论“偏好”（preference）而不是幸福。这么做的吸引力在于一个人脱离了对于评价的任何暗示。“偏好”简单地就是人们想要的东西，这通过他们所说的话语及所做的事情表达出来。但是，这个术语具有它自己的问题。人们想要什么有时并不等同于什么是他们的最大利益。所以，关于下述哪一种情形更善的问题就出现了：是给予人们他们实际上表达了一个愿望想要的东西——给予他们他们**说**他们想要的东西，还是修正他们的偏好——给予他们他们**将会**想要的东西，**假如**他们有更多的知识、更聪明、 184

无偏见，等等。

假如我们遵从人们宣称的需求，功利主义的政府就处于可能减少真正的功利这种矛盾的境地，因为它旨在给予人们他们想要的东西，无论从长远的观点看它可能会如何使他们被误导或者使他们不幸福。可以想象，遵循这条道路最终会导致一些人视为病态的、丑陋的文化的东西——受消费主义、色情文学及吸毒的支配。而且，这种文化的批判者会毫不犹豫地断言，沉迷于其中的人们，假如他们受到鼓励去追求其他的满足，就不会拥有他们将要拥有的幸福。然而，假如政府选择提供群众"真正"想要的东西——也就是，那些执政者相信群众将会选择的他们得到更多启发的东西——则我们就回到了我们在我们讨论积极自由时遇到的有关家长作风的问题：谁去决定人们**应该**需求什么？

这最后一个问题没有被回答；但是，对于我们如何回答它的隐含之意在这一章的进程中已经变得比较清晰。让我们通过将这个问题与我们说过的内容关联起来下结论。显然，在允许人们选择支持绝对权势的政府中存在着危险；并且在为他人决定什么是他们自己的最大利益时也存在着危险。倾向于赋予权利对善的优先权的那些人倾向于将自由等同于消极的自由。他们倾向于赋予人们绝对的自由，去做他们喜欢的事情，只要这不伤害任何其他人。假如那意味着给某些人一条绳子将他们自己吊起来，则它的意思就是如此。这是**自由意志论**的观点。另一方面，那些人——他们将优先权给予善，并从而通过审视什么促进了善来定义权利——会对积极自由的概念感到比较惬意。**民主社会主义者**通常处于这个阵营。他们会通过允许政府从事积极促进人们的幸福这样的事业更愿意冒家长作风的危险。

家长作风的主要危险是相当明显的：它可以变成压迫性的。从不准许人们拥有海洛因到要求他们参加继续教育营这个斜坡可能不是非常难以接受，但它无论如何是一个合法关切的源泉。似乎存在着一个政府干预人们生活的程度的连续统一体，而且难以知道在哪里划出界限。当然，自由意志论者主张，这条界限根据伤害原则来划：你让人们去做任何他们喜欢的事情，只要他们没有伤害任何其他的人。但是，这种观点具有同样严重的而且在许多方面更真实的危险。主要的危险在于，假如政府除了保护人们
185 的消极自由而一无所为，那么将会导致的社会不平等以及这些不平等的结果（诸如贫穷、犯罪、恐惧和失望）将意味着对大多数人而言的一种更缺少满足的生活，或许，甚至对绝大多数人亦如此。假如粗暴的市场强制力

获准去决定什么是一个社会的目的及产物，并造成一种普遍性的且浅薄的用户第一主义的文化的话，则这种对满足的缺失就会加剧。

社会契约论，常常是社会民主主义者偏爱的政治哲学，选择了一条中间道路。在某种意义上，它也使权利依赖于善。契约确立了人们应该享受什么样的权利以及基本的正义原则应该是什么。即使在契约被视为是纯粹假设性的时候，它也通常倾向于拥有作为它的主要目标的普遍的善——和平、稳定、机会、繁荣，等等。但是，权利和法律由于它们将会得到进入契约的任何人的赞同而得以辩护，而且，这赋予了它们一种比它们，比如说，根据**功利主义**观点所享有的还坚实的基础。

这种对社会契约的观念还可以为比一个自由意志论者所允许的更广泛的政府干预进行辩护。因为假如有人主张，签订契约的人有权享受福利待遇、公共教育、市立图书馆以及有权参与政府立法等，那么，这些事情就具有根据了。但是，这会再度引发令人熟悉的争论。那些签订契约的人一坚持认为对于美好生活具有多种观念以及亲此疏彼并非政府的职责——主要关心的就是避开来自教条主义、苛责、杰出人物统治论及其他类似的邪恶事物的任何威胁吗？或者，他们将会赞同一种合理确定的对于什么构成了人之兴盛的理想——一种框架，在其内部，一切更具体的对于善的生活观都会被发现——并从而支持被政府用以发扬这种理想的措施吗？

第7章

艺术哲学

186 每一位阅读这本书的人都已经对“艺术”这个语词的含义具有某种观念。我们可以通过研究为什么艺术受到重视而不是通过探寻艺术的“实质”最好地澄清那个含义是什么。所以，我们将专注于**艺术对我们的价值**，而不是探寻某种总体性的定义——换句话说，我们将会问询“为什么艺术”而不是“什么是艺术”，这有益于我们直接触及这个领域内的一些最重要的且最令人感兴趣的争论。并且，这是一个自然的出发点，因为有些人给予艺术非常高的评价。对于这一点的证据可能是每年对它上百万的花费，以及创造、销毁及分析它所耗费的成千上万个小时和大量的纸张。即使那些声称对艺术完全没有兴趣的人也会缴税以保证这个浩大的加工程序持续下去。所以，探究什么是我们从它那里想要的，似乎是合理的。

艺术与快乐

这里有一个对我们在艺术中寻求什么这个问题的简短的回答：

> 我们重视艺术，假如它给予我们快乐。

这看起来像一个富有吸引力的坦率的且常识性的回答。假如快乐是对于艺术价值的标准，则易于阐明为什么我们重视某种艺术胜过重视其他的。而且，我们易于回答有关一项特殊艺术之价值的任何问题。我们可以简单地运用“快乐检验法”（the“pleasure test”）：假如它带来快乐，则它就是好的；它带来的快乐越多，它就越好，因此最受喜爱的艺术就是最好的艺术。不幸的是，这种探究并不像它乍显的那样有益。

一个问题在于，将快乐与艺术关联起来不能指出艺术的任何特别之处。存在着许多可以为我们提供快乐却不是艺术作品的事物——一次乡间散步、一块冰激凌、一次热水澡。这些中的某些与艺术相比甚至会给予我们更多的快乐。由于我们想知道什么将会为赋予艺术而不是冰激凌的价值进行辩护，所以，艺术提供快乐这一主张就是无益的。对快乐检验法的另一种反对意见是，即使艺术能够带来快乐，依然不清楚的是：它始终做到这一点，或者在哪些方面它提供快乐这是它的主要目的。有一些艺术作品，一般被视为是极其成功的，似乎在令人快乐的（pleasurable）这个语词正常的意义内并不是令人快乐的：实例包括戈雅的版画《战争的恐怖》（*Horrors of War*）——其画面上画着血肉模糊的尸体和凄惨的景象，或者保罗·西兰（Paul Celan）的一些诗歌——总是为大屠杀（Holocaust）所萦绕。所以，快乐检验法似乎不可能真正说明艺术胜过非艺术的价值，或者某种艺术比其他的艺术具有更多的价值。

187 拯救快乐检验法的一个方式可能是假定一种特殊类型的、仅仅在艺术中发现的快乐。我们可以使用"艺术快乐"（aesthetic pleasure）这个术语将这种特殊类型的快乐与"消遣"（entertainment）或者"娱乐"（amusement）这种意义上的快乐予以区分。像《战争的恐怖》这样的艺术作品，不属于传统上的消遣物，可能会为观赏者提供一种明显不同的快乐。假如这样的话，则我们接下来的任务将会是识别什么在这幅图画中产生了这样一种效果。大概不是内容，即它的重创的肢体和痛苦的表情。它可能在于形式，这位艺术家用以创造这些图画的方式，他对明暗法、线条等的使用。或许，存在着一种理解在观赏者身上激发了这种特别快乐的这些特征的途径。

但是，此处的困难在于确切地说出这种特殊快乐的反应是什么，以及识别形式如何在观赏者身上激发了它。假如这种体验可识别地类似于"普通的"快乐，那么我们就需要某种方式来认识一位观赏者在何时正在体验"艺术的快乐"而不是普通的或者花园式的快乐。假如它证明完全**不像**我们通常称作快乐的东西，则我们可能最好称其为某种其他的东西——或许，x因素。而这依然使艺术作品的形式如何产生这种效果这个问题处于未决状态。说这种体验，无论它是什么，由一种特殊的或者重要的形式所引起没有解释任何东西。我们仅仅能够通过形式所激发的反应将它视为重要的，而将这种反应视为特殊的是因为有关形式的某种东西——一个完美的循环推理的实例。所以，任何这种解释都需要将艺术中的某种东西与观赏者或聆听者的反应关联起来，而不会变成空虚的和循环的。就像我们在后面即将看到的，"基于形式的论证"尤其倾向于恰好是这种有问题的循环性。但是，无论这种探究的优点或者缺陷是什么，它都没有成功地在快乐与艺术的价值之间建立一种清晰的联系。

将快乐用作对于艺术价值的**唯一**标准还使它难以解释对于特定艺术作品之价值的观点的分歧。假设我们去看一部电影。你在观看它时会感受到巨大的快乐，而我却根本感受不到一丝一毫。那么，你可能是这些人中的一员，即他们能够收听到电影中产生"艺术快乐"的特质，而我却不能。

如果那样的话，则真正准确地评定好的电影、音乐、图书以及图画似乎就成了一个具有一种特殊**直觉**的问题，有些人具有它，而有些人却不具有。分析和讨论因此就是不相干的。这种对快乐—价值关系的解释存在的问题明显在于，它太失败了以致不能解释任何东西；这种对于一种特殊直觉的观念是一个**神秘之物**，而不是一种解释。

因此，留给我们的似乎只有一种其他的可能性。假如快乐是艺术价值唯一的指南，并且我们对什么带给我们快乐存在分歧，那么艺术价值就**完全**成为一个个人情趣的问题。换句话说，假如这部电影带给你快乐，而没有带给我快乐，那么它就对你有价值，而对我没有价值。但是，这使我们偏离了我们的任务——试图根据艺术作品的特质解释艺术价值，而以下述方式将它取代：把"价值"等同于给予个体快乐的任何东西。这明显是一条死胡同，由于它还是没有使我们对于下述事物形成任何的观念：致使我

188 们如此高地评价艺术的特质，我们的辨别和分歧的根据，以及为什么我们重视至少某种艺术的理由与它提供快乐的能力不相干。要回答这些问题，我们不得不返回艺术作品本身。

艺术与模仿

对我们来说，许多艺术具有的大部分价值似乎来自它描绘或者模仿现实的能力。至少，莫奈（Monet）的睡莲画和白杨树画的部分吸引力在于它们描绘了出现在现实中的某种东西。艺术家受到称赞是因为他以某种方式"捕捉到"了光线、结构和颜色自然出现的效果。并且，这也适用于许多文学作品。一部小说，诸如乔治·艾略特（George Eliot）的《米德尔马契》（*Middlemarch*）能够留给读者这样的印象，即这是一种对英国19世纪30年代乡野生活的尤其成功地唤起。还不止于此：我们可以将书本放下，思索诸如布尔斯特劳德（Bulstrode）、卡索本（Casaubon）及罗莎琳德（Rosalind）等人物在某种意义上像我们在我们自己的生活中所遇见的人。我们知道，这些人是虚构的，但是，这本小说似乎"抓住"了某类人物某种真实的东西。其他的艺术形式，像电影、戏剧和雕刻也致力于实现对现实的一种准确的表现（representation）。我们甚至能够在"抽象派的"绘画和器乐（instrumental music）中也指出一种表现性的情形。无论那个真相是什么，似乎无可争议的是，模仿现实的观念对大多数艺术作品而言

一直以来并且继续具有重大的意义。让我们看一看我们是否能够通过专注于可观赏的艺术澄清我们所说的"艺术中的表现"是什么意思，由于它们最明显的目标在于某种表现。

> 艺术，如他们所言，对自然竖起了一面镜子。我们欣赏大多数的绘画是因为它们实际上看起来像真实世界的某种东西。我们只打算称赞一幅肖像，假如它看上去像摆好姿势让画家给自己画像的人。假如它像，则它就是成功的（"一幅逼真的肖像"），假如不像，那么我们就称它是失败的。这同样适用于风景画，还有生活画以及大部分其他类型的绘画。非专业的绘画者不能准确地再现形状、颜色和尺寸，专业的绘画者则能准确地做到这一点。至少西方的艺术史证实了这样一点：比较罗马、中世纪和现代的绘画，你就会发现对于旨在使肖像变得越来越逼真的技术的一种稳步的发展。

这似乎适合许多世纪以来至少在西方创造的可观赏的艺术，它的目标似乎是尽可能准确地再现事物事实上看上去的样子。艺术史可以视为一种为了实现恰好是那一点而提炼技术的长期奋斗，并伴随着作为朝此方向迈出重要一步的透视法规则的发展。因此，**准确的表现**是可观赏的艺术的核心目标。对于这究竟是什么意思的讨论在很大程度上受到柏拉图和亚里士多德的著作的影响。然而，他们使用的术语是 mimēsis（拟态），它被翻译成"representation"（表现）、"imitation"（模仿）和"copy"（复制）。这三个语词在英语中并非完全意指相同的事物，而探究它们如何不同或许证明有启发作用。 189

让我们从绘画是对现实的**复制**这一观念开始。假如准确复制的产品是艺术家的目标，则我们可以假设，最成功的范例将会是在观赏者中产生对现实的幻觉的那些。这样的绘画的确存在，在英国德贝郡（Derbyshire）的凯兹沃斯庄园（Chatsworth House）有一个实例，在画中，艺术家画了一把悬挂在墙上的小提琴。它看上去酷似一把悬挂在墙上的小提琴，以至观赏者简直将这个复制品当做事物本身。这种绘画的称谓是**错觉画法**（trompe l'oeil）。它们的确在制作技艺上是非常娴熟的，但是，我们是想说它们是西方艺术的最佳典范吗？大概不是。毕竟，一旦我们认识到我们的错误，我们所留存的至多就是因我们的暂时混淆产生的娱乐感，结合着对艺术家的产生幻觉之技艺的惊奇。这种效果类似于成功地使用的魔术技巧的效果。但是，这不是艺术史上绝大多数绘画的目标。艺术不会在一般意义上简单地追求对事物完美的复制。

然而，我们确实重视艺术表现（字面意义是再现，represent，literally，re-present）我们世界面貌的力量。再一次考虑我们如何对一幅肖像进行反应：这幅肖像受到重视是因为这样的方式，即运用此方式它“捕捉到”了，比方说，被画者的某种东西。但是，这并不意味着我们可能会将这幅肖像与这个人混淆起来。假如我们观赏伦勃朗的许多自画像之一，则我们的确会发现，绘画者尽其所能用一种现实主义的手法（“一种逼真的相似性”）表达肤色的效果，但是，我们还发现，这么做并不是为了视觉欺骗（例如，他没有任何企图去隐藏绘画技巧的效果）。相反，已经实现的东西是一种意义上的被画者/艺术家的特征，他的存在。人们为伦勃朗的肖像所感动不是因为他们认为，他们看到一件对他看上去是何许年纪的确切的复制品，也不仅仅因为这是著名的伦勃朗。假如“真实的伦勃朗”的某种东西在那些肖像中向我们显现出来，则它确实是一个**特征**的问题，而不是物理相似性的问题；给我们留下印象的是他的特征赖以存在的方式，**在于**对于饱经沧桑的肌肉的效果。这种表现的成功相关于艺术家表达当我们看见一个人的面容时我们所见之物——它不仅仅是形状、线条和颜色，而是某种超过它们总和的东西：一个人——的技艺。要如此成功地做到这一点，就要求在艺术家角度上的某种洞察力，以及诸如诚实和勇敢等其他品质。这幅画像在追求真实的特征时避免了对现实的幻觉。

艾维·贝奎斯特（Iveagh Bequest），1665年伦勃朗·梵·莱茵（Rembrandt Van Rijn）自画像（肯伍德山庄英国遗产图片图书馆［Kenwood House © English Heritage Photo Library］）

190

当我们观看肖像时，我们似乎既为什么东西得到了表现又为这是如何被表现的所吸引。我们“看见”一副用混合颜料绘在画布上的面容，而忘记了颜料和画布。艺术作品再现了外在于它本身的某种东西，而不会使我们对两种事物——艺术作品和它表现的事物——如何不同产生混淆。我们知道，我们不是在观看伦勃朗，然而，一位叫那个名字的老者在油画作品中是“可见的”。所以，即使我们抛弃了拟态旨在产生对现实的幻觉这种观念，我们似乎还是面临着一种相似性，一种模仿。假如模仿是至少某种艺术的核心，则我们下一步的任务就是研究这是如何实现的。

视觉艺术中的表现

这里有一种理解模仿如何发挥作用的方式：

> 用图形表现的艺术，通过仔细的观察和对技艺的运用，旨在尽可能准确地再现艺术家所见之物。

我们可以设想一位艺术家，她想画一种乡村景象，带着她的画架前往她希望描绘的地方。选定了她的景象，她使自己处于有利的位置便开始绘画。她的观察力和艺术技艺将致力于创作一幅尽可能与她面前的景象相似的图画。这似乎是一种毫无欺骗目的的复制。注意，存在着两个关键的阶段：首先，艺术家观看她面前的景象，而后她创作一幅尽可能与她所见之物相似的图画。这被称作对于艺术是如何被创造的“纯真之眼”(innocent eye）的解释，因为它假定在艺术家角度上的一种初始的被动性，艺术家作为观察者经历这样一个活跃的阶段，即业已存在且被接受之物得以画到画布上。

这种解释存在的问题在于，它对创作一幅图画过程的每一阶段都做出了可疑的假定。艺术家想象上“看见了”真实的世界，没有附加任何她自己的解释，这在她用她最纯熟的技艺将她所见之物画到画布上之前。但是，难以相信这就是所发生的一切。我们不会期望发现这样一位不同的艺术家，即描绘相同的景象而创作一幅相同的图画，即使他的技艺是同样娴熟的。我们更可能认为，不同的艺术家将会用不同的方式解释他们所见之物。当然，关于无知眼光解释的辩护者可以承认那为这个过程第二个阶段的不同的方式和个人特有的风格留下了空间，但依然坚持认为，每一位艺术家以相同的方式**观看**相同的事物。但是，即使是这一点也蕴涵着一种在“观看”（在实质上被视为是被动的）与解释（被视为是主动的）之间的相当粗糙的区别。鲜有艺术家会遵循这样的企图去区分制作过程的不同时刻。大多数艺术家将会说，“观看”在某些意义上是非常积极的，而一种对所见之物的“解释”有时仅仅能够“对他们显现”（come to them），或者在他们创作的过程中出现。

或许，根据“视为”（seeing as）思考观看（seeing）更有益。“视为”意指我们的想象是对我们面前之物的模拟：我们将云彩的形状视为像动物，或者将天花板上的一个影像视为像一副面容。我们观看什么以及我们如何观看也取决于我们的需要：城市生活要求行人、骑自行车的人及汽车司机领会对于街上正在发生什么的意义——评估可能的威胁与机会。情绪也发挥作用：高兴和沮丧“渲染了”（colour）我们观看我们的世界的方式。对于这一切的结果，在于色调、结构、线条和形状——图画据以被创作的“元素”——作为房屋、树木、朋友、警察等向我们显露。我们的解释不断地塑造我们所见之物，而不是相反。我们凭借我们的感官对世界的感觉、意识并不是纯粹消极的。观看、聆听、感受、闻等等，**就是**解释。我们所有的人，艺术家或者非艺术家，都永久致力于努力理解这个世界——一个由共享的解释所构成的世界，一个具有文化和个体的变化的世界。

我们每一个人都生于一种文化，一种共享的行为和信念的模式。这种习俗的模式或网络本身就是一长期历史发展的产物——一种**传统**。因此，文化和传统为个体提供了无法逃避的语境，无论他们遵从还是反抗。文化与一位个体艺术家的解释的相关性似乎显而易见，尽管它的程度易受争论。例如，西方欧洲的艺术家用以表现自然的方式与日本和中国的那些特征截然不同。但是，无论文化对于一位艺术家如何解释她的世界是否有决定性的影响，清楚的是：创造一种“对艺术家观看之物的准确的再现”并不是一个复制现实的简单问题。对此的进一步证据在于许多艺术家拥有的对于他们将会创造什么的不确定性。他们似乎通过一种与他们质料的奋斗确定了他们想说的东西。这一切与作为关于独立现实的消极记录员的艺术家相距十万八千里。

表现仅仅是习俗？

尽管如此，事实仍然是，某种艺术似乎表现了某种外在于它本身的东西。问题是：这何以可能？我们如何在一幅他的自画像中"看见"伦勃朗？我们已经发现，表现不是简单的复制。它是这样一个选择和解释的过程，即艺术家部分地与所有的观赏者分享的，部分地从艺术传统继承的，以及部分地以一种原则性的方式引入的。许多对表现艺术，尤其是绘画之 192
实质的争论，围绕着这样的问题产生：多少表现艺术的习俗植根于纯粹的习俗本身，以及它们中有多少以决定一种相似性之准确性的"客观的"或"自然的"原则为根据。换句话说：我们的确信——一幅肖像捕捉到了某种外在于它自身的东西——具有充分的根据吗，或者它是一种幻觉吗？这里有一种激进的观点：

> 我们对于一幅图画表现的东西是什么的观念取决于我们在我们的文化中提出的准则。这就是为什么我们将一系列形状、线条和颜色"解读"（read）为表现了椅子、人或者树木。但是，这些准则是纯粹习俗性的：它们不以任何由艺术家"捕捉到"的实际的相似性为基础。

这种观点否认一件艺术作品一定以某种方式相似于它在表现的事物。乍一看，这或许是荒谬的。伦勃朗的肖像确实在某种意义上看上去像他实际上所是的那个男人吗？而这种观点，我们称之为"激进的传统主义"（radical conventionalism），辩论说，艺术表现的道路并不发端于经由艺术家有关相似性的作品对观赏者所表现的事物。正如我们所见，具有拒斥视艺术为复制的"无知眼光"论的理由。艺术家不是这样一位消极的对现实的接受者，即仅仅将她所见之物画在画布上，而是一位永久积极的解释者；而且，还如我们所看见的，她的解释大部分受她生活于其中的文化的影响。取消"大部分"（largely）而代之以"全部"（totally），你就达到了激进的传统主义。让我们检验有关这种观点的情形。

激进的传统主义的捍卫者辩论说，任何一幅图画最相似的东西是其他的图画。图画是扁平的物体——使涂料、墨、炭等涂写、涂抹或者刻印在一个面上。甚至几条相互交叉的线条及潦草的笔迹也能"表现"一个人：

一个“火柴杆似的人”。我们在这些线条中看见一个人不是因为相似性，而是因为习俗使我们将它**视为**一幅对于某人的图画。这些质料加以排列的方式仅仅根据**习俗**表现人物或事物，它们事实上看起来不像任何真实的事物。

一种特定的文化具有某些表现的习俗，但是，说任何一种其他过去或者当前的文化一定使用相同的表现习俗是无意义的。他们常常并非如此。西方艺术的关键习俗之一是透视画法，即在图画中对景深的表现。用西方文化培养的某个人将透视画法视为“自然的”，但没有任何理由去假设习惯于中国人、因纽特人（Inuit）或者波斯人（Persian）传统的某个人一定也以相同的方式去体验它。对于下述主张不存在任何答案：透视画法明显是“正确的”，一种西方的发现，因为我们这里涉及的是艺术习俗的发展，而不是光学的进步。不足为奇，透视画法对受西方艺术传统影响的人来说似乎是“正确的”；其他习俗对其他传统的继承者而言似乎也是“正确的”。

传统主义者认为，这些习俗像语言一样发挥作用。语词一般与事物具
193 有一种任意的关系。语词“dog”（狗）与这个动物——当我带着它散步时摇摆着它的尾巴——没有任何相似性。我们只是根据为讲英语的人所理解的一种习俗使用它。问这个语词的哪一部分看上去像它所指示的事物是天真的。就像存在其他的语言——对这种相同的毛皮的指示物拥有其他的语词（像“chien”［日语“狗”］或者“Hund”［德语“狗”］）——一样，也存在不分享西方的表现准则的文化。因此，表现关乎于习俗，而不是相似性。

然而，这种观点存在着困难。一个问题在于，它使得表现艺术难以与根本不追求表现的艺术相区分。下述思想实验是相当说明问题的。设想两幅图画，其一有关于白色天空中的蓝云，另一幅有关于蓝色天空中的白云。你会说每一幅都具有同样的表现性吗？假如绘画的习俗确实像语言一样发挥作用，则我们能够说是。**语词**“blue”（蓝色的）和“white”（白色的）可以毫无问题地调换，只要这使我们意识到新的意义。由于语词与它所表达的事物之间的关系是任意的，说这适用于为绘画者所使用的颜色似乎是不合理的。

由于这个原因，主张表现艺术是相似性与习俗的**结合**大概更令人信服。我们必须熟悉表现的习俗是什么以便将一件艺术作品视为相似于某个东西，但是，这并不意味着相似性**纯粹**是一个习俗的问题。拟态正确地被理解为模

仿，假如我们不天真地设想艺术家在被动地复制一种独立的现实。激进的传统主义使我们回想起，我们的感觉主要由文化和心理因素塑造，但是，它对待这种观念太过分了。

我们从艺术需求的东西远不止复制或魔术技巧。选择、增强明暗度、加深颜色等艺术可以激励我们成为更优秀的观赏者，有助于我们摆脱陈旧的且习惯性的观赏方式。这一过程要求两方面，并且在理想上两方面是有创造性的。艺术家刺激观赏者的官能，促使他更活跃地对待他所见之物。观赏者转而有创造力地（或者具有重新创造能力地）回应艺术家的想象力。一旦这种情况发生，观赏者就可能在图画中看见他人，甚至艺术家所看不见的东西。然而，这根本不意味着一切对艺术作品的解释都同样有效。有创造力的回应，假如它不仅仅是私人的幻想，一定会得到艺术作品中某种东西真正地认可。

我们已经看到，表现与纯粹的复制不是一回事，而且，表现可以是“真实的”（truthful），但不企图成为像照片拷贝这样的任何东西。它的真实性在于它捕捉对于它的主体的某种东西的方式，以及能够使观赏者重新意识被表现事物的某些方面。这与其说它纯粹是一种机械意义上的“一种逼真的相似性”，不如说是一条对于成功的表现的极其重要的标准。然而，我们几乎完全根据对**可观赏的艺术**中的模仿的反思获得这个结论。我们没有确证它是否适用于任何其他的艺术。比如，真实性在文学中的地位如何？

文学中的表现

这里有一种对于表现在文学中之地位的观点： 194

> 在文学中探询真实性没有任何用途。比如说，我们对小说询问的最后一件事情是：“它是真实的吗？它确实发生了吗？”小说是虚构的（fictional），或者在整体上或者在部分上是虚构的。而虚构的意思是指“非真正的”（not real）或者“非真实的”（not true）。

对此，我们可能立即反对说，小说经常传递大量关于世界的真实的信息。例如，巴尔扎克（Balzac）或者狄更斯（Dickens）的著作，因它们对个人、处境、时期和事件的准确的描绘而著名。当有人批评狄更斯因为

《荒凉山庄》（*Bleak House*）中的一个角色使他本能地激动而将其删除时，他通过引述许多有关这实际上正在对人们发生的事实性的事例愤慨地为自己辩护。因此，小说家的确涉及澄清事实。

然而，这个要点在上述观点中并没有被否认。文学可以在一个特定的时期准确地传递有关服装、社会态度或者炭产品的信息，而由社会历史学家或经济学家所写的专论则确实如此。假如我想了解英国人在19世纪中期的情形，则我可能会去阅读盖斯凯尔夫人（Mrs Gaskell）或者查尔斯·狄更斯的小说，但是，我大概还是会去其他地方搜寻属于我的大量的素材。

大部分小说致力于描绘角色（虚构的人）和情节（没有发生的事件），即使在背景得到有根据地表达的时候。从社会历史的角度欣赏巴尔扎克或狄更斯没有涉及他们实质上所写的东西——即文学作品。一部小说或一首诗歌可以包含丰富的信息，但作品本身的要点存在于那种信息字面的真实性之外。文学不是凭借其他方式对社会历史或科学的追求。为追求事实而追求文学就迷失了要点，这正如查尔斯·巴贝奇（Charles Babbage）（计算机的领军人物，现代计算机的先驱）在下述时刻所做的那样：他写信给丁尼生（Tennyson）抱怨说，诗人的诗句“每时每刻都有一个人死去/每时每刻皆有一个人降生”是误导性的。假如它是正确的，他指出，则世界的人口就将仍然是静止的。他建议丁尼生把这行诗改写为“每时每刻都有一个人死去/每时每刻皆有1又1/16个人降生”。巴贝奇承认，1/16依然是一个近似的值，但是认为它对文学已经近乎充分！

人们容易将巴贝奇作为一个俗气的人而加以排斥，并下断言说，文学与纯粹的事实仅具有一种偶然的关系。然而，完全排除从文学追求真实性的需要似乎有点怪异。难以想象某个人理解济慈（Keats）之《秋颂》（*To Autumn*）的开篇行——“雾和成熟结果的季节”而对雾一无所知，或者对它与世界某些地方的秋季的联系一无所知，或者对秋季在季节循环中的地位一无所知，或者对
195 秋季与收获之间的关联一无所知，或者对这一季节与死亡的通常的隐喻性的联系一无所知。这开篇行，像整首诗一样，预设了世界的某些事物是真实的，或者被认为是真实的。一切文学作品必须与作者和读者所拥有的对于世界的或者没有人能够理解它的信念之网相关联。这甚至符合于最广泛意义上的幻想。假如一本书使用了一种能够为人理解的语言，那么，那种语言将带给它人所拥有的对于世界的普通信念。

但是，即使我们承认这一点，我们确实必须承认这一点，还是有可能

去批评文学在其内部具有真实性这一观念。毕竟，我们刚刚思考的与《秋颂》第一行诗相关联的信念是这首诗的预设之物：我们没有从这首诗中获得这种东西。同样，在一部小说中，虚构的人物的世界一般相似于我们已经熟悉的这个世界。当然，一部小说可能包含大量的、我们并非已经知晓的事实性的信息。例如，《白鲸》（*Moby Dick*）对于19世纪的捕鲸技巧给予了详尽的解说。但是，这种信息可以从非虚构的作品中获得。就其绝大部分而言，小说倾向于展示一个符合我们已经熟悉的、作为虚构戏剧的背景的世界。而且，根据定义虚构即是**不真实的**。

但是，假如这是正确的，它就会使文学作品的读者——以及戏剧和电影的观赏者——处于一种怪异的境地。我们该如何解释我们对文学的反应？我们对某些事实上没有发生的事物感到难过或高兴似乎是非理性的，然而电影《卡萨布兰卡》（*Casablanca*）的结局以及在《李尔王》（*King Lear*）的尾声科迪里亚（Cordelia）之死激发了观众强烈的情感反应。假如我们应该相信"在文学中没有真实性"这一论点，则一切这样的情感就仅仅是对某种非真实之物的回应。但是，为一幕戏剧、一部电影、一首诗歌或者一部小说所感染的我们之中鲜有人会接受这一论点。而且，它没有为我们的下述说法提供任何真正的基础：一部文学作品在某种意义上是值得称赞的，因为它是真实的，除了在我们上述讨论的对于"准确性"的一种相对无足轻重的意义上。

或许，虚构的不能是真实的这一论点不能令人满意，因为它错失了文学的核心要点。我们在前面注意到，一件艺术作品如何是成功的可能会根据它的真实性予以判断。但是，我们还看到，这种真实性远非一种有效的幻想的产物。假如我们关注小说，则确实有可能在具有截然不同的抱负的文本之间予以区分。存在一种旨在追求逼真性的小说，以便激励读者接受有关虚构的情节和人物的现实。历史事件、实际外景、时代详情和技术信息可能都会需要去增加虚构人物和情节的可信性。因此，读者能够更容易地溜进"另一个世界"。约翰·格里森姆（John Grisham）、弗雷德里克·福赛斯（Frederick Forsythe）以及C.S.福雷斯特（Forester）的著作是这种作品的范例。这种对事实的准确性的强调或许使我们想起"骗过眼睛"的绘画，它旨在产生有效的幻想。但是也存在这样的小说，它们的主要目标迥然不同。它们追求的真实性与对人的状况的见识有关。在这里，想象是关键因素，而且某种绘画和雕刻也如此，表现而不是复制是目标：

它们并不试图创造一种对现实的模拟物。

196 例如，以乔治·艾略特的《米德尔马契》为例。人物卡索本（Casaubon）以一种惊人的确定性宣称，他对爱情的现实感到失望，因为它根本不像他所听说的那样是激情的体验。他在恋爱，但是他根本没有体验到任何其他的人所谈论的脉搏加快的兴奋。所以，他断言，爱情根本不是这样一种美妙的事情。艾略特在此给予我们的不仅仅是对一位情感贫乏的学者及其错觉的描绘。这种描绘的永久的兴趣既不在于聪明的才智——运用它，人物得以刻画并适合情节，也不在于卡索本对任何实际存在的人的可能的相似性。假如存在一个卡索本的真实的模型（并且似乎存在）的话，则他早已不在人世。卡索本对我们，或者我们对他而言是什么？然而，真实性的问题确实产生于思考对这个人的描绘之时。

艾略特对这位学者的表现的力量在于卡索本的故事符合一种更普遍的人之现实的方式。通过他，人的部分状况经受得住我们的检验。假如当我们审视卡索本时我们体验了一种意义的认同，则是因为艾略特"捕捉到"了我们可以与之相关联的某种东西：**他与我们相像**。所以，我们最终对19世纪乡野生活的了解尚不及对我们自己的了解。由于乔治·艾略特对人的未婚妻之正确态度、看法等，这不可能是说教性的，即用小说作为一种道德故事、一种媒介发挥作用。

许多维多利亚女王时代的小说实际上恰好具有这种缺陷：阅读它们就是体验说教性文学作品的令人麻木的影响。幸运地，乔治·艾略特避免了这种说教。《米德尔马契》中的故事和人物都不能被视为一种对于可分离的生活信息的媒介。虚构的文学作品能够以下述方式表现人物和事件：激发读者的想象力，但不确切地规定思考**什么**。我们"了解"（see）卡索本，并且理解为什么他的自我主义得到了恰如其分的表达。他对他自己及他的能力不足的短见可能会对我们产生道德意义；但是这如何会如此以及这种意义实质则由我们读者来决定。我们能够自由地思考他，思考为什么他像他实际存在一样存在，以及除此之外，思考这个虚构的人可能会与我们熟悉的真实的人，包括我们自己共同具有什么样的缺点。

假如我们进行这种反思，则我们可能会逐步认为，我们深化了我们对文学与生活可以是什么的理解。但是，这或许不会发生。想象是一种**使事物成为可能**（enabling）的官能——对于深入理解自我与他人的一种必要的却非充分的条件。小说为它的读者提供线索，但是他们能够或者愿意做出何种反应则取决于他们。确实，在某些意义上，是艺术作品使读者产生疑问，要求虚构的读者解读一切她能够解读的见识、想象、诚实。假如是这样的话，则它可能会有助于解释为什么同一部作品能够从不同的人那里引发不同的反应，或者从同一个人那里在不同的场合引发不同的反应。

我们看到，希腊的模仿（mimēsis）可以译成“复制”（copy）、“模仿”（imitation）或者“表现”（representation），而且这其中“表现”似乎是描绘艺术与对我们最为重要的现实之间的关系的最合适的语词。我们还看到，尽管艺术中的真实性对我们是重要的，我们却对某些种类的真实性而不是其他的更感兴趣。与我们最密切相关的真实性是那种具有普遍意义而 197
不是仅仅准确地表达某种特定事实的真实性。艺术能够使我们再一次审视我们的世界，将它视为奇异的、可质疑的、鼓舞人心的乃至无限有趣的。艺术的部分力量在于它的于特殊性中暗示普遍性的能力，无论那种特殊性曾经实际存在与否。

艺术与表达

许多人重视艺术首先因为它的表达性（expressiveness）。“表达性”这个术语通常但并不总是指它传递情感的能力。这里有一种相当有代表性的观点：

> 艺术作品是艺术家实现自我表达，尤其是情感表达的方式。这就是当我们专注于一件艺术作品时我们所感受并对之做出反应的东西，并且这就是赋予它价值的东西。

我们可以设想发生诸如此类事情的过程，即一位艺术家具有愤怒的情绪，并且她画了一幅这样的图画：具有使那些观赏它的人也会感到愤怒的效果。所以，这位艺术家在这幅图画中“表达了”她的情感，而且观赏者由于专注于这幅图画“产生”了愤怒。我们可以称这为表达的“感染”（contagion）模式。一幅绘画之所以可能会被判定为成功的是因为我们赞同其中内含的情感，或者是因为艺术家的真诚，或者是因为绘画在表达情感上的有效性。

这种对于艺术表达性的主张呈现给我们的是艺术家、艺术作品和观赏者。这种主张是，某个 x，由艺术家首先提出，通过艺术作品得到传递，并且为观赏者以某种方式所接受或者获得。那个 x 经常被描绘成**情绪**或者**情感**（emotion or feeling），尽管事实并非始终如此。此外，人们主张，正是这种表达的特性赋予艺术以价值。我们将会通过更具体地审视我们表达性的绘画实例来思考这些主张。

让我们从这位艺术家开始。我们已经假设她是愤怒的，并且以某种方式在她的绘画中表达了这种愤怒。我们可以询问，对她而言，当她绘制这幅图画时正在感受这种情绪是否是重要的，或者她是否可能在表达她在某一其他的时间所感受到的状况。前者似乎是不可能的，由于它将意味着艺术家仅仅在情感捕捉住他们时方能工作。但是，酝酿强烈的情感可能会耗费很长的时间！所以，我们或许希望允许我们的艺术家在她绘画时回忆她的愤怒。那么，假如我们能够承认这一点，则我们确实也可以承认，一位绘画者能够表达的不是她自己先前的愤怒，而是某一个其他人的愤怒。毕竟，莎士比亚（Shakespeare）能够教各种各样的人表达各种各样的情感——嫉妒、野心、内疚、自豪等——他自己或许没有感受到它们，或者至少没有以相同的方式感受到。同样，一位绘画者可以表达各种各样她或许没有体验过的情感。这看起来是正确的。但是，它却使我们摆脱了这样
198 的观念，即在原初预期的表达为艺术家实际上所体验的情感的意义上艺术是**自我**表达。

这些反思似乎使这位艺术家个人的真诚变得不太重要。当然，我们依然可以称这幅绘画为一项表达——不过现在它是艺术家对某个其他人感到愤怒的情绪的表达，真实的或虚构的。艺术家本人的情感或许截然不同。这里，我们可以在一件作品的表达（expression in a work）与一件作品表达了什么（what a work express）之间做出有益的区分。一幅绘画中的人物或者一部小说中的人物或许被表现为愤怒的、贪婪的、高兴的或无论什么样的，但是这并不意味着作品是在**表达**愤怒、贪婪或者高兴。在西斯廷教堂中，米开朗基罗（Michelangelo）将该死的灵魂描绘成因盛怒和恐惧而号叫，但是我们并不认为，米开朗基罗感觉起来像因盛怒而号叫。更可能的是，这幅绘画打算表达他对神圣正义的虔诚的情感。乔治·艾略特描述了卡索本的苍白的情感生活，但是这并不意味着她实际上感觉起来像他一样，或者认可他的观点。恰恰相反。

艺术中的真诚问题是一个难题。我们倾向于认为，它涉及艺术家在

她的艺术中感受如何或者曾经感受如何的真实性。但是，正如我们将艺术家个人的情感与艺术表达了什么区别开来一样，我们也可以将个人的真诚与**艺术的**真诚予以区分。前者关乎于艺术家的情感，后者关乎于通过她的艺术什么得以表达。个人的真诚对艺术价值无从保证：思考一下由坠入爱河的人所创作的所有残暴性的诗歌。但是，我们不必仅仅因为艺术家不具有在艺术作品本身中所表达的情感而把艺术谴责成一种谎言。正如斯特拉文斯基（Stravinsky）所言，“大多数艺术家是真诚的，而大多数艺术是糟糕的，而有些不真诚的艺术（真诚地不真诚）可以是极佳的”。

一旦艺术表达了与艺术家有意识的态度不一致的意义，真诚问题就会变得更加复杂。有些艺术家设法在他们的艺术中表达更多的比他们在生活中似乎熟悉的东西。他们甚至可能赞同“正常”生活中作为公民所反对的情感和观点。例如，陀思妥耶夫斯基（Dostoevsky）是俄罗斯东正教的一位反对犹太人的、亲斯拉夫人的支持者。人们可能会期望他的小说成为他的政治观或者他的偏见的媒介。但是，事实通常并非如此。在《卡拉马佐夫兄弟》（*Brothers Karamazov*）中，陀思妥耶夫斯基创造了富有魅力的、刻画清晰的无神论者伊凡（Ivan）。或许，伊凡只不过被预期为陀思妥耶夫斯基的更大的小说写作计划中的角色，该小说将怀疑无神论并且深化他自己的政治观和宗教观，但是，这并不是读起来所显现的那样。它不是一部有关答案的说教性小说，而是一部有关问题和不同观点——它们中没有哪一个是占主导的——的小说。艺术家或许没有完全意识到他们的作品所表达的一切，并从而或许表达了多于他们所熟悉的东西。

“感染”理论的问题

真诚问题因此对艺术表达的“感染”模式提出了难题，尽管反对意见并非必然是不可克服的。这种模式存在的一个更严重的问题在于它对艺术作品本身的明显贬值。假如艺术作品的唯一要点在于成为情感的媒介，那么它的价值仅仅在于它如何成为一种有效的媒介。这意味着，一件表达性的作品可以毫无损失地替换成另一件，假设情感同样被充分表达的话。这种表达的内容将会使表达的**形式**变得不相干。 199

然而，这在即使最显著的“表达性”艺术中也没有实际发生。例如，考察一下黑人音乐（soul music）。波比·沃麦克（Bobby Womack）的歌曲《血洒110街》(*Across 110th Street*)似乎极富情感，是一种对同情、觉醒和义愤的组合。假如我们将我们自己仅仅限定于所表达的这些情感，则我们或许能够引用由演奏者——例如，马文·盖伊（Marvin Gaye）或者艾尔·格林（Al Green）——以相同的风格创作的其他歌曲，然而，没有任何这种音乐的爱好者会认为沃麦克的歌曲可以用任何其他的、然而在情感上类似的歌曲进行替换。而且，发现一种“情感等同”或许充分证明是不可能的，由于真实的艺术作品经常包含相当复杂的情感。诸如“愤怒”和“高兴”等单纯的情绪在理论上比在实践中更易于发觉。大多数黑人艺术家的作品实际上并不被视为是可以相互替换的。得到重视的是特性：一位歌手如何发音，另一位歌手的音色，在那个时刻的那些号角，等等。并且，假如这种替换在黑人音乐内部是难以想象的，则它在不同风格的音乐之间甚至更不可想象。

一个涉及艺术表达的更深入的问题关乎艺术作品与被表达的事物之间的关系。比方说，什么使得一幅绘画是表达性的尚不清楚。它不可以是对题材的选择，尽管类似的题材将会表达相同的情感，而我们依据体验知道事实并非如此。一幅描绘沙场的绘画或许表达爱国的自豪感，而另一幅或许表达对于战争之残暴的厌恶。从而，大概说来，这在于艺术家对场景的处置。但是，一种情绪诸如愤怒如何能够从一件作品的线条和色彩中快速地读出，这仍然是神秘的。某些颜色似乎在人们的心灵中具有一般性的关联：例如，红色可能意味着愤怒。但是，这种观念——存在一种对于情绪的颜色准则，由于一种颜色代表一种情绪——是不合理的。有些颜色与许多不同的事情相关联（例如，红色与性别和危险以及愤怒相关联）。有些颜色或许没有明显的情感与它们相关联（例如，黄色）。而且，情感生活的复杂性超过了截至目前可以发现的颜色。难以想象一种颜色的组合能够表达对《血洒110街》的“感受”。

感染理论所面对的难题在我们思考观赏者的角色时并不会减少。这种观念似乎是，“愤怒”绘画的观赏者体验了一种相关的情绪反应——或许是愤怒本身。所以，由观赏一幅绘画所激发的情绪如何比做日常生活中的情绪？大概说来，戏剧、小说、诗歌和电视肥皂剧都可以在这种意义上是表达性的。情绪反应在大多数人的艺术体验中的确发挥着关键性的作用。然而，假如某人观看《奥赛罗》(*Othello*)对德斯德莫娜（Desdemona）之死的感受与他假如看到一次真实的谋杀的感受相同，则这将会是奇怪的。

在这场戏剧的情节中，他知道实际上没有人被害。所以，认为观赏者仅仅“具有”通常意义上的情感或许是误导性的。相反，我们或许应该将这种反应描述为包含着一种对它在某种意义上感觉起来像什么的**虚构的理解**。显然，情感在艺术中的作用远比感染模式所主张的复杂。 200

假如从艺术中感染情绪如同患感冒一样容易，那么，从观赏者的角度讲就没有必要追求任何知识、技艺或者训练了，无论艺术形式如何。一个人简单地观赏一幅绘画就会激发相关的情感。而且，假如我们对艺术的欣赏完全成为具有某一种情感反应的问题，那么，任何没有感染到“正确”情绪的人就不是在真正地欣赏艺术。但是，这种解释也不能辨别对于知识与对于信念的情感之间的复杂关系。设想一件由具有高度宗教信仰的艺术家创作的艺术作品，充满对预期激发虔诚情感的经历的生动描绘。有些观赏者，没有这位艺术家的信念，或许不会感受到任何情感。其他观赏者可能会排斥这些信念，但依然具有某种强烈的情感体验。然而，这两部分观赏者可能是技艺娴熟的且知识渊博的艺术爱好者，所以，说他们完全不能欣赏艺术是不合理的。假如我们的确如此主张，则它会使这样的方式变得尤其难以理解，即运用它，我们似乎能够欣赏过去由与我们不具有相同信念的那些人创造的艺术。并非每一个对巴赫的《马太受难曲》（*“St Matthew” Passion*）有反应的人都是基督教徒，并且并非每一个欣赏莎士比亚《亨利五世》（*Henry V*）的人都是英国的爱国者。

感染理论意指，判断一件艺术作品的标准或者以其中内含的情感的**特性**（quality）为根据，或者以在感染观赏者时媒介的**有效性**（effectiveness）为根据。“特性”标准可能导致实质上是道德判断的东西：假如情感得到赞同，则艺术作品就是好的。因此，艺术判断的根据就成为它激发观赏者高涨的道德情绪的能力。对于这种事情，一个实例可能就是维多利亚女王时代说教性的绘画，它们中许多似乎被设计为在观赏者中引发“正确的”情感。不幸的是，美好的情感或许隐藏于一幅拙劣的绘画之后，就如同一幅才华横溢的绘画或许在它背后没有任何真诚的或社会补偿性的（redeeming）情感一样。回顾斯特拉文斯基对真诚的评论。“有效性”标准甚至更粗浅。假如一件艺术作品的价值判断的根据在于它如何成功地向大多数人风驰电掣般地表达情感，那么，舞蹈音乐肯定是最高级的艺术形式之一。任何蕴涵这样一个结论的艺术理论必定是错误的这一主张对迪斯科音乐没有任何批评。（这里所运用的论证形式被称作归谬论证——参见文 201

框。）即使在狂热的摇滚乐爱好者中间，区别的根据通常也不是它激发听众的情感波澜的能力。

批判地思考！　　　　　　**归谬论证**

拉丁文短语 reductio ad absurdum 意思是归谬论证（reduction to absurdity)。它是对一种极其常见的论证——用于反驳一个人不赞同的主张——的命名。基本的思想是，假如一个陈述逻辑地蕴涵另一个荒谬的或者矛盾的陈述，那么，第一个陈述必定是虚假的。

这里有一个实例。假设在讨论艺术实质的过程中，你将艺术定义为在艺术博物馆展览的无论什么样的东西。那么，我指出，根据你的观点，假如一位馆长从咖啡吧带出一把椅子，并且将它放在展览现场，则这把椅子——在那个时刻一个令人不感兴趣的功能性对象——突然变成了一件艺术作品。但是，我认为，假设对象完全能够以那样的方式改变它们的地位是荒谬的。因此，你的定义必定是虚假的，因为它意味着它们能够这样做。我将你的观点归约成了荒谬的，至少在任何承认我其他假定的人看来是这样的。

因此，感染理论遭受了许多反对意见。对情感的强调胜过任何其他事情似乎是过分的非理性主义的：

- 它带来了涉及在一件艺术作品中真诚的地位以及真实性含义的难题；
- 它提供了一种对情感的过于简单的解释；并且
- 它与我们通常思考艺术的方式相冲突。

这最后一种反对意见必须加以重视。假如一种旨在解释艺术做什么的理论对我们的直觉有太多相悖之处，则它与其说是理论不如说是大概必须消失的直觉。我们需要一种更好的表达理论。它应当避免，假如可能的话，低估特定艺术作品之特殊性的倾向，并且它应该努力密切关注艺术家和观赏者实际上的所作所为。

艺术和表达的回顾：音乐情形

不管这些难题，相信表达对艺术意义重大似乎依然是合情合理的，即使艺术绝不仅仅是表达。任何试图抛弃或排斥这种观点的探究都必须创造一种对于艺术如何被创造和被毁灭的更好的理论，并且还必须解释为什么许多人认为他们喜爱的艺术是以某种方式表达的。艺术即表达这一论题的合理性就模仿艺术而言，就语词和形象唤起人的生活和体验而言尤其强力。一旦我们思考那些不具备这些特征的艺术，诸如非形象的艺术或者纯粹的器乐，它就成为一种比较难以处理的情形。这些艺术形式并不容易与我们所讨论的那种表达性艺术相关联，因为没有取自生活的语词或者形式表现，往往难以说恰好什么在被表达。在音乐的情形中，例如，一个人不能说音调和节奏以及情感之间的联系恰好是什么。然而，就是音乐，人们常常将它描述成表达了极其强烈的情感。这应该如何发生？无语词且无形象的音调和节奏如何能够表达愤怒、悲痛、幸福或者满足呢？这里有一种 202
可能的见解：

> 音乐与表达之间的关系宛如这样一种语言，即具有对观赏者表示“感受”的纯粹的音乐特征。小音阶键通常给人以悲伤的体验，某些弦表达肯定的或积极的情感，其他的弦暗示忧郁，等等。将节奏、速度、音色及其他元素结合起来，我们可以详尽阐述一种“音乐语言”。

但是，这种观点存在着问题。一个有趣但棘手的问题是，非西方的音乐类型应该如何符合这种“语言”。更根本地，这种语言应该如何发挥作用尚不清楚。音乐能够经常使听众对什么得到了表达产生不同的见解。“音乐语言”的探究对此所能说的一切在于，一些听众没有正确地聆听。但是，说观点的分歧源于不能“解读”这种语言明显是循环性的。这个问题再次出现了：我们如何知道一个解释何时是正确的？

假如音乐确实是一种情感语言，则我们缺乏对于音乐的元素如何具有它们所具有的表达力的任何种类的确切的解释。某种音乐的高度复杂性，它对悦耳的音调、和声、节奏以及结构的运用，致使创作者如何能够达到预期的效果易于遭受怀疑。而且，假如这就是音乐用以对我们“讲话”的方式，那么，我们打算假设一切创作者都在说同样的语言吗？巴赫、斯特拉文斯基以及埃林顿公爵（Duke Ellington）是截然不同的创作者，并且假如他们是表达性的，则他们肯定不会以相同的方式进行表达。

形式主义

上述思考经常导致否认音乐确实是对情感的表达。相反，我们应该因为它的**形式**特性重视它：致使它美妙的纯粹的音乐元素的组合。对形式的欣赏——诸如音调、定调和速度等音乐元素用以彼此结合形成形式（shape）或者格调（pattern）的方式——深化了听者对于一首乐曲的理解和鉴赏。当专注于以更加富于想象力的且重新塑造的方式回顾爵士乐悦耳的音调时，或者当专注于勃拉姆斯（Brahms）或者贝多芬（Beethoven）交响乐的主旋律的转换时，一种格外的兴奋就会产生。这种对形式——艺术作品的某些特征以各种令人满意的方式彼此结合的方式——的强调当然并不限于音乐。绘画、舞蹈、雕刻、诗歌乃至小说都可以用这些术语进行鉴赏。

然而，值得怀疑的是，是否始终可能将这些作品的纯粹的形式与它们的其他方面区分开来。正如我们已经看到的，有些艺术形式似乎实质上是
203 **模仿的**。例如，小说对它的诸多主题的处理或许是相当成比例的，但是，读者通常会期望它“致力于”某件事情，具有一个不同于它自身的主题。而且，几乎对所有的小说而言，事实确实如此。然而，这没有使我们在回答这样的问题时免受批评，即我们初始的、指导性的问题——我们重视艺术的什么，以及一切艺术从形式特性实现它们真正的艺术价值这一论题。对于形式就是艺术的主要或者唯一的艺术价值的论证可能在我们思考抽象派绘画或者器乐时是最强力的，因为那不必有任何妨碍性的“题材”。相反，任何对于涉及这些作品“形式”的论证的严厉的反对意见还可能对它在其他地方的适用性提出质疑。

要了解这种论证如何可能展开，我们将首先关注一个有影响的解释，它主张音乐的价值仅仅在于它的形式。这里有一种对这种观点的粗略的陈述：

> 器乐因这样的方式是美妙的，凭借它们，创作者利用可获得

的元素使某个事物成为美妙的。除了自身它并不“关心”任何事情：音乐的主题就是它自身。其他任何事物——“高兴”、“恐惧”或者你所具有的什么情感，是由聆听者投射到音乐之中去的。

这种观点能够以下述方式得到支持。假如我们说，音乐以某种方式表达情绪状态，则我们是在表明，我们不理解情绪是什么。情绪包含信念，这意味着它们始终以某种方式被**指引**。假如我愤怒了，则我愤怒是因为我相信某个事物是事实，我**对**某件事情，或者**因为**某个人而愤怒。但是，由于音乐不包含概念，所以，它不能被任何事物所指引，或者不能致力于任何事物。音乐所能做的最多只能是表达像增速（acceleration）、变大（waxing）、变轻柔（waning）、减缓（slowing）、上升（rising）等这种意义的事物。或许是听众将这些特征与某些情绪联系起来，并从而经引导而认为音乐表达情感。但是，尽管聆听者或许被速度、节奏、音量增加等以某种方式被激发或者变得平静，这并不证明音乐是关于任何事物或者表达任何事物的。音乐，不同于语言，不包含指示它自身之外的任何事物的符号。运用描绘情绪——“高兴的”、“热切的”、“悲伤的”——的语词去描绘音乐是完全有可能的，但是，我们在此所做的一切是在使用形象语言。我们同样可以使用描绘天气，或者一般意义上的自然——“清新的”、“温暖的”等——的语词。但是，最准确的描绘将始终是纯粹描述性的，诸如“这首乐曲在C小调上是快速的”。

这种形式主义的观点在许多方面具有吸引人的合理性。它似乎在下述时刻道出了有关情绪的某种真实的东西：解释当我们聆听音乐时我们大多数人有时陷入幻想这种倾向，根据体验渲染我们自己的情感而不是实际地专注于什么在发生。它还避开了将情感归因于声音这个问题。而且，它对信念在情绪中之作用的解释当然是合理的。

该解释没有提及的一个现象是**心境**（mood）。心境，不同于情绪，不需要由任何特定的事物指引，所以，它可以由音乐加以表达吗？就像不考虑一个人或一件事我就能够处于一种悲伤的或愉快的心境一样，音乐也完全能够是悲伤的或愉快的。形式主义者可能回答，尽管心境不是被“指引的”，它们却根据行为的形式特性被归属于人们。而且，尽管它们不能与命题相关联，它们却描绘我们对于事物的判断的特性。你知道我是悲伤 204

的，因为我在行为上表现为悲伤的；并且，假如我是悲伤的，则我对世界的体验就由那种心境描绘，从而影响我的判断。心境，与情绪一样，是一种公开性的事物（a public thing），而不仅仅是一种游移的内部感觉。这意思是说，对于像“悲伤的”或者“愉快的”等心境术语的使用不能与人的行为相分离，并且不能归因于宁静（adagios）和调节。

隐喻的重要性

但是，形式主义对音乐的解释存在着一个根本的问题：它不符合我们对音乐的**体验**。聆听音乐，这不同于听声音，意指专注于一种富于想象力的对象。聆听音乐的体验总体而言就是作为运动来聆听它。音乐升音、降音、增速、减速等，主题继续进行，产生以及相互转换。我们可能认为，假如那里存在运动，则必须存在它能够在其中出现的空间，但实际上，没有任何事物在**真正地**运动，而且不存在这样的运动能够发生于其中的真实的空间。存在的只是空气中的震动，耳膜随着声音而鼓动这样的物理事件。然而，听见声音并不等同于感受音乐：我们聆听音乐**就好像**存在一个诸如音乐空间这样的事物，具有由在它内部运动的音调构成的形式。它是一种对听觉事件的**隐喻性的**理解，依据它，聆听者聆听声音中的音乐。假如这种解释是正确的，那么我们所描绘的就不仅仅是一种聆听音乐的方式。更确切地，这种对于富于想象力的对象（一种运动出现于其中的空间）的感知**就是**“聆听音乐”。

这意思是说，对于即使是对一首乐曲的最“形式主义的”解释——一种有活力的形式，运用它，主题产生其他的主题，获得新的形式，“达到高潮”，彼此回应，等等——隐喻也是关键。这些特征并非由懒惰的聆听者投射到音乐之中去的可任意选择的额外之物。确实，我们可以把我们自己限定于纯粹的技术性描述，说一首乐曲是以C小调弹奏的，或者它演奏的是C小调第52交响曲（andante）。这种信息可以是有趣的且有用的；但是，这样的假设却是虚幻的，即相对于隐喻性的描述——包含一种从我们的角度而言的投射——这种技术性的描述是有关某个“真实的”存在物的。

这是一个重要的观点，它将我们带回至音乐如何能够表达意义这个问题。一旦我们发现隐喻对于聆听音乐的体验是根本性的，我们就会发现更多的隐喻——关于旅行、奋斗、成功、失败，等等——如何能够使我们富于想象力地把音乐等同于运动。而且，这不顾下述事实也会发生：在音乐中，不像在戏剧或小说中，不存在体验情感的主体，也不存在情感可以被引向的对象。我们能够在生活中或者在艺术中认可对情绪的表达，即使在我们不熟悉它的对象的时候。这样的一幅绘画——有关一张因痛苦而扭曲的脸，注视着这幅图画框架之外的某个事物——依然是表达性的。同样，在音乐中不存在真实的人或真实的对象，但介于它们之间以某种方式存在着某种东西：对情感的表达。至于它们之间以某种方式存在着某种事物：对情感的表达。至于这如何影响聆听者，先前对于当我们阅读小说时我们相信什么所得出的要点适用于这里：假如情感由一个真实的事件所唤起，则聆听者的感受就与她所预想的不尽一致，但是她却**富于想象力地**持有对于这种情感可能像什么的信念。它不是一个持有真实信念的问题，而是一个具有某种体验的问题——这种体验与情感相关联，并且是对情感的回忆，但不是情感本身。

我们发现，彻底的形式主义的观点，即使作为对于"非模仿性"艺术诸如器乐的一种解释也会遇到难题。这些难题在诸如小说和电影等模仿艺术中是复杂的，那里显然具有明确的题材。例如，让·雷诺阿（Jean Renoir）的电影《游戏的规则》（*The Rules of the Game*）的确具有形式特性，但是它的艺术价值并非仅仅乃至原则上在于它的形式。这部电影可以欣赏，或者由于它对摄影机的具有艺术鉴赏性的使用——予以场景强烈的视觉深度的一种深焦风格（a deep focus style），或者由于这样的方式，即将情节与各种人物的命运用他们自己感到愉快的模式一起编排。还有其他的我们可以说出的特征——舞台调度（mise-en-scène），对声音的使用，等等；但是，将这些形式特征视为电影的主要要点显然是误导性的。当它在1939年首次上映时，它的一些观众在电影院内发生骚乱。他们正在观看的（却并不喜欢！）自始至终在类型上是一种社会—政治内容——对一种热衷于自己想法的社会的痛批（a scathing critique），该社会无视当时在它的底部裂开的深渊。

然而，尽管这些观察或许揭露了形式主义的局限性，但我们所说的却没有任何东西证明主体、主题或真实性具有艺术价值。它或许是观赏者和读者根据非形式的特征**抽象出来的**。形式主义的支持者可能主张，这种抽象是以一种不纯粹的媒介导致的结果，即以语词或图画创造的艺术倾向于导致与形式特性的幼稚的分离。这种探究可以凝缩为批评家沃尔特·佩特（Walter Pater）的著名命题"一切艺术都追求音乐的状况"。对于形式主义者，艺术作品具有各种各样的特性，它们源自对色调、形状、片段等的编排，观赏者、读者或者聆听者会对它们虚构性地回应。所以，假如我们打算给予形式主义一个公正的聆听，则我们必须检验它回答两个进一步的问题的方式：

- 我们究竟重视形式中的什么？
- 听众应该具有什么样的反应？
- 我们在艺术中所重视的是美。

形式与美

这里有一个对我们重视形式中的什么这个问题极其传统的回答：

206 假如我们能够使它保持那个状态，则它将是便利的。假如有人问我们美是什么意思，则我们可以回答：艺术作品的美的实质及表现是显而易见的，是任何人都能够认可的某种东西。但是，这将会使得对美的辨别与欣赏成为一个**直觉**问题。并且，直觉作为辨别美的根据所存在的问题在于它阻止了一切讨论、分歧和争论，使得下述理解成为不可能：为什么我们赞同或者不赞同那些事物是美的，并且当我们讨论我们的判断时我们认为自己在做什么。假如“美的直觉主义者”是正确的，那么，当我们注视西斯廷教堂的天花板或者聆听贝多芬的《田园交响曲》（*Pastoral Symphony*）时，除了“这是美的”没有任何东西可说。而且，假如某个人不赞同我们，则没有任何对话或者讨论是可能的，因为**我们**具有凭直觉知道的美而**他们**却没有。

当然，这不是真正发生的事情。实际上，我们的确说为什么我们认为一个事物是美的而另一个不是，而且我们试图通过援引所讨论的艺术作品的特征来支持我们的判断。我们不是指着一个美的事物而喘息，而是用语词去表达、确信和争论判断。但是，用哪些语词？

这个问题的部分在于，“美的”这个语词在英语中的使用涵盖极其广泛领域的事物：日落、喇叭独奏曲、儿童、诗歌、摩托车、马匹。几乎任何事物似乎都能够被称为是美的。假如这个语词指的是所有这些事物都拥有的某种东西，则那个东西是什么还不清楚。说一个美的儿童和一首迈尔斯·戴维斯（Miles Davis）的美的喇叭独奏曲有什么共同点是困难的，或许是不可能的。所以，我们需要比"美的"更具体的术语。它们中的许多相当一般，例如"宏伟的"或者"优雅的"，因此需要为在特殊情形下的更具体的术语让路。假如所讨论的形体是优雅的，则一个术语像"苗条的"就可能会被用以描绘它为什么是优雅的。但是，优雅的与苗条的如何相关联却不清楚。是一者蕴涵另一者吗？

一旦某个人为判定什么是美的而制定一系列规则——而且存在许多如此做的尝试——那么违反规则的某种东西就会出现。波提切利的《白桃花》（*Primavera*）被许多人，包括艺术批评家以及门外汉称为美的；但杰克逊·波拉克的《秋韵》（*Autumn Rhythm*）亦如此。难道它们都是美的但却由于不同的原因（在此情形下，似乎"美的"之意义太宽泛以致无法确定）吗？抑或一个根本不是美的（暗示我们重视艺术中不美的东西）？"那是美的"似乎与观赏者或者聆听者的反应而不是我们在特定艺术作品中能够辨别的任何东西具有更多的关联。

艺术观念

假如我们刚刚所说的是正确的，那么，研究我们对艺术反应的实质而不是寻求为一切美的事物拥有的"x 因素"可能会更好。或许存在一种特殊的可以视为"艺术反应"的体验。假使如此的话，则我们就必须能够将它与其他的、非艺术的反应予以区分。这里有一种对这种反应可以包含的内容的可能的解释：

> 艺术反应关乎距离和分离（detachment）。当我在影片中看见一个匪徒时，我不会逃跑。我不会像真的遭遇到匪徒那样行动。我为它是什么、为它本身而沉思我面前的事物，而不是由于表现一种威胁或一次机会的某种东西。我视它为一种艺术现象而对它做出反应。 207

这个主张是，艺术反应为某一种我们通常关切的距离所表明。我们沉思艺术现象是由于它是它自身，而不是因为它可能对我们具有的用处。这种体验的确切实质仍然不清楚，产生它的确切条件也不清楚。除非任何事情都能激发艺术反应，否则，它似乎由对象的某一具体的特征或特性所激发。

我们似乎由于神秘的 x 因素而倒退。大概说来，我们知道我们具有反应，因为美，或者因为 x 在我们面前呈现，而且我们知晓这一点是因为我们具有特别的反应。这对于欢呼雀跃（pointing and gasping）而言算不上一种进步，而且它或许会引起这样的怀疑：艺术判断是一种任意的、主观的反应。除非可以证明这种反应如何有别于仅仅说“我喜欢它”或者“它打动了我”，否则，艺术体验与对冰激凌和滑行铁道的体验一般不二。而且，尽管这种解释强调艺术体验非工具性的、沉思性的一面，它却忽略了我们与艺术**交锋**（engagement）的一个重要维度。例如，我们非但没有被戏剧所孤立和分离，相反我们发现我们的情感被我们所看见和听见的东西所激发。我们关心我们面对的是什么。我们“富于想象力地持有信念”的能力，如同我们先前所讨论的，意指我们可以被李尔、科迪里亚或者德斯德莫娜的遭遇所打动，而不会混淆我们以一种对死亡与损失的真实体验所理解的东西。

我们需要一种更好的对艺术反应的解释。单纯根据情感或者直觉描绘我们对艺术反应之特性的解释是不充分的，因为它们忽略了理智的作用。当我们面对艺术时，我们会感受**和**思考，否则，除了指和喘息，我们将不能表达我们的体验。一种合理的解释将会是这样的：将我们的反应的这种“抽取情感”（gut feeling）的一面与评价性的一面相结合。没有它，我们不能突破“形式——特别的反应——形式”这个非语词的且神秘的怪圈。因此，让我们思考提供这样一种解释的最具影响力的尝试之一。

艺术判断的实质

我们将要审视的这种解释是由伊曼纽尔·康德提出的。它主要被阐述于他的《判断力批判》——它本身是一项更宏伟的研究，“批判哲学”的一个组成部分。康德对美学不得不谈的东西是相当复杂难懂的，而我们这里没有深入追求它的空间。但是，我们可以简要地评论他所提出的一些重要的且具有启发性的主张。

208 一种艺术反应涉及一个**判断**。它是一种特殊的判断，即必须与两种其他的与我们世界中的事物相互作用的方式严格区分。首先，艺术判断不同于康德所谓的“逻辑”判断——它关注某件事情是否是事实。“那是一条蓝裙子”和“这是一只狗”（而不是一棵树，或者一片云）就是逻辑判断的实例。它们要求知识的地位；所以，假如判断是正确的，则任何对它持异议的人都是错的。它不是一个个人偏好的问题：要么那是一只狗，**要么**它是其他的某个东西。

艺术判断类似于逻辑判断是因为它们对他人表达了某种东西，但它们表达的东西是特殊的。它们不是对于在“彼岸”（out there）世界中何为事实的简单的主张。它们意指，讲话的人具有某一种体验。但是，区分艺术判断与当某种东西使我们满足时我们所做出的“私人”判断在这里就变得重要了。私人判断仅仅表达一个个体的快乐。我喜欢具有阿月浑子果仁香味的冰激凌，但是你或许不会喜欢。假如我说：“这味道很香甜”而你说“它令人讨厌”，则我们两个人都不是“错的”。我们只是有分歧。至于艺术判断，情形就不同了：我聆听迈尔斯·戴维斯的曲子并且说“这是美的”，而且我这样说的意思是，这首乐曲在感染着我，**并且**你应当同样受到感染。我认为你应当以同样的方式被感染的理由在于（1）因为这首乐曲是美的，同时（2）因为这是**关键的**。假如我不这样认为，则我或许也就只能聆听和喘息：体验将是我独自一人的，宛如对冰激凌的体验。事实上，假如你说：“它难听”，则我认为你是错的，因为我们在此正在谈论这首乐曲所具有的某些特性，而不是像对冰激凌那样只是在谈论为你或者我所感受到的快乐或者厌恶。

对于康德，我们面对一件艺术作品所体验到的快乐是**无偏见的**。他这样说的意思不是指我们不关心艺术，而是指在不为我们的需要或愿望所影响的意义上去关心。我们为它们是什么而思索色彩、悦耳的音调、对话等，而不是为我们能够如何利用它们。在此对于康德而言，结论是当我们说某个东西是美的之时我们所体验的这种兴奋**在特性上**不同于促使我们说冰激凌的味道很香甜的那一种兴奋；前者具有一种普遍的有效性，而后者仅仅表达了我个人的满足感。我认为，聆听了迈尔斯·戴维斯演奏《那又怎么样?》（*So What*?）的每一个人都应当做出同我一样的反应，我不认为每一个人都应当喜欢阿月浑子果仁香味的冰激凌。这不是说，艺术判断与“这是一只狗”处于同一次序。逻辑判断为我们提供知识而不容许有异议。我可以要求你赞同摇摆着尾巴吠叫的皮毛物是狗而不是树或者灯柱。对于我所钟情的喇叭独奏曲，情形就不同了。这一次，我不能期望我的判断会

209 迫使你赞同。但是，我仍然说你应该赞同我。我不是在说“这种风格的喇叭独奏曲一律是美的”，或者“迈尔斯的任何东西都是好的”。我是在将这一特定的对迈尔斯·戴维斯演奏喇叭的录音判断为某种美的东西，并且我要求你的赞同。问题在于：什么赋予我权力提出这样一个要求？欲理解康德的回答，我们需要再一次察看逻辑判断与艺术判断之间的差异。

如同我们在形而上学一章所看到的，康德认为心灵不是这样一种消极的录音装置，即简单地记录来自感官的输入。他论证说，它积极地组织我们的经验，所以，看见（seeing）始终是“视为”（seeing as）。拥有一种经验意指经验着由事物（那棵桦树，这只棕色的小狗）构成的世界，我们把这些事物分成各种事物类（一般意义上的树、一般意义上的狗）。我们这样做是由于心灵塑造和划分经验的能力，也由于它的需要。没有这种创造的结构，就不会有形状或者规律，并因此没有任何我们可以称之为可理解的经验之类的东西。这种对世界的物性（thingness）的塑造是想象力的活动，划分工作则是理解力的活动。所以，当我说“这是一只狗”时，想象力业已塑造了这样的经验，即让我们感知一个离散的、狂吠的皮毛物，同时理解力运用了一个概念（“狗”）。我们从而可以理解，由想象力提供的这个特定的对象从属于狗类而不是猫类或者树类。这意思是说，我们可以认知这个对象并且对他人传达那种知识。想象力为理解力所“训导”（disciplined）。那就是我们形成“逻辑判断”的方式，但不是艺术判断发挥功能的方式。

艺术判断没有在这样的意义上赋予我们知识：一个由想象力提出并且由理解力分类的对象以上述描述的方式被认知。艺术判断的特别之处在于这样的方式：它把理解力的识别活动和评价活动与想象力的塑造活动相混合。结果是，一种兴奋的情感要求予以传达。我不能把我的情感强加给另一个人：没有可以被强迫接受兴奋的情感。可是，我对美做出反应的方式与我用以表达对具有阿月浑子果仁香味的冰激凌之品味的方式截然不同。那种品味是一个个人满足的问题，而艺术上的兴奋源自一种对美的**无偏见**的反应。我的兴奋具有这样一种无偏见的特性，即使我想与他人分享它。当我们谈论艺术时，我们具有某种重要的东西要传达，某种不同于个人利益、爱好或者宣传方式的东西。因为它对我们重要，所以，我们抵制任何将它与喜欢冰激凌或者勃艮第红葡萄酒置于同一个层次的企图。并且，在尝试传达我们的经验给另一个人时，我们断言，存在一个共同体，至少潜在地分享这些重要的事物。似乎对世界上哪些事物值得关心和担忧的判定为我们作为居民或者朋友共同生活在这个世界做了准备。

这种对美的兴奋源自康德所谓的“对理解力和想象力的自由利用”。康德这么说的确切意义是什么并不清楚。它似乎是，美的事物——我所列举的喇叭独奏曲——提供给我足够的理解力的形式或结构以便将它作为某一种形态而把握它，但不足以用一个明确的分类（或“概念”）来限定想 210
象力。我的想象力经刺激而“开展活动”（play）——产生联想以及漫游。或许，这解释了实质上的隐喻的方式，运用它我们理解音乐——我们“在”乐器的声音“里”听到勇气、决心、忧郁等，既在它演奏时而后又在它逗留在记忆中时。理解力使聆听者接近实际被演奏的音乐，并且对想象力的狂想提供了一种限制。我们此时此地正在聆听**这首**乐曲（或者阅读这些语词，或者观赏这幅图画），这限制了我们可能的反应。

毫无疑问康德的解释具有启发性。可是，它依然留给我们对于“形式”的神秘的循环效应：我们知道美在我们面前呈现，因为我们感觉到了无偏见的兴奋；无偏见的兴奋在美的面前呈现。这不是非常增长知识的，而且我们也不清楚它如何有助于我们为我们的艺术判断进行辩护。重新思考我对一首乐曲的一次特定的演奏而产生的兴奋。我强烈要求我的朋友，她应该具有同样的判断和感受。但是，假如她没有又当如何？艺术判断产生的争议至少与它们揭示的一致性一样多。我们的艺术体验经常是有关争论和讨论的，而不是有关这样一个有鉴赏力的审美家之共同体的，即他们所有的人都由于他们共同的兴奋而欢呼雀跃。康德似乎留给我们这样的观念：具有鉴赏力的人将会产生正确的反应，而那些没有鉴赏力的人就不会。他们没有正确的反应这一事实表明，他们没有鉴赏力，或者在以错误的方式进行判断。

这显然是不能令人满意的。而且，它是这样一种观点，即使鉴赏力好像以一种粗劣的二元方式（binary way）起作用。要么你具有经验，要么你不具有。似乎不存在对于由于主体再次体验被认为是美的事物而增强或者减弱的反应的观念。但是在这里，这种理论再一次有悖于我们对不同形式的艺术的实际经验。当然，有些与艺术的冲突可能是由观赏者或聆听者一方错误的方式所导致的。我们也许来寻求满足或者道德提升或者知识，而只有后者才会使我们自身对纯粹的形式产生兴奋。但是，对于这个问题，需要说的肯定比这要多。大多数人对艺术和美的体验，无论我们认为那是什么，绝不是与一个神秘的 x 因素相协调这样一种简单的情形。

问题在于对康德所指之兴奋的光怪陆离的、不能说出的实质。正如我们所评论的，它具有那种特别的自我生效的循环性，并且缺乏描绘形式和美的艺术特性的层次。精英人士对美的形式会产生独特的兴奋，而其余的人却不会。这种观念中所固有的精英人物统治论大概足以让许多人将它排除，但无论如何，它作为一种对于当我们面对艺术时什么应该发生的解释，具有一种怪异的非真实的特性。而且，它具有使怀疑论者产生下述怀疑的效果：一切对于意义和可传达性的谈论都隐藏了这样的事实，即艺术判断真正表达的仅仅是个人偏好。

主观主义

211 这些怀疑使我们接近于大概恰好是最常见的对于艺术价值的观点：

> 好的艺术是人们说它所是的那些东西。正如这句谚语所表达的，“美在观赏者的眼中”。

先前，当我们思考我们在艺术中所重视的是形式的美这一思想时，我们曾提到这种观念。这里所表达的这种观念以为人熟悉的主观性与客观性之间的区别为根据。该解释在两种事物之间做出一种区分。世界上具有像树、山脉和苹果这样的客体，它们具有诸如大小、形状和重量等特性；同时具有拥有观念、偏好、情感等等的主体。假如我告诉你一个冰激凌蛋卷有如此这般的重量，则我是在对某个客观的东西做出一个断言；假如我告诉你它是美味的，则我是在提出一种仅仅具有主观有效性的主张。

主观主义认为，艺术判断是主观的，并因此没有告诉我们有关艺术作品的任何东西；它们告诉我们的只是有关艺术作品对做出判断之人的影响。这表明，对于一件艺术作品的两个相互对立的判断并非真正地相互冲突。假如我说某一首乐曲是美的而你说它是枯燥的，则我们二人都没有错。而且，正如说某个不像我那样喜欢具有阿月浑子果仁香味冰激凌的人是“错误的”将是不合理的一样，我对迈尔斯·戴维斯独奏曲的喜欢也仍然完全是一个我如何碰巧反应的问题。

这样一种观点在吸引力上是非强迫性的。没有人可以被强迫认为，他们的反应不如其他任何人的有效。它看起来像是对下述观点的一种反精英人士统治论式的替代：存在这样一些人，他们完全“知道”某个东西是具有艺术价值的，并且他们因此拥有一张会员资格卡——表明他们从属于一类有审美力的人。它还避免了对于在某个 x 因素中发现的客观的艺术价值的模糊且缺少支持的主张。但是，它是一种根据充分的观点吗？

艺术主观主义者有时用下述论证支持他们的观点：

> **前提**：对艺术问题存在着严重的分歧。
>
> **结论**：因此，艺术判断是主观性的。

这是一种得到广泛吹捧的论证，但是它却十分脆弱。前提并不是显然地真实的；而且，即使它是真实的，结论也不会从它推导出来。为了反对前提的断言，我们可以指出在艺术判断上的大量的**一致性**。当我们翻阅绘画、戏剧、小说、音乐等的历史时，突出的东西是存在一种一致性的程度。有多少人认为胡默尔（Hummel）的价值胜过贝多芬，或者比蒙（Beaumont）和弗莱彻（Fletcher）的价值胜过莎士比亚？一旦重新评价确实发生，他们就会站出来反对这种对于普遍一致性的背景。对于准则的有效的挑战通常以对特定作品的艺术价值的论证为根据，而不以否认这样的论证是可能的为根据。至于结论，它不仅仅是这样的情形：不一致性独自蕴涵主观性。人们对各种各样的事物都具有分歧：例如，贫困的原因，地球的年龄，以及在宇宙的其他地方是否存在有理智的生命。在这些情形下，我们不认为缺少一致性表示没有人可以是正确的或者错误的。正如我们在伦理学一章所看到的，纯粹的不一致性不是主观的证据。 212

然而，我们可以如此论证：

> 艺术判断缺乏客观性，因为它们不是事实性的而是评价性的。事实判断客观地真或者假。宇宙中要么存在要么不存在智慧生命。即使我们从未发现有关这一点的真相，我们也可以说什么算作证据和证明。同样的事情却不能对艺术判断说。

这一论证的背后存在这样的假定：客观性仅仅从属于“彼岸”事物。在艺术作品的情形下，我们可以提出的真正的客观性主张是那些描绘艺术作品事实的主张：它的持久性、大小、颜色等。对于这些事实，还可以补充关于传递下述信息的其他陈述：谁在何时创作了它，谁占有它，等等。对于这些问题的分歧原则上是可以消除的。但主观性涉及什么属于“此岸”（in here）世界，即一个主体对所讨论的艺术持有的观念。所以，假如我做出一个艺术判断，则我仅仅是对我喜欢的东西或者我感受的方式进行报告。在此，分歧是不能够消除的，因为对于这样的问题它不可能是正确的或错误的。

这种推理思路的问题在于在客观性和主观性两极之间的错误的二分法。这种观点——事实仅仅以某种方式中立地存在于“彼岸”世界而我们的价值属于“此岸”世界——是严重误导性的。它导致下述观点：我们将我们的价值投射到关于中立事实的外部世界。然而，一切事实都不是平等的，而这种不平等性不是一个个体选择的问题。我或许在我的胳膊上有2 198个斑点；我还有两个孩子。区别在于前者不是一个重要的事实，但后者是。我不能仅仅通过**主观促成**（willing）它而使斑点的数量变得更重要。想象这样的一个人，他说：“今天，我胳膊上的斑点的数量将会成为我一生最重要的事物，**只是因为我如此说。**”这可能是什么意思？对于真正相信这一点的某个人，他们需要某种理由。或许，他们认为，某种迄今为止尚不被知晓的威胁他们孩子的遗传性疾病能够以这样的方式得到诊断。那么，它变成了一个有理智的主张，易于得到研究和遭受批评。但是，重要性的转变不是由于仅仅感觉它应该如此；事实的重要性与对某人要紧的东西是不可分离的。

事物由于在加拿大哲学家查理斯·泰勒所谓的“可理解性的层次”（horizon of intelligibility）上是重要的而显得突出。判断和选择可以理解和具有意义，仅仅由于我们已经视为有意义的（significant）事物，有意义的在这里的意思是**真实的且重要的**（true and important）。由于这也是我们使用的“价值”一词的含义，所以，应该清楚的是：价值从属于这里而
213 不是存在于自我的某个内部世界。价值隶属于可理解性的层次——相对于它，选择（诸如是否拯救某人的孩子）的理由就变得可以理解。

艺术对象

刚刚提出的这一主张显然对艺术价值问题具有重要的含义。它意思是说，我们只有相对于可理解性的层次审视艺术才能把握艺术是什么。例如，一幅绘画是一个物理对象——绝对地饱含意义和价值：它是一个**艺术**

对象。再一次思考我们在这一章的开篇处所描绘的伦勃朗的自画像。它是一个具有某些维度、重量和质量以及反射光线的二维物理对象。我们还认为它是对一个三维对象（一个男人，大概是画家伦勃朗）的一种再现。除此之外，它是一个艺术对象，某种为满足艺术兴趣而设计的东西，它激发了我们的想象力并且具有意义和重要性。当我们观赏这幅绘画时，我们“在”其他两个层次“之内”看到这第三个（艺术的）层次。这就是为什么批评或判断的语言没有将它自身限定于这样一种中立的描述，即附随着一个对批评者情感的报告。

批评的语言既试图清晰地阐述批评者个人的体验又试图用理性为它进行辩护。假如我们的批评者打算做比仅仅指着艺术品和喘息（或者叹息）更多的事情，则她必须通过参考这件艺术作品为她的反应进行辩护。她的解释一般有三个组成部分。

- **基本信息**，诸如持久性、维度、人物和器具。选择即使在这个层次也会起作用，由于并非每一个事物注定都具有同等的相关性或者重要性。
- 对何为重要的之决定把我们带入**解释**的不可或缺的作用。有些方面比其他方面更重要。尽管对于一个恰当的描述的某些必不可少的事物（对哈姆雷特［Hamlet］没有任何提及的一种对于这个王子的解释显然是不恰当的）可能存在着广泛的一致性，但批评者对于什么是最重要的之理解发挥着关键性作用。
- 最后，存在着**评价**：批评者对这件艺术品相对的成功性的判断。要能够对任何艺术品提供一种令人信服的评价，她必须是一位知识渊博的批评者——能够做出一种由一个可靠的解释指引的恰当的描述。

描述的作用就是促使另一个人去想象何种体验激发了批评者的评价：这就是为什么批评者需要是知识渊博的而不需要仅仅是有热情的。大多数判断大概既不是完全肯定的也不是完全否定的，而是**混合的**：“这部电影开头使用声音的连续的镜头效果非常好”；“有些对话有点呆板，但总体上情节还是有独创性且有效果的。”这里，专注的思考比简单的呱呱乱叫更重要。一位理想的批评者可以被认为是在对艺术作品展开一场对话，在其 214

中判断和批评激发反应而不是简单的承认。

我们为什么重视艺术？这个指导性的问题贯穿我们研究的始终。我们已经审视了一些主要的可能性的解释：

- 它提供的快乐；
- 它产生再现的能力——复原和更新我们观看和聆听的方式；
- 它的表达特性，凭借它们，我们似乎获得了对于虚构的他人的体验和情感；
- 它能够在我们身上激发的兴奋；
- 它留存于一个共享的关于意义和重要性的世界的方式。

我们发现，将艺术价值归纳为任何一个这些事物的任何企图都是站不住脚的。但是，即使当我们检验这么做的可能性以及逐步认可对这样一种还原的反对意见时，我们也会逐步意识到对于每一个这些特征的更充分的重要性。

我们还发现，在对为什么我们重视艺术提供一个恰当的解释时的困难如何能够导致一种对艺术价值的怀疑论的、主观主义的观点。或许，这种观点的部分吸引力在于，它似乎使我们免除了为我们的艺术判断进行辩护的任何义务。但是，为什么我们为我们的艺术判断进行辩护所承担的义务应该少于我们必须为我们的事实判断或道德判断进行辩护所承担的义务？或许，这里隐藏的假定是：艺术在某种程度上不及科学知识和道德的领域重要，因为它基本上是一种消遣的形式。但是，尽管艺术的确具有一个消遣的维度，这却并不蕴涵这样的结论：艺术在某种程度上是不严肃的，或者不是真正重要的。它是这样一种严肃的娱乐形式，即能够激励我们尽最大的可能发挥我们的想象力和理解力。艺术之所以重要是因为这些事情重要。

国外经典哲学教材译丛

第 8 章

宗教哲学

- 何谓宗教？
- 何谓宗教哲学？
- 上帝的实质及存在
- 本体论论证
- 宇宙论论证
- 设计论证
- 苦难问题
- 宗教信仰可以是理性的吗？
- 宗教信仰必然是非科学的吗？
- 帕斯卡的赌注
- 威廉·詹姆斯的“信仰的意志”
- 上帝之死

何谓宗教?

215 宗教概念，像许多其他重要但复杂的概念一样，是难以定义的。假如我们能够遵循斯沃库姆（Thwackum）在亨利·费尔丁（Henry Fielding）的小说《汤姆·琼斯》（*Tom Jones*）中给出的定义，则问题无疑就会简单得多：

> 当我提及宗教时，我意指基督教；而且，不仅是基督教，还有新教；以及不仅是新教，还有英国国教。

但是，斯沃库姆的定义，在反映一种特殊的文化继承的意义上，仅仅作为过于狭隘地定义宗教的一种警告是有用的。恪守犹太教、基督教或伊斯兰教传统的人尤其容易做出这样的假定，即宗教必须包含对于一个单一的、个人性的上帝的信念。但是，哪怕是对其他宗教传统的一知半解也揭示出存在着不符合这种描述的宗教。有些宗教是多神论的。另外一些宗教，像佛教或道教，并不假定一个具有理智、情感或者个性的神灵。

由于这个原因，大多数所提出的宗教定义极其普遍地具有这种趋向：于增进知识无益。例如，美国哲学家威廉·詹姆斯（ William James）将宗教定义为“个体的人在他们孤独的时候，他们感觉他们自己与他们认为的任何神灵保持关系所产生的情感、行为和经验”。但是，即使这个定义或许也不知情地反映了这样一种个体主义，即它不出现于那些以共同体而不是以个体为首要关注点的宗教传统。一位著名的当代哲学家，保罗·蒂理奇（Paul Tillich），提出了一个著名的并且甚至更普遍的定义。他说，“宗教是终极的关怀”。这个定义所持的观念是：宗教关乎一个人一生中最基本且最重要的问题——他们所做的具有真正且持久意义的事情确定了他们的价值和他们的信念（或者希望）。但是，它也如此普遍以至于囊括了人们通常视为是世俗的而非宗教的事物：例如，对一种特殊的政治体系及其意识形态固持的一种态度。

因此，提出一个合理的宗教定义并非易事，对此，理由是相当明显的。首先，如同我们已经注意到的，现实的各种宗教——为不同的人所信仰或者曾经信仰——之间存在着巨大的差异。这些差异本身最明显地表现在每一宗教相关的不同仪式和礼节中。但是，它们还涉及最根本的教义问题，诸如：

- 存在多少个神灵？
- 何谓神灵的实质？
- 能够存在一种以上真正的宗教吗？

对于这种困难的第二个理由是，宗教观十分广泛。形而上学的信念、道德教导、心理学的观念、传奇、传统、成文的圣典、习惯性的实践、礼仪、诗歌、歌曲、音乐、艺术、舞蹈和戏剧都可以成为宗教的构成元素。最后，学者们对某些所谓的宗教是否真正应该被视为宗教存在分歧。例如，儒教有时被说成不是一种宗教而是一种道德准则。某些属于边缘文化、在历史上不成功的小的生活形式或者信念体系——包含许多宗教元素——被归类成某种“祭仪”而不是宗教。但是，我们如何打算在祭仪与宗教之间做出严格的区分？而且，我们甚至应该试图这样做吗？

几乎一切宗教，然而是被定义的，似乎共同具有的一个东西是一种**救世神学的**（soteriological）利益。“soteriological ”（救世神学的）这个术语源于希腊语词 sōtēriā（救脱死亡），意思是拯救（salvation）。所提及的拯救或许并非必然是对个体的拯救，它也不必包含死后灵魂的生活。在希伯来人的《圣经》中，例如，利害攸关的东西在大部分时间里是共同体的未来的幸福，而不是特定人的持久的幸福。但是，大部分宗教具有这样的观念，即赞成或者参与某一种思考或行为方式会使我们趋向一种比我们目前拥有的状况更好的状况。

但是，人们将会对把这种对拯救的关怀写进宗教的定义产生犹豫。某些宗教的基本观念——例如，非洲和美洲某些土著部落的宗教——与其说是保证拯救不如说像它们通过丰收、丰猎（good hunting）、战争胜利、人口增长等保证事物的持续性。而且，某些世俗的事业，尤其是政治运动，也可以视为旨在这种意义上拯救我们，即它们试图引导我们从我们目前不太理想的状况奔向富裕、安全和正义的“乐土”。因此，最终我们或许不得不断言：宗教概念，像许多其他重要的概念一样，不能被清晰地定义。但是，这种认识不应该抑制对宗教的研究或者对宗教信仰的哲学检验。一个概念是界限模糊的这一事实并不必然使它成为无用的乃至可疑的。毕竟，我们只是偶尔地不确定“宗教的”（religious）这个谓词是否应该运用于某个信念或实践。但是，定义宗教的困难性使人清楚地认识到我们正在讨论的现象的多样性和复杂性。

何谓宗教哲学?

宗教哲学与宗教本身截然不同，就如同科学哲学与实际的科学迥然有别一样。宗教哲学的目标并不是鼓吹，或者转变，或者安慰，或者拯救，
217 或者接收宗教的任何功能。相反，它的目标在于通过哲学研究深化我们对某一个关于人的存在领域——即宗教，尤其是宗教概念和信仰——的理解。它还对这些概念和信仰进行理性的批判。

宗教哲学还应该与**神学**相区分，尽管二者在某些方面可以交叠。伴随着一种特殊宗教的神学包含对那种宗教的基本前提以及它们所蕴涵的内容的详尽的理论阐述。例如，印度神学家可能讨论这样的问题：肉体死亡之后多久，灵魂得到转生。犹太神学家可能讨论《圣经·旧约》之首五卷（Torah）中反对用羔羊的母乳沸煮羔羊之禁令的确切含义及理由。从而，神学家们倾向于在一个“信仰圈”内开展他们的研究；他们接受一种宗教的基本信条并继续探讨它们完全的意义和含义。比较之下，宗教哲学家不会对任何宗教主张想当然，而是以他们评价任何其他可能对世界提出的主张所用的方式评价这样的主张，运用通常的理性研究的方法。因此，他们自然地格外关注由宗教信仰提出的基本问题，这些问题诸如：

- 存在上帝吗?
- 上帝的存在可以证实或证伪吗?
- 宗教信仰是合理的还是不合理的?
- 上帝的存在或不存在会对我们的生活造成什么影响?

根据某些哲学家的观点，这就是宗教哲学所能或者应该做的一切——分析宗教概念以及评价特殊宗教的主张。然而，其他的哲学家允许它包含对这样的问题的讨论，即它们与由人类学、历史学、社会学和心理学对宗教的探究所提出的问题相交叉（批评者将会说，严格地说是从属于）。例如：

- 宗教在过去发挥了什么样的社会功能？
- 宗教在今天发挥着什么功能？
- 为什么某种宗教信仰发现于一切已知的文化？
- 宗教满足了什么心理需要？
- 没有宗教，人类可以在心理上和社会方面兴盛吗？

显然，宗教哲学可以解答的有趣的且重要的问题无以数计。但是，我们在这里将不得不把我们自己限定于只是检验这些问题中的一部分，专注于那些传统上是这个哲学核心的问题。

上帝的实质及存在

上帝存在吗？这确实是我们可以问的最根本的问题之一。我们如何回答它大概对我们看待世界的方式以及我们在其中的地位具有诸多含义。但是，哲学中的情形通常如此，在我们能够处理这个问题之前，我们需要澄清它的意思是什么。在这里，那意思是澄清我们使用“上帝”这个术语意指什么。 218

显然，存在着不同的对于上帝的观念。道教徒将终极的实在，存在的根据，视为一个单一不变的、非个人的、动力论原则——产生和包含所存在的每一个事物，甚至我们认为是相互对立或者彼此矛盾的事物。基督教徒通常用高度个人化的术语将上帝视为这样的存在物：他在某些方面像我们，能够思考和感受，但是他不同于我们之处在于他没有局限性或者缺陷。由于我们可能不能孤立地处理所有这些不同的对于上帝的观念，所以，我们将专注于主导西方文明达两千多年之久的这种上帝观。这是一种许多读者非常熟悉的上帝观。

所讨论的这种上帝观大约三千年前萌生于古犹太教之内，而且后来为天主教徒和穆斯林教徒所信奉。这三种宗教正统的信奉者因此用非常类似的术语描述上帝。所有的信奉者都认为下述属性是上帝的实质属性：

- **唯一性**：只有一个上帝。
- **万能**：上帝的能力是无限的。
- **全知**：上帝是无所不知的。

- **道德完善**：上帝是有爱心的、慈善的、仁慈的和正义的。
- **必然存在**：不像世界以及其中的每一事物，上帝不会获得存在，也不会停止存在。
- **创造性**：上帝创造世界并且维持它的存在。
- **人格**：上帝不是一种纯粹抽象的力量或者能量的源泉，他具有理智、理解力和意志。

我们能够延长这个列表，增加更多的属性，诸如非实体性或者不可分割性；但是假如我们这样做，就会开始进入混乱状态。这些特性是否应该被断言为上帝的属性被上述所提及的传统内（称上帝为“他”具有恰当性）的神学家所质疑。但是，压倒性多数的犹太教、基督教和伊斯兰教的信奉者将会赞同上述列举的特性是在表明上帝的属性。

然而，哲学家的上帝——也就是，宗教哲学家试图证明其存在的上帝——一般用更抽象的术语表达。他也并非必然具有一切所列举的属性。有些对于上帝存在的证明，例如，只试图证明世界必定为一个理智的存在物所创造，其他的论证仅仅试图证明世界的“第一因”一定是十分有力的，并且它自己的存在一定仅仅取决于它本身（也就是，它一定必然存在）。由于我们将审视对于上帝存在的主要论证，所以，我们就不得不确切地关注哪种上帝在被思考。

《圣经》的一个有趣特征是，它的著作者中没有任何人曾经试图证明上帝的存在；他的存在自始至终是被简单地假定的。我们的信念应该用具
219 有逻辑结构的论证加以辩护这一观念源自希腊人。西方文明的这两大支脉——希伯来文明和希腊文明——最终在中世纪会聚到一起，这是由于从阿拉伯学者的著作中获益的基督教的思想家开始对希腊文化，尤其是希腊哲学感兴趣。结果是一次哲学与神学的繁荣，它们旨在寻求协调《圣经》中的主张与由理性反思所获得的真理的方式。就是在这个时期，我们首次发现持续的且复杂的证明上帝存在的尝试。在此，我们将思考这些尝试中的三种，其中，每一种都还在当代哲学家中拥有它的辩护者。

本体论论证

这种论证首先由安瑟伦（Anselm，1033—1109）提出，他是一个意大

利僧人，最后成为坎特伯雷（Canterbury）大主教。它被称作“本体论”论证的理由相当不明显：本体论是形而上学的分支，涉及存在的终极实质，而这种论证试图证明存在是上帝基本实质的组成部分。

安瑟伦要求我们比较下述两种观念：

- 对于实际存在的事物的观念；
- 对于同一种事物，只是在这种情形下它不存在的观念。

显然，他论证说，第一种观念包含第二种观念所缺少的某种东西，即存在。由于这个原因，第一种观念在某种意义上更伟大或更完善。

那么，上帝的概念就是关于一个无限伟大的存在物的概念：换句话说，一个如此伟大的存在物以致不可能想象任何更伟大（也就是，更完善）的东西。这是“上帝”这个语词的真正定义的内涵。假设我们试图想象这样一个存在物。“白痴——郑重声明在他的心中没有上帝”认为想象上帝是可能的，而同时又否认上帝存在，就如同想象独角兽是可能的而否认独角兽存在一样。但是根据安瑟伦，这个白痴是在欺骗他自己，因为你不能始终一贯地想象上帝不存在。假如你的观念是有关一个并非实际存在的存在物的，那么，你就没有真正形成对于最伟大或者最完善的可能存在物的观念。那种观念，如同我们上述证实的，将会是对于一个实际存在——除了它的一切其他特性——的存在物的。简言之，假如你试图想象上帝并且认为他不存在，那么，你就没有真正地想象上帝。而假如你的确以正确的方式想象上帝，那么你就是在想象一个必然存在的存在物。从而，上帝不能仅仅作为一种观念存在于我们的心灵，他必须也存在于现实。

这种论证的一种稍微简单一点的形式是后来笛卡儿在他的第五沉思中进行辩护的那种。对它的要点加以削减，笛卡儿的论证形式可以被设计如下：

1. 根据定义，上帝具有所有的优点。 220
2. 必然存在就是一个优点。
3. 因此，上帝必然存在。

我们打算如何理解这个著名的论证？首先要注意的是，这个论证可以用两种表达形式。一种形式得出上帝存在这个结论，另一种形式得出上帝**必然**存在（也就是，他不存在是不可能的）这个结论。在每一种情形下，这个论证都是一种异常的尝试：根据应该是先验真理（必然性真理，可以被视为不依赖于任何经验）的前提演绎出一种对于何物存在的主张。

一位安瑟伦的同时代者、玛姆梯埃的古尼罗（Gaunilo of Marmoutier）的一个僧侣提出了一种许多人发现是令人信服的反对意见。设想一个完美的岛。根据定义，这个完美的岛具有一切海岛的优点：令人舒爽的气候、洁净的海滩、甘美的食物、免费的饮料，等等。那么，假如存在的确是一种优点的话，则完美的岛一定具有存在这种特性。毕竟，你当然喜欢在一个真实存在的岛上而不是在一个仅仅作为一种观念存在的岛上度假。从而，假如本体论论证是合理的，则它证明古尼罗关于完美的岛存在的"证明"也一定是合理的。由于完美的岛事实上不存在，所以，这个论证一定存在某种错误。问题在于，是什么错误？

让我们关注上述设计的笛卡儿的稍微简单的论证形式。这个论证的**逻辑**似乎没有缺陷——假如一个人承认这些前提，那么他**一定**承认这个结论。用逻辑学家的术语讲，这个论证在形式上是**有效的**。所以，假如有问题，则它一定是由其中一个前提导致的。至少，它们中的一个一定是虚假的。

第一个前提陈述：根据定义，上帝具有每一个优点。这恰好是形成安瑟伦观点——上帝是一个如此伟大的存在物以至我们不能想象任何更伟大的存在物——的另一种方式。现在，有人试图争论这个定义，或许论证说，上帝像在《圣经》中所描绘的那样，实际上不太完善。（毕竟，他提倡并且参与某种相当残暴的"对异教徒的清洗"。）但是，这种反对意见是误导性的。这个论证的支持者能够这样反驳：对于上帝的观念——在此是重要的——是一种他们正在描述的观念，即对于一个无限完善的存在物的观念。他们正在试图证实的是关于**这个**存在物的存在，而不是与亚伯拉罕（Abraham）和摩西谈话的那个人。

我们可能还怀疑：对于一个无限完善的存在物的观念是否是一种我们能够真正形成的观念。毕竟，它是极度抽象的。但是，这本身应该不是一个问题。这个问题不在于我们是否能够对一个无限完善的存在物形成一种精神**形象**，而在于我们是否能够把握对于这样一个存在物的**概念**。除非它包含一个矛盾，否则，假设这个概念是可理解的似乎是合理的——这与抽象的数学概念诸如圆周率或无穷对数学家是可理解的意义相同。

那么，第一前提是难以反驳的。它仅仅说出了内含于上帝定义中的某种东西。第二个前提如何？这个前提陈述：存在——或者笛卡儿论证形式中的**必然**存在——是一个优点。不足为奇，这个前提被许多批评者视为这个论证中的弱点。一种反对意见是，视存在为一个优点，缺乏合理的理由。诚然，一个真实的岛屿天堂好于一个虚构的岛屿天堂，一枚实际的金戒指好于一枚纯粹观念性的金戒指。但是，这些是另有用意的实例。一个真实的连环杀手好于仅仅存活于一位侦探小说家心灵中的那个杀手吗？实际的疼痛好于纯粹观念性的疼痛吗？至少，这个论证的捍卫者需要进一步解释"优点"这个术语是什么意思，以及为存在是一个优点这一主张进行辩护。

第二种，即略显复杂的反对意见首先由笛卡儿的批评者之一皮埃尔·伽桑狄（Pierre Gassendi）提出，后来被18世纪德国哲学家伊曼纽尔·康德进一步发展。他们论证说，将存在在其他特性诸如智慧或者非物质性的层次上视为事物的一种特性是一个错误。假如你首先想象一个事物——比如说，一栋房子——而后想象那个事物存在，则你没有改变你开始拥有的观念。想象一个事物，与想象那个事物存在，形成的是同一个观念。这是由于存在并不从属这个观念的**内容**。当我说一栋房子是宽敞的，由木头建造的，有七面山形墙，并且历时两百多年时，我是在充实对于一栋特定房子的观念。但是，假如我后来除了所有这些特性只补充说这栋房子存在，则我没有补充新的细节。相反，我是在断言：这种观念符合存在于物质世界中的某个东西。本体论论证始于分析对于上帝的观念，而后根据这种分析得出结论：这种观念与它自身之外的某个事物（即上帝本身）保持着某种关系。但是，这不是一个概念分析能够单独支持的结论。

这些反对意见是有力的。可是，本体论论证依然拥有它的辩护者，他们中有些是非常著名的当代宗教哲学家，诸如查尔斯·哈茨霍恩（Charles Harshorne）和阿尔文·普兰丁格（Alvin Plantinga）。这些最近的对这一论证的支持者们的一个有趣的特征是，像笛卡儿一样，他们专注于上帝**必然**存在这种观念并且试图阐明这是什么意思以及它蕴涵什么。

从这些反思中所形成的一个论证展开如下。必然存在的对立面是偶然存在。一个偶然的存在物是这样一个存在物，即它或者存在或者不存在。阐述这一点的另一个方式就是说，人们可以设想一个可能世界，在其中，它不存在。但是，这不适合一个必然存在物。一个必然存在物，根据定义，将存在于每一个可能世界。从这一点出发，一个令人惊奇的结论形成了。假如即使存在一个包含一个必然存在物的可能世界，那么那个存在物也一定存在于每一个可能世界（当然，这包括我们所居住的现实世界）。由于我们足够容易地设想一个上帝存在于其中的世界，所以，这样一个世界大概是可能的。但是，假如是那样的话，上帝一定存在于每一个可能世界：换句话说，他必然存在。

222 这种推理当然具有独创性，但是公正地说，本体论论证的批评者还是没有给人留下深刻的印象。除了任何其他事情，前提——上帝（也就是，一个必然存在物）存在于某个**可能**世界——可以被挑战。这种主张乍一看是合理的，但是一个必然的存在物这个概念或许是不连贯的。假使如此的话，则这样一个存在物与方的圆和已婚的单身汉——**不**存在于任何可能世界的实体——同属。由于这个原因，批评者主张，这个论证最多能够证明的是，**假如**上帝存在，那么他**必然**存在。

宇宙论论证

> 仅仅依据揭示上帝概念的内涵，试图去证明上帝的存在——这就是本体论论证试图要做的，那显然存在某种拙劣之处。确实，一种更合理的探究是去论证世界的真正存在证明存在着一个创造者。换句话说，假如上帝不存在，则我们就不会在这里。

这种论证形式——从世界（或者世界上的某个事物）的存在到与它具有因果关系的一个存在物的存在——被称作宇宙论论证。它曾被以许多不同的形式提出，最著名的当属由伟大的中世纪神学家托马斯·阿奎那（Thomas Aquinas）提出的那种。

对于宇宙论论证的一种简单的形式展开如下：

1. 世界存在。
2. 每个存在物都有一个原因。
3. 原因产生它们的结果。

4. 因果链不能在时间上无限倒退。

5. 因此，必定存在一个它本身不是结果的“第一因”。

6. 由于每一个事物都有一个原因，所以，这个第一因一定是它自身的原因。

7. 这个自我产生的第一因是上帝。

8. 因此，上帝存在。

大概，许多人认为如此这般的论证是对于信仰上帝的一种合理的辩护。但是，假如我们批判性地详细审查这个论证，我们很快就会明显地发现，它真正是十分脆弱的。前提 4 并非明显为真。完全可以想象的是，时间和因果关系链将无限倒退。即使为大多数当代宇宙学家所赞同的大碰撞理论也承认大碰撞将无限地再发生。前提 5——假定一个自我产生的存在物——与前提 3——断言原因产生它们的结果——相矛盾。而且在步骤 7 将这个自我产生的存在物等同于上帝似乎缺少理由。这个论证中没有任何东西暗示：这个“第一因”是鲜活的、有理智的、万能的、全知的、正义的、仁慈的、非物质性的，或者被赋予任何上帝的传统属性，除了对于宇宙的因果关系。

托马斯·阿奎那（1225—1274）

托马斯·阿奎那一般被认为是中世纪最伟大的哲学家和神学家。他出生于那布勒斯（Naples）附近，就读于那布勒斯大学以及巴黎、科隆（Cologne）的大学。在 1252 年，他开始在巴黎教授神学，在他一生余下的时光里，他或者在巴黎或者在意大利各地教授哲学和神学，并撰写哲学和神学著作。阿奎那是一位多产作家。他对亚里士多德的著作做了大量的翻译和评论，还对其他思想家撰写了各种简短的论文和进行评论。不过，他最著名的著作是《神学大全》（*Summa Theologiae*）和《反异教大全》（*Summa contra Gentiles*）（反对异教徒）。在 1323 年，他被教皇约翰二十二世（Pope John XXII）宣布为圣教徒。

阿奎那被作为一个基督教神学家培养。在他生活的时代，基督教神学和哲学所受到的理智性的挑战主要来自亚里士多德学派的学者，尤其是爱尔兰哲学家诸如阿维罗伊（Averröes，1126—1198）。大量的基督教教义以《圣经》为根据并因此被视为是由上帝直接揭示的真理。另一方面，亚里士多德的学说一般由理性论证所支持；它们从而对许多学者的心灵施加一种控制，并被一些人视为对教会的权威性的一种威胁。

阿奎那重要的理智成就是创造了一种综合基督教神学和亚里士多德哲学的哲学体系。为此，他必须找出理性和启示之间的确切关系。根据他对它的理解，有些真理我们不依赖于启示就能够理性地证实（例如，灵魂在肉体死后仍然存活），而其他有些真理我们只能通过启示认知（例如，耶稣是上帝的化身）。但是，在许多情形下，理性和启示为相同的结论提供两条路线。例如，遵循亚里士多德，阿奎那论证说，运动和变化在我们目前世界中的存在表明一定存在一个“第一推动者”，他的意思是指某个存在物对所提及的现象负终极的责任。理性还告诉我们，这个第一推动者本身一定是不动的（并从而是不变的），而这最终不会导致倒退性的解释。理性从而引导我们假定亚里士多德所谓的“不动的推动者”，而阿奎那自然将这个存在物认同为上帝。

这是阿奎那认为可用以证明上帝存在的五种方式之一。但是，对于或者不熟悉或者不能遵从这种推理的那些人，对上帝的信仰可以《圣经》提供的启示为根据。而且，《圣经》通过揭示理性不能证明的某些事物丰富了我们对上帝的知识：例如，上帝在某个时间点创造了世界，
224 或者上帝是三位一体的这样的事实。

尽管阿奎那认为哲学的终极目的是获得对上帝的知识，但他的哲学体系是综合的，提供了一种对形而上学、认识论、心灵哲学、伦理学和政治哲学的充分的研究。在他去世之后，他对后来的哲学家产生了巨大的影响。部分地，这由于他在天主教会中的崇高地位。但是，即使在今天，天主教和非天主教的思想家还继续从他各个领域的哲学著作中寻求启发。

显然，假如对于上帝存在的宇宙论论证从根本上是令人信服的，则它需要比上述设计的那种形式更复杂。通常，所提出的这种更复杂的形式依赖于所谓的**充足理由原则**。这一原则断言，对于任何事物实际存在的方式都有一个理由。这一思想包含这样一个原则，即任何事物的存在都有一个理由。充足理由原则始终在科学和日常生活中被假定。为什么地球于自转轴上是倾斜的？为什么我的番茄长得茂盛？为什么存在老虎而不存在恐

龙？我们假定所有这样的问题都有答案。完全的回答可能是极其复杂的，而且它可能超出我们目前乃至永远的视野。但是，我们还是假定所有的事态都有一个解释。

充足理由原则如何可能被用以支持对于上帝存在的宇宙论论证是相当明显的。简单地讲，假如充足理由原则适用于每一事物，那么它不仅适用于世界内部的每一个实体，而且适用于作为一个整体的世界。换句话说，假如对于任何事物的存在都有一个完全的解释，那么对于每一个事物的存在就都有一个完全的解释。如若说这个原则适用于每一个事物，但整体世界却是个例外，则是怪异的。

但是，它真正是如此怪异的吗？为什么我们应该期望适用于世界上每一个特殊事物的东西也一定适用于这个整体？每一个物理对象存在于空间，但是整个宇宙并不存在于空间。它就是空间。一个类似的要点可以对时间提出。所有的事件都发生在时间内，但是构成整个宇宙历史的事件的整个时间序列本身却不是一个时间事件。所以，类似的，宇宙中的每一个事物大概都有一个解释，但是宇宙本身或许没有。

那是一种对宇宙论论证有力的反对意见。大部分已被阐述的形式，包 225
括上述的这一种，还存在另一个甚至更基本的问题。在某一点上，它们全部断言，不能适用于世界的东西却适用于上帝。例如，我们被告知世界不能必然存在，它是偶然的。但是，据说它由不是偶然的上帝所创造或者支撑。或者也可以说，世界不能是自我产生的；所以，它一定由一个自我产生的上帝创造。但是，这一动机始终是可疑的。假如上帝可以必然存在或者自我产生，为什么世界不能？

> 事实——假定一个高于时空宇宙的上帝不是一个必要的步骤——并不证明采取那个步骤是一个错误。或许，世界是由一个必然存在的自我产生的存在物创造出来的。

这个观点是完全正确的。但是，大多数形而上学家赞同被称作奥卡姆剃刀（Occam's razor）的原则（参见下一页的文框），该原则要求我们避免使理论变得不必要地复杂。存在一个创造世界的上帝这个假设或许是一个完全合法的假设。但是，对于需要辩护的它，甚至作为一个纯粹的假设，它必须能够发挥某种作用：它必须削减我们所面对的未被解答的问题的数量，或者至少对于世界为什么是实际的这个样子给我们一种更深刻的见解。它不能要求削减我们没有回答的问题的数量，因为对于它要求回答的每一个有关世界的问题，它都留给我们一个相同的未被解答的关于上帝的问题。至于它对世界的实质提供见解的要求，这仅当这一假设是真实的才能被重视。毕竟，假如它是虚假的，那么我们拥有的就是错误和幻觉，而不是见解。但是，上帝存在这一主张的真实性显然不能为了这样的目的被假定：赋予一个应该证明上帝存在的论证以可靠性。

设计论证

本体论论证以及更复杂的宇宙论论证的形式为职业哲学家和科学家所讨论，但是，大概公正地说，对于大多数门外汉而言，它们与第三种对上帝存在的“证明”相比不太令人感兴趣并且不太令人信服，这第三种证明通常被认为是**设计论证**。像宇宙论论证一样，设计论证也具有不止一种形式。在所有的形式中，出发点都不在于世界的纯粹**存在**，而在于它的**特征**，或者它内部某些事物诸如活的生物体的特征。对这个论证的基本延伸是，世界，或者它的组成部分展示了对于理智**设计**的证据。

设计论证的一种形式可能被命名为“基于事物相互关联性的论证”。它以一种不可思议的方式作为它的论据，自然界的不同元素运用这种方式
226 协同活动，创造出一个简单的、辉煌的系统。物理学定律、地球相对于太阳的位置和角度、季节的更替、关于大洲和大洋的地势、地球的气候类型，以及数不胜数的其他这样的可变因素全部联合发挥作用，创造出精彩纷呈的、复杂多变的生命的狂欢节——我们在我们的周围所看见的而且我

批判地思考！　　奥卡姆剃刀

奥卡姆剃刀是一种运用于自然科学和社会科学以及哲学的方法论原则。它根据中世纪思想家奥卡姆的威廉（William of Occam）而命名。基本上，它是一条经济原则。它说的是我们应该尽力使我们的理论简单化，避免不必要的复杂性。当然，复杂的现象有时需要复杂的解释。但是，奥卡姆剃刀没有说，每一事物都有一个简单的解释。相反，它说的是假如我们必须在两个理论——在其他方面都是均等的（诸如数据、预

测力、与我们其他信念的融贯性等方面的一致性）——之间进行选择，则我们应该选择最简单的理论。

说一个理论比另一个理论简单是什么意思？最明显的一种简单性与它所说的存在物的数量有关。这样，一种物理学理论——要求我们假定诸如以太或黑洞等物质——将被抛弃，假如可以获得其他的具有同等解释力而避免假定这样实体的理论的话。但是，理论也可以其他的方式变得更简单：例如，它可以做几乎没有未经证明的假定，或者它可以要求更少的一般规律。

对于为什么我们可能希望接受这个原则的一个好的例示由印度神话提供。印度神话讲，地球倚靠在一头大象的背上，而这头大象又倚靠在一只海龟的背上。被解释的现象是这样一个事实：地球似乎不是从太空降落。要解释这一点，两个进一步的实体被假定：一头大象和一只海龟。但是，明显的问题出现了：什么支撑着海龟？我们将像伯特兰·罗素的一个对话者那样回答：这只海龟倚靠在另一只海龟之上，如此下去，以至无限（“以下始终是海龟，罗素教授！”）。但是，这种增加实体混杂的意愿似乎是荒谬的。

另一种选择说，这只海龟不需要任何东西支撑它。但是，那就引出了问题：为什么不对大象说同样的事情并从而简化这一理论？假如我们不能那样做，则明显的下一个步骤就是将大象也消除，进一步说，地球不需要任何东西支撑它。当我们这样思考时，我们是在运用奥卡姆剃刀。而且，这同一种思考方式可以用于批判宇宙论论证，因为没有必要假定超越世界的实体去解释世界的存在。

们还参与其中。这样的和谐和组织如何可能偶然出现？当然，更小且更简单的人类设计的产品也需要大量事先的理性计划。基于这些理由，许多人将高声吟诵赞美诗作者的诗句： 227

> 苍穹讲述上帝的荣耀，
> 太空显示他的技艺。

设计论证的第二种形式可能称作“基于生物体的论证”。它不关注整个自然界，而是关注它最特别且最有趣的部分：即生物体。生物体是关于相互关联的组成部分的显著系统，每一组成部分与其他组成部分共同发挥作用确保整个生物体在它的环境中存活、生长和再生。例如，猫的可伸缩的爪子、它的能够在黑暗中观看的颇有适应性的眼睛、它尖锐的牙齿、灵敏的听力、厚肉趾的爪子、速度、力量和平衡力，所有因素结合起来使得这种动物成为一类高效率的猎手。

组成部分如此完美地适合整个生物体之目标的方式类似于诸如汽车或者洗衣机等人工制品组成部分与整体之间的关系。由于知道诸如此类的人工制品仅仅作为理智设计和目的活动的产物才得以存在，所以，我们相信这一点也适用于生物体肯定是合理的。毕竟，生物体，由于它们的细胞结构、DNA 编码以及在动物情形下的中枢神经系统，与人类目前设计或制造的任何东西相比是极其复杂的。而且，严格的检验揭示出生物体的组成部分与整个存在物一样显著。以你的皮肤为例，它不仅仅是你的骨骼、血液、肌肉和内部器官的异常强大的容器；它还是极其柔韧、彻底的防水布，极佳的绝缘体，吸收维生素的途径，并且能够向大脑传递关于与它接触的事物的详细的触觉信息。一旦被割伤或擦伤，它就会自己愈合，它会对太阳产生自我保护；它有助于将过热的身体冷却下来，它会提供某些我们最渴望的肉欲快乐，它看起来是美丽的，而且它甚至（通过脸变红、变白及其他反应）充当表达和交流的方式。如此显著的某种事物如何能够偶然或者碰巧发生？

设计论证的两种形式都断言了世界，或者世界的一部分与我们认为是目的设计之产物的事物之间的一种类比。由于这个原因，这个论证有时被称作**类比论证**。在两种形式中，关键的主张是，所谈论的自然现象——无论一个完整的生态系统还是一个单独的生物体——被偶然创造是相当不大可能的。假如一个人接受了这个前提，那么得出下述结论似乎是合理的：自然界背后存在着某种理智力，它至少是十分强大且富有独创性的。

如同我们先前注意到的，设计论证总是最受欢迎的对上帝存在的证明
228 之一。或许，对此的一个理由是，它与犹太教、基督教和伊斯兰教所坚持的自然观相协调。在《创世记》中，上帝赋予人类“管理海里的鱼、空中的鸟，和地上各样行动的活物”的权利。他继续说：“我将遍地上一切结种子的菜蔬和一切树上所结有核的果子，全赐给你们作食物。”根据这种观点，自然界显然为我们的利益而存在。因此，任何固执于这一传统的人自然认为自然界的活动是目的性的。这在生物体的情形中尤其是真实的。即使

在今天，科学家依然用目的性语言描述生物体，谈论肝脏的“功能”或者淋巴系统所履行的“职责”。

可是，设计论证容易遭受许多严厉的反对。首先，我们可以质疑自然体系特别美丽或和谐这一观念。毕竟，雪崩、森林大火、地震、飓风、瘟疫、干旱、冰期以及整个物种的灭绝全都是自然发生的。而且，在动物王国，自然界，用杰克·兰顿（Jack London）著名的短语表达，“牙齿和爪子都是鲜红的”。从说自然界展示了理智设计的证据到说设计者一定是传统上想象的上帝，这也是一个巨大的跳跃。这是运用大卫·休谟在他的《关于自然宗教的对话》（*Dialogues Concerning Natural Religion*）中提及的巨大力量（great force）所形成的一个要点。当我们通过假定某一种原因试图解释自然中的设计现象时，我们不能超越于什么有能力之外进行辩护。（在此，我们又一次遇到了某种类似于奥卡姆剃刀的东西。）或许，存在着假定一个十分强大且颇富理智的设计者的理由。但是，自然中没有任何东西要求我们假定这位理智的设计者是全知、全能或者道德上完善的。

休谟早于达尔文（Darwin）一个世纪写作，并且被迫承认：视自然界为某种理智的设计者（或者设计者）的作品是合理的，但是他反复强调没有比这更明确的东西可以被推理出来。不过，当达尔文基于自然选择的进化理论问世时，至少在许多科学家和哲学家的眼中，它真正击垮了设计论证。对此，原因是简单的。达尔文的理论不求助任何超自然的实体（例如上帝）——对自然负责而不是它的组成部分——对自然界**看上去**如何以及为什么展示设计提供了非常令人信服的解释。例如，以猫的可伸缩的爪子和极佳的夜视力为例。确实，这些十分适合猫捕捉老鼠的目标。但是，进化论证明了这些特征如何经过上百万年才被“选择出来”。通过任意的基因突变而演化这些特征的猫（或者原始的猫）趋向于变成更出色的猎手，并从而变得更强大、寿命更长、交配的频率更高并且比它们的敌人生育更多的后代。

进化论还对自然界的**和谐**提供了一种“自然主义的”解释——即一种仅仅涉及科学上可观察的实体和力量的解释。一个生态系统由许多不同种类的活生生的并且再生性的同时彼此相互作用的生物体构成，并且具有无机的环境。它所展示的和谐，以及每一生物体在该系统中所具有的地位，也是一种进化过程的结果。“适应性的”生物体生存，那些不能适应的生物体或者迁移别处或者死亡。这一过程的长期结果——只要没有受到外部 229

力量的干扰——就是一个平衡的生态系统。

> 进化论真正击垮了设计论证吗？它或许无须求助一个设计者而解释了许多现象，但是它没有解释每一件事情。尤其是，它没有解释活的有机物如何从无机物中产生，也没有解释被赋予感觉、意识或者自由意志的存在物如何能够从一个不曾存在这些东西的世界中出现？

这种对设计论证的辩护值得思考。假如我们只是关注活的生物体如何首先产生这个问题，那么，它或许可以沿着下述思路得到些许充实：

> 由于已经启动的进化过程，能够自我再生的首类生物体一定得以产生。但是，即使最简单的生物体也比人造的最复杂的机器复杂。我们发现，设想无机物的构成元素能够偶然结合起来形成像汽车或者洗衣机一样复杂的东西是十分荒谬的。所以，由于同样的原因，我们应当排斥这样荒谬的观念，即有机物的构成元素偶然地结合起来产生一个活生生的、再生性的生物体。

这是一个睿智的论证。但是，彻底的达尔文主义者会给出一个回答。当然，他们可以说，活的生物体从无机物中出现是一件极其不可能的事情。但是，宇宙是一个无限大的空间。那里有上万亿的银河系，每一个银河系又包含上万亿颗星星，其中，许多大概拥有环绕它们的卫星。从而，生命出现在任何特定行星上的几率难以想象地低——低于许多万亿分之一——然而，由于宇宙的广袤，所以它出现在**某处或者其他地方**的几率或许十分高。

因此，生命的出现或许难以置信地稀少，但不是一种深不可测的神秘。将它大约不会发生在任何**特定的**时间和地点视为一种对自然主义的解释的反对意见是某一种幻想的牺牲品。一个类比可能会使这一点变得更清晰。假设你在观看这样一部电影：两个人在玩纸牌，其中，整副纸牌被洗好并且被相继分发三次，每一方得到 26 张纸牌。假如，每一次洗牌和分发之后，一方得到了所有红色的纸牌，而另一方得到了所有黑色的纸牌，则你将会假定：这一结果不完全出自偶然。以某种方式，纸牌分发一定是经过配备或者电影经过剪辑。正常情况下，这一假定完全可以得到辩护。

但是，现在假设你所观看的电影实际上仅仅是一部非常长的（并且令人厌烦的）电影的一个小片段，这部电影持续放映了若干年，并且完全由一副被反复洗的和分发的纸牌构成。纵贯整部电影，这样的情形极其罕见，即分发行为将纸牌完全分摊成红色堆和黑色堆。这相继出现两次的情况更是少之又少。而连续发生三次的情况只能是一千万年才发生一次。假如你所观看的所有是这种现象发生于其中的电影片段，则你就会假定：它不能是偶然出现。但是，假如你观看的影片的那个片段——也就是，作为一个巨大整体的微小片段——那么，你就会容易承认它偶然出现这种可能性。 230

我们具体地思考了对于上帝存在的三种论证：本体论论证、宇宙论论证和设计论证。这些绝对不是仅有的哲学家已经提出的论证形式。伊曼纽尔·康德提出一种“道德论证”。我们的生活具有一个道德维度，他论证说，我们拥有一种责任意识，有时感到内疚，并且不能避免对人们及其行为运用道德概念。而且，这一事实意义重大，因为假如存在诸如上帝这样的事物，则只有它可以理解。也就是，除非除了自然科学所描绘的实在还存在某种事物，我们的道德概念可以不具有任何客观的根据，在此情形下，我们的道德生活依赖于幻想。

威廉·詹姆斯论证说，神秘的经验——比人们经常所认为的更常见且更一致——应该以这样的指示认真加以对待：某一个这样的实在确实存在——即某个超越我们在日常经验中所遇见之物的东西，超越科学观察和测量领域的某个东西，但以某种方式对我们关于真理、意义和价值的最深层次的问题持有一个答案。这些只不过是除我们上述讨论的那些之外已被提出的许多论证中的两个。可是，我们已经检验的三种论证形式目前在哲学史上受到了最广泛地讨论。它们如何令人信服必须由读者独自判断。

苦难问题

或许，证伪上帝的存在比证明上帝的存在更容易。难道事实——世界上存在如此之多的苦难——不是上帝不存在的合理证据吗？

毫无疑问，苦难的存在对希望捍卫传统的犹太—基督教的上帝概念的任何人提出了一个严肃的问题。对许多人而言，它似乎是一种无法克服的反对意见——从而司汤达（Stendhal）讥讽地说：“上帝唯一的借口是他不存在!”尽管这个问题经常被称作“邪恶问题”，但一个更恰当的称谓是**苦难**问题。“邪恶”（evil）在一般意义上可以用于指称有害的任何事物，但是，它更常见且更明确的意义是道德沦丧；一个邪恶的人就是一个有意识地选择恶而不是善的人。这种邪恶的存在当然对某些宗教观点表达了一种困难。（假如上帝创造了世界，他最终不为在其中出现的邪恶负责任吗?）但是，肉体的疼痛和情感的悲伤的出现——它们在许多情形下既不使那些
231 道德沦丧的人感到痛苦，也不由那些道德沦丧的人所导致——为传统的上帝观提出了一个更明确的难题。

对苦难问题的认同要追溯到圣经时代。确实，这个问题在《约伯记》（Book of Job）中的出现仍然是曾经被提出的意义最深刻且最紧张的问题之一。根据这个故事，约伯是一个正直且成功的男人——由于他自己的完美无缺以及由于上帝的全知，他遭受了一系列可怕的痛苦，包括疼痛、疾病、贫穷以及家人的丧失。尽管起初他坚忍地应对他的不幸——“赏赐的是耶和华（Lord），收取的也是耶和华；耶和华的名是应当称颂的”——但他最终陷入了他对于问题的极度痛苦之中，并且反对上帝的路线。但是，在上帝开始回应他的挑战，并且通过一系列无法回答的问题使约伯意识到他自己理解力的局限性之后，他“闭上了他的嘴”，决定永远不再如此专横地怀疑上帝的智慧或正义。

《约伯记》以过硬的写作能力和精湛的戏剧技艺描述了这个问题。但是，我们不需要走入文学作品去感受这个问题的深度：每日新闻就足够了。每一年都有上百万的人因各种原因而遭受各种方式的苦难。饥荒、疾病、战争、贫穷、非正义、疏忽、虐待、犯罪，以及诸如地震、洪水泛滥和干旱等自然灾害对许许多多的人造成死亡、伤害、痛苦和不幸。显然，问题出现了：上帝如何会允许这一切发生?

人们（以及就此而言，其他的动物）真正地遭受苦难确实是一个无可争议的事实，是一个既不能被忽视也不能被否认的事实。假如上帝是全知的，他一定会意识到这一点。假如他是万能的，那么，他大概能够阻止它，只要他愿望如此的话。而假如他是大慈大悲并且道德完善的，他大概就**想**去阻止它。不希望减轻被爱者的苦难——在某些情形下真正使人极度痛苦的、难以忍受的苦难——是一种奇怪的爱。而且，以一种似乎完全无差别的方式赋予这样的苦难是一种奇怪的正义。对于接受传统的犹太—基

督教上帝观的任何人而言，问题在于如何调和这样的四个陈述：

- 存在着广泛的苦难。
- 上帝是万能的。
- 上帝是全知的。
- 上帝在道德上是完善的。

显然，这对无神论者不成问题。无神论者对于苦难的存在具有一个简单的解释：令人不愉快的事情发生在人身上是因为人没有强大到足以阻止它们发生，而且不存在任何试图这样做的其他力量。它对宗教信仰者也不是一个问题，他们对神灵的观念与正统的犹太—基督教的观念具有重大的差异。例如，它没有出现于希腊人中间，由于他们不认为奥林匹斯山神是万能的或者在道德上是完善的。而且，现代的一神论者能够轻易地以下述简 232
单的权宜之计避开这个问题：否认一个或者更多对上帝的相关属性。他们可以说，例如，上帝不是万能的，所以，尽管他了解我们的苦难并为我们感到悲伤，但他不能较他已经做的更多地减少它。

然后，对于正统的信仰者，这是一个紧迫的问题。因为西方哲学史与具有许多解决它的尝试的基督教是孪生的。任何这样的尝试都被认为是一种**神正论**（theodicy），由于它典型地捍卫上帝是正义的这一观念，尽管是在现象上。（“theodicy”这个语词源自希腊语词 a god［theos］和 justice［dikē］。）在此，我们将审视三个主要的论证思路。

神正论（一）：它没有真正伤害

在休谟的《关于自然宗教的对话》中，克雷安德（Cleanthes）提出了一种非常简单的神正论：

> 支持神灵的仁慈的唯一方法……就是否认人的绝对苦难和邪恶……健康比疾病更常见，快乐比痛苦更常见，幸福比苦难更常见；而且计算一下，我们遇到的一次烦恼会换来一百次的快乐。

换句话说，我们没有真正地遭受苦难——至少不是非常多。对这个论证的显而易见的反对意见是，它所提供的对人之状况的描述被许多人的经验不费气力地加以反驳。此外，邪恶的哲学并没有消失，即使它证明存在的邪恶比我们设想的还少。**任何**邪恶，任何苦难，都对信仰者提出一种挑战并要求某种神正论。

一种更复杂的否认苦难实在性的企图由圣奥古斯丁（St Augustine, 354—430）提出。他论证说，世界的邪恶没有任何肯定性的存在，相反，它们是缺失。例如，盲目就是对光线的缺失，疾病就是对健康的缺失，贫穷就是对财富的缺失。上帝所创造的每一个事物都是善的，正如《创世记》中对创造的解释所明确断言地那样。但是，由于邪恶纯粹是缺失性的，所以，它们不具有真正的存在，并且上帝不能对它们承担责任。这个论证大概显得更复杂，但是它看起来还是可疑地像一则诡辩。问题确实还可以这样提：假如上帝是万能的，为什么他不能创造一个几乎没有邪恶的世界？正如一位批评者对它的阐述：假如邪恶被视为对某种东西的一种缺失，像一个圆环图中的洞，那么问题依旧是，上帝本可以通过创造较小的洞和较大的圆环图而做得更好。

神正论（二）：它是我们自己的责任

粗略地说，这种神正论认为人为他们的苦难负责。因为上帝按照他自己的形象创造我们，并且打算使我们生活在一种比一切其他生物更高的水
233 准上，他赋予我们自由意志。这是一种真正的赐福，它允许我们的生活拥有道德意义和价值。但是，赐福以很高的代价才降临。由于我们不是道德完善的，而且由于我们进行自由选择，所以，我们有时会犯错误从而必须承担后果。

从最简单且最字面上的意义上理解，这种对世界之邪恶的解释显然是不恰当的。一方面，许许多多的人的苦难是由自然灾害导致的，而不是由于做出错误选择的人导致的。另一方面，即使苦难是由人的行为造成的，遭受苦难的人通常也不是那些误用他们自由的人。相反，他们是其他人的行为的受害者。例如，思考抢劫的受害者，或者被异教徒清洗的执行者指定为目标的人。当然，我们可以将苦难解释为只是因先前所犯错误的惩罚。但是，当遭受苦难的个体是幼儿或者在道德上值得称赞的人时，这种解释似乎既不合理也不公正。

试图应付这些反对意见的一个方式是扩展道德责任的概念，以便每一个体都可以为对他们发生的任何事情负责任。观念——荣誉在某种层面上

必须是对美德的奖赏，而苦难必须是对某种失败的惩罚——倒退了一大步。例如，我们发现它是在由约伯的安慰者——他的三个同事，他们坚持认为，约伯的不幸在某种意义上一定是值得的——所提供的推理中（“谁曾经毁灭，是清白无辜者?”厄里法茨［Eliphaz］问）。它在印度的因果报应概念中以另一种形式表现出来，根据此概念，对于行为者存在着这样的隐性律令：确保善的行为会有善报，而恶的行为会招致恶报。这或许在现实生活中并不明显，但是对于许多再生者而言，这一律令将使他们感同身受。

然而，对责任概念最激进的扩展或许是由诸如奥古斯丁等基督教神学家提出的原罪说。根据这种学说，没有人曾经是完全清白的。对这种观念的一个神话解释是这样的：当亚当（Adam）和夏娃（Eve）在伊甸园（the garden of Eden）中违背了上帝的意旨时，他们不仅使他们自己成为有罪的，而且使所有他们的后代也变成有罪的，“父辈的罪过”被传递到以后的世世代代。一种更抽象的形式认为，以某种方式染罪是人之状况的简单的组成部分，这是拥有一具物质性肉体以及一种部分性的动物本质不可或缺的一部分。但是，在两种情形下，所得出的结论是：由于每一个人都是有罪的，所以，没有任何苦难曾经是完全不应得的。恰恰相反，就像哈姆雷特对它阐述的那样：“根据每一个人应得的赏罚对待他，而谁将会逃避鞭笞?”这种观点被加尔文教徒推向了一个极端，他们认为，上帝在宣判每一个人为永远的受难者时会完全得到辩护，少数几个人会从这种命运得到拯救这一事实是对上帝仁慈的实证，而不是对他们美德的实证。

然而，所有这些都企图通过这样的方式为苦难进行辩护，即视苦难为在某种意义上因相同的过失应受的痛苦。它们全部依赖于至关紧要的预设：大多数已经不对他们所支持的宗教观点表态的人将发现是不可接受的。约伯的安慰者所做出的一个先验的假定——苦难始终是一种得到辩护的惩罚——只不过就是一个**假定**，而且是一个可疑的假定。似乎有许多反驳它的证据，而且在幼儿的情形下，它似乎没有意义。为了应付这些反对意见，我们可以引入因果报应的观念或者原罪说。但是，这二者都依赖于特别的形而上学的信念，对于它们我们没有任何证据支持，此外，它们还对它们本身提出理论难题。例如，说一个人在前世是另一个人或者动物，这是什么意思？以及一个新生儿如何为他或她的祖先的行为负责任？除非这些难题可以处理，视人在某种程度上对他们的苦难负责任的神正论就不 234

能得到支持。

神正论（三）：它对我们是慈善的！

这种论证思路也呈现出一种以上的形式。所谓的“宇宙和谐”的辩护专注于这样的事实，即我们对宇宙的观点是极其有限的。然而，假如我们能够视特种宽银幕电影为上帝观看它的方式，那么我们就会理解我们所谓的邪恶如何在巨大的事物系统中发挥一种重要且有价值的作用。对这些所谓的邪恶抱怨就像儿童对阻止他们玩耍的雨水进行抱怨，而不是承认它在其他方面是如何有价值的。希望生活充满快乐并且完全没有痛苦与希望我们只拥有白天而没有黑夜一样是被误导的，遗忘了我们是要求昼夜更替的生态系统的组成部分。这种处理问题的方式近似于道教，一种古代中国的哲学的观点，它认为，光明与黑暗，否定与肯定，对基本上和谐的宇宙是同等必要的，在其中，它们彼此平衡。

我们对世界的观点必然是狭隘的和有局限性的这一观念毋庸置疑是真实的。它表明，我们对特殊事物或事件以及它们如何与整体相关联的理解也必定是有缺陷的。而且，对这一点加以提醒确实是有益的。在《约伯记》中，上帝本人恰好通过这样一种提醒回应了约伯的抱怨：

> 我立大地根基的时候，你在哪里呢？/你若有聪明，只管说吧。
>
> 你若晓得就说，是谁定地的尺度？/是谁把准绳拉在其上？

上帝对唯独创造者可能能够理解的事物的宏伟的编目足以使约伯缄口。但是，如同经常被指出的那样，上帝实际上没有对下述问题做出直截了当的回答：为什么清白无辜者或者像约伯这样有美德的人遭受苦难？主张——甚至显然不应得的苦难也是必然的，即使我们不能理解这如何或者为什么会如此——也是完全合理的。但是，苦难仍然是真实的且不应得的，从而必须被视为上帝想象上所创造的世界中一种不可救药的缺陷。在
235 费奥多·陀思妥耶夫斯基的小说《卡拉马佐夫兄弟》的一个著名的段落中，伊凡·卡拉马佐夫费了很大的气力才证明了这一点。他讲述了关于一个六岁男孩的真实的故事：他由于向当地地主的狗投掷了一块石头而被剥光了衣服，并且在他的母亲面前他被迫在一群狗的追逐下向前奔跑，这群

狗很快将他扑倒在地，并凶残地将他撕咬致死。在伊凡看来，没有任何东西可以为这种苦难进行辩护或者赎回这种苦难；而且，任何选择创造一个包含这样苦难的世界的上帝不能被认为是道德完善的。诸如此类的实例强有力地再现了初始的二难推理：或者上帝不能从世界上消除清白无辜者的苦难，在此情形下他不是万能的；或者他能够消除它但却选择不消除，在此情形下他不能是道德完善的。

一个人如何可能对付这个二难推理同时还坚持传统的上帝观？一个方式将会是否认上帝的万能性蕴涵他能够消除清白无辜者的苦难。这是一个难以做出的论证，但是它已显著地由刘易斯（C. S. Lewis）做出。另一个，或许更有希望的方式，是否认上帝使我们遭受苦难的意志蕴涵他不是完全善的。这种神正论得到了当代哲学家约翰·希科（John Hick）的辩护，他从一位早期的基督教神学家伊里纳乌斯（Irenaeus，130—202）那里得到启发。根据希科的观点，那些认为苦难的存在与上帝的存在不相容的人误解了上帝的意图。在创造人类时，上帝的意图不是创造一个每个人在其中都始终是幸福的和满足的之世界。相反，他的意图是创造被赋予自由意志并且能够作为道德存在物而自我实现的个体。一个包括这样存在物的世界比一个每个人在其中仅仅满足于安逸、清白的世界具有更多的价值。但是，达到作为一个道德存在物的自我实现必然是这样一个过程，即在其中，一个人必须做出艰难的选择，从错误中吸取教训，克服困难，与不幸间或与苦难作斗争。确实，上帝创造我们以便我们总是做出正确的选择，但是我们不会因此真正在进行自由选择，而且我们通过我们的选择和经验培养的道德自我不会是我们自己的成就。

根据这种观点，论证说假如上帝爱我们他就永远不会让我们遭受苦难，就像论证说假如父母爱他们的孩子，他们就应该尽力保证孩子的愿望永远不会受挫。显然，成为善良的或者有爱心的父母亲并不意味着一个人总是试图使孩子遭受最少的苦难。有智慧、有爱心的父母亲经常拒绝让他们的小孩看太长时间的电视或者吃太多的糖果，的确，他们始终如一且有计划地剥夺他们孩子的某些快乐！他们还让他们的孩子通过对痛苦的体验来学习某些东西；他们甚至故意地以惩罚的形式对他们施加痛苦。他们这样做是因为他们相信具有比短期的快乐更重要的东西：例如，自我控制、智慧、道德德性以及自我实现。从孩子的观点看，父母亲的行为通常似乎是不可理解地残忍。但是，这种观点是错误的，而且孩子仅仅信奉它是因为他或她不能理解父母亲的远见卓识。

236 那么，根据这种神正论，我们不是将我们的世界视为“眼泪的溪谷”，而是有教益地将它视为“塑造灵魂的溪谷”（约翰·济慈［John Keats］的短语）。我们所遭受和观察的苦难有助于通过这样的方式培养品质，即赋予我们精神提升以及践行诸如刚毅和同情等美德的机会。作为一种对上帝的路线的辩护，这种探究似乎对那些信奉传统的犹太—基督教信念的人是一种更合理的选择。可是，像大多数其他的神正论一样，它是高度思辨的。为了解释某些现象，它提供了一种有关上帝对于人的计划的解释，一种似乎根据对传统宗教观点和思辨的推理及类比的结合所达到的解释。然而，这种反对意见将不会给神学家和宗教信仰者带来麻烦，他们的宗教承诺已经表明了一种意愿：对存在于经验之外的事物的思辨。

更难处理的问题是由伊凡·卡拉马佐夫对被扔进狗群的六岁男孩的解释提出的。这个男孩极度的恐惧和极痛苦的死亡如何能够以任何方式帮助培养他的道德品质？因为，假如那是可能的，则我们就不仅必须根据这种生活假定一种生活；我们还必须假定在这种未来的生活中道德发展依然是可能的。这通常不是犹太教、基督教或者伊斯兰教对死后生活的传统观点的组成部分。这一假定还会引领我们沿着没有限制的思辨道路走得更远。当然，一个人可以论证说，这个男孩的苦难对他们的道德发展有这样的帮助，即那个地主可能会体验懊悔；旁观者可能会扩展他们的同情心；这个男孩的母亲可能会更加能够移情于另一个人的悲痛并在将来应付不幸。但是，那就难以看出，上帝如何能够完整地保持他正义的名誉。实际上，这个男孩是在被用作一种增进他人道德利益的方式。

最终，即使“塑造灵魂的溪谷”的神正论也遗留下许多没有答复的问题。为什么有些人过着安逸的生活而其他人却遭受极度的痛苦？世界上存在如此之多的苦难是真正必然的吗？人不能在一个少有痛苦的世界践行自由意志并且过一种道德上富裕的生活吗？所讨论的这种神正论对我们为什么没有生活在一条满足的溪谷提供了一种体面的解释；但是它没有解释为什么上帝不能消除似乎是无理由的苦难而达到他的目的。当然，信仰者总是能够求助于那句古老的谚语，“上帝以神秘的方式运动。”实际上，大多数神正论，一旦被质疑，就倾向于求助这最后一道防线。它们开始试图理解和解释为什么一个万能、全知、至善的上帝会准许我们遭受苦难。用这些术语表达，问题是一般性的——为什么存在苦难？——而不是特殊性的——为什么这个六岁男孩被扔进狗群？而且，所提供的解释也在一种高度一般性的层次上发挥作用，求助于概念诸如邪恶的非实在性、原罪、宇宙的和谐或者“灵魂塑造”的必要性。

这些观念提供了总括性的解答。但是，对于存在许多有关个体苦难的特殊情形的真正的理由，它们似乎不能进行解释或辩护。面对这些情形，神正论者不可避免地求助于这样的观念：由于我们的理解力是有限的，所以，我们不能希望彻底了解上帝的方法和动机。然而，对于宗教的批判者，这种动机是一种逃避。假设一位科学家打算提出一个一般性的假设以期解释各种各样的现象，但是后来却遇到了大量明显的反例——这个假设不能解释并且实际上使它遭受质疑的特殊情形。我们准许这位科学家采取下述方式处理这些异常的事物即说宇宙是神秘的并且不能被人的心灵充分理解吗？或者，我们会说这样一种回应表达了对运用理性理解世界之尝试的放弃吗？ 237

同样，神学家援引上帝的神秘性和深不可测性的任何动机，尤其在他们的论证面临最大压力的时候会产生，使他们无力应对这样的谴责：他们并非真正愿意让他们的观点接受理性批判。一旦问题变得难以对付，他们就抛弃理性而求助于信仰。

宗教信仰可以是理性的吗？

> 为什么信仰者无论如何应该对理性的法庭负责任？难道宗教信仰的真正的本性必然不是非理性的吗？

这是伟大的丹麦思想家索伦·克尔恺郭尔（Sören Kierkegaard）的观点，他本人是一位虔诚的基督教徒。他论证说，对于一种宗教诸如基督教整个要点在于它反对理性从而要求信仰。毕竟，假如它完全是理智的，则每一个人都会接受它，并且在具有信仰上就没有任何特殊的优点。但是，这完全是一种现代的观点。早期的哲学家通常截然不同地谈论信仰与理性之间的关系。例如，笛卡儿论证说，理性可以为信仰提供一个坚实的基础。阿奎那认为，信仰补充理性，能够使我们支持宗教学说——存在于理性证明之外并且因此必须是关于启示的主题（例如，三位一体的神秘性）。而黑格尔认为信仰和理性是互补的，对同一个基本的真理提供了两条路线。显然，理性和信仰之间的关系是一个复杂的问题。

让我们开始澄清我们所说的“信仰”（faith）是什么意思。信仰这个概念显然不同于知识概念。假如我说我“知道”某个东西，则那意味着所提及的信念是真实的。但是，假如我说我对某件事情是事实具有“信仰”，则那里不存在这样的意味。信仰，不像知识，可以是错误的。这种区别与我对我信念的真实性如何肯定无关。宗教信仰者可以像科学家肯定他们观察的真实性那样完全肯定他们信仰的真实性。这种区别与信奉所提及信念的**根据**有很大关联。比较地球是圆的这一信念与具有一种死后灵魂生活这
238 个信念。第一个信念，我们认为既是真实的又为大量的经验证据充分支持。那就是为什么它被视为构成知识。相反，对一种死后灵魂生活的信念不会得到这种证据的支持；它从而不是有关知识的实例而是关于信仰的实例。

假如知识与信仰之间的区别能够像这样清晰而又简单地做出，那就太好了。不幸的是，事情鲜有如此泾渭分明的。那些相信死后灵魂生活的人可能会合理地论证，他们的信念不是没有根据或者经验支持的。例如，他们可能会指出许多人们提供的对于濒临死亡的体验——展示一种重大程度的相似性——的解释，这些体验经常使那些拥有它们的人确信在肉体死亡之后真正具有某种持续的个人存在。同样，他们可以论证说，成千上万的声称亲眼目睹奇迹的人的证实对依赖于这样证实的宗教信念构成了经验证据。我们从而有了一个新问题：什么算作对于一个信念的合理的证据或者理性支持？更明确地，假如支持科学信念的证据与宗教信念所依赖的证据之间存在区别的话，那么区别是什么？

这是一个非常难的问题，对于它，或许没有清晰的答案。当然，一个简单的经验陈述诸如“世界是圆的”与主张诸如“上帝爱我”或者“每一个人都有一个不死的灵魂”之间似乎存在着某些表面上的区别。“世界是圆的”依赖于既是公开性的又是可重复的观察，不满足这些要求的证据不为科学共同体所接受。在许多情形下，支持一个个体宗教信仰的“证据”——例如，一种神秘的体验，或者一种被“答复”的祈祷——不能满足这两条件中的一个或者全部。

然而，有些可论证的支持宗教信仰的经验是公开性的和可重复的。有治疗功用的信仰情形是一个明显的实例。而且，坚持一切在科学上可重视的信念都依赖于公开的和可重复的证据是有困难的。有些或许是我们认为

先验真的原则，或者如休谟所论证的，仅仅是根据习惯所接受的原则。这样，尽管信仰概念与知识概念显著不同，并且尽管在某些情形下我们能够根据它们所具有的理性或者证据支持的种类而在它们之间做出区分，但实际上做出这种区分并不总是容易的。

宗教信仰必然是非科学的吗？

> 在某些情形下，了解一个特殊的信念应该被划分为一条知识还是一条信仰或许是复杂的。但是，一般性的区分似乎依然是重要且有效的。毕竟，科学和宗教差异巨大。当我们说信仰不是理性的之时，我们的意思是指它是非科学的。

这可以是一种有益的引导。但是，它提出了一个问题：当我们说宗教信仰是非科学的之时我们是什么意思？这里，至少有三种可能性： 239

1. 宗教信仰与科学发现相冲突。
2. 宗教信仰以一种非科学的（例如，教条的）方式被支持。
3. 宗教信仰超越于科学之外。

这些可能性的第一种相当易懂。假如承认科学发现是合理的——至少在这些发现被当今几乎所有科学家充分证实和承认的情况下——那么，相信科学宣布为虚假的或者不可能的事物就是不合理的。例如，认为世界仅有几千年的历史（如《创世记》所意指的）与地质学的发现相冲突。或者，相信一个人死亡（**真正地**死，也就是，相对于深度昏迷）而后在几天后又苏醒过来与生物科学不相容。在这一点上，这样的信念或许会被宣布为不合理的。

然而，即使在这里一种限制也是适宜的。在一些情形下，诸如有关地球年龄的问题，我们拥有对于传统的犹太—基督教观点是错误的之肯定的证据。在诸如耶稣的完善的概念或者亚伦的魔杖（Aaron's rod）变成一条大毒蛇等情形下，科学提供的不是对于这些事件不会发生的**直接**证据。但是，相信它们会发生就是拒斥一个对于大多数科学的根本假定：即自然界以一种统一的方式运行。假如我们承认这一原则，那么我们就不能合理地相信奇迹——它们，根据定义，违背了我们所认为的自然规律。我们可能会反对对于某些奇迹的发生存在着合理的经验证据，而一个有理智的人应该尊重这种证据。但是，当休谟在进行下述论证时他充分地表达了对科学的态度：假定对于奇迹的报道是错误的始终比相信自然规律会短暂地停止发挥作用更合理。

信仰可以是非科学的之第二种可能性在于被教条地坚持。假如我拒绝承认一个信念可以是假的这种可能性，或者拒绝承认任何东西算作反对它的可能的证据，则我就在教条地坚持一个信念。用科学哲学家所使用的术语说，教条是**不能证明为假的**。似乎清楚的是，人们经常以这种方式支持宗教信仰。例如，许多人相信上帝爱他们，而且没有任何东西被认为是反对这种信念的证据。假如他们祈求某种事物并且它出现了，则这就巩固了他们的信仰。但是，假如他所祈求的没有发生，则那不会产生任何怀疑——或许他们不该得到它，或者它属于他们的最大利益。无论理由是什么，它都不会是或者上帝不存在或者上帝不关心。同样，一对有信仰的父母，他们的孩子幸免于一次事故，而在这次事故中许多其他的孩子死掉了，认为这就是有上帝保护的证据。但是，假如这个孩子死了，那么他们就会说上帝“召走”了这个孩子。

现在，这样的情形当然是真实的，即科学家也以某些他们或许从不怀疑的基本假定开展研究：例如，每一个事件都是有原因的，自然规律以一种统一的方式发挥作用，所有的原因都是物质性的（相对于智力性的或者
240 精神性的）。但是，科学观念的一个显著特征是，每一个信念**在原则上**都容易受到怀疑，而且假如必要的话，都容易被修正。从而，即使基本的假定，诸如牛顿的时空观或者每一事件对于拥有充足信息的某个人而言都是可预测的这一原则，也受到挑战并且最终被抛弃。因此，这曾经提出了这样的可能性，即在某个人的信念体系中拒斥任何特殊的信念似乎成为区分科学观念与信仰观念的分水岭。

许多信仰者承认这一点，然而，却不承认信仰因此被证明在根本上是非理性的这一推理：

> 信仰不仅仅是一个认为某些信念为真的问题。在最深的层次上，它关乎于建立某种联系——即一种与上帝的联系。这种联系的一个前提条件是，人们赋予它希望、爱和信任。由于这个语境有关于一种个人关系而不是科学研究，所以，过度批判的、过度理性的科学家的立场在这里就不适合。当一个人从事科学研究

时，科学观念是必要的。但是，它在其他时候是不合时宜的。

作为这种观点的一个实例，假设一位科学家接听到一个从她的丈夫那里打来的电话。他告诉她，他在开会而不在娱乐场。她没有任何特殊的理由怀疑他；他没有涉足娱乐场的记录；背景中没有硬币投币机的声音。她应该坚持进一步确证证实他的说法的证据吗？当然不应该——至少不应该，假如她希望他们的关系继续建立在彼此相爱和相互信任的基础上。假如她试图将科学的辩护标准引入这个截然不同的语境，则她就不是证实她对理性的承诺，恰恰相反，她就是在证明她自己是愚蠢的。

这把我们带到了第三种可能性——信仰由于是非科学的可能会被视为不合理的；它涉及对于超越我们可以用科学的方式认识的东西之外的物质的思辨。而且，这些思辨的信念似乎受一个人的愿望、希望和恐惧的影响；但是承认这会发生就是反对这样的客观性观念：它是科学的核心，并且在日常生活中也是重要的。正如它的许多批评者指出的，宗教永恒地包含一种想望的思想（wishful thinking）成分，而且这种成分怀疑它认为是一个理性上可重视的信念体系的任何主张。

那么，对这种批判的一个回应就是简单地否认宗教依赖于想望的思想。毕竟，它可以被论证说，严肃对待宗教的人与那些没有任何信仰的人相比具有更多的担忧，并且可能对他们自己的世间快乐施加更多的限制。但是，有趣的是，一些哲学家以一种不同的方式做出回应。他们有时捍卫所谓的**唯意志论**——这样一种观点：相信某个事物可以是合法的，因为你**希望**它是真的。让我们考虑对这一学说的两种著名的辩护。

帕斯卡的赌注

布莱士·帕斯卡（Blaise Pascal，1623—1662）是一位卓越的数学家，241
也是一位原创性的哲学家，而且，他对概率论的开创性的工作无疑影响了有利于支持基督教的下述论证。我对于基督教信仰有两个基本的选择：我可以要么信仰要么不信仰。并且在每一种情形下，我所采纳的观点可以是要么真要么假。这产生四种可能的情形，以及四种可能的结果，如同在下列表中所展示的：

	上帝存在	上帝不存在
我相信上帝	永久的幸福	少量的世间快乐的损失
我不相信上帝	永久的诅咒	少量的世间快乐的获得

支持信仰以及与之相配的生活方式或许意味着一个人必须牺牲这种生活中的各种快乐，或者由于宗教所施加的道德约束，或者由于花费时间从事礼拜活动的需要。但是，作为这种相对小的赌注的回报，一个坚持信仰的人却会赢得一笔无以数计地丰厚的赏赐。另一方面，拒绝做出这种牺牲意味着为了眼前蝇头小利之缘故在冒绝对大灾难的危险。假如一个人假定，上帝的存在或者不存在或多或少是同等可能，那么，帕斯卡论证说，理性的行动方针显然是支持信仰的。它类似于花 10 元钱买一张彩票，而潜在的奖金是一万亿英镑，而且，这一赌注还为你买了一种针对各种灾难的综合的保险政策。

一种对帕斯卡赌注的反对意见是，它预设一个人可以根据一种意志行为去选择相信上帝，但是，这种预设是错误的。我们不能仅仅愿意相信上帝存在，就像我们可以**愿意**相信世界是扁平的或者那个三角形有三条边那样。信念由许多事情决定：例如，个人的经验、证据、教养、教育和推理。我个人的利益、希望和愿望或许也起作用，但是，我不能完全决定让它们凌驾于这些其他的因素之上。帕斯卡本人承认这一点的力量，但是他论证说，一个人还是可以通过实际参加教会每天的仪式选择使自己趋向信仰。在他看来，这是教会的主要功能之一：提供怀疑者凭借它可以“减弱他们的敏感度”并从而达到信仰的方式。

另一种由许多人对这种赌注表达的反对意见是，它使信仰变成一个关于自我利益计算的问题——与上帝对我们要求的那种信仰截然相反。上帝所要求的，批评者说，是一种以信任和爱为基础的信仰，在那里，左手不知道右手正在做什么。在帕斯卡的辩护中，他或许说，他所设想的赌注不是一种**描绘**宗教信仰的尝试。他试图做的一切是证明在这种情形下承认一
242 个人的希望和恐惧会影响他的信念是合法的，并且支持基督教信仰而不是抛弃它是更合理的。

威廉·詹姆斯的“信仰的意志”

威廉·詹姆斯（1842—1910）没有受帕斯卡论证的影响。他认为，它

依赖于一个被误导的信仰概念，一个剥夺了它任何有效性的概念。但是，詹姆斯赞同唯意志论的论题：存在这样的时刻，我们可以合法地承认我们的意志，或者更一般地，所谓的我们的"情欲本性"（passional nature）——也就是，对我们的需要、利益、情感以及愿望总体的复合——会影响我们的信念。这就是他在他著名的论文《信仰的意志》（"The Will to Believe"）中所辩护的论题。

正如詹姆斯对它的理解，科学的成功孕育了科学主义——这样的一种观点，即科学方法是发现真理的唯一合法的方法，并且科学详尽无遗地研究了我们对实在的知识。但是，科学的思考方法应该是唯一的我们认为合法的方法吗？或者，我们还重视我们的信念以及这些替代性学习模式所支持的信念的其他根据吗？

詹姆斯本人是一位科学家，受过医学培训，并且是一位现代心理学的先驱。但是，他拒斥科学主义，视它为一种形式的教条主义——从一种对犯错误几乎神经过敏的恐惧中产生。极度的对于认识的谨慎，以及一种对客观性和中立性之理想的坚定的承诺，或许是科学实验室内重要的美德。但是，我们不是在一个实验室里过我们全部的生活。如我们先前注意到的，存在着这样的时刻和语境：科学观念是不适合的，甚至对我们真实的利益是有害的。例如，一个患病的人，假如他相信他会康复，则就可能获得一次恢复的良机。这一信念或许不能根据统计数据进行辩护，但是他坚持它还是有意义，由于这样做，他会使它更可能成为真实的。另一个实例是詹姆斯最喜爱的一个实例，有关于一位登山者必须跃过一个深渊。由于自信心对于一次成功的跳跃是必要的，所以，这位登山者在相信她能做到这一点上获得了一种益处，通过承认这种益处会影响她的信念，她有助于使所提及的这一信念变成真实的。

确实，这些实例描绘的是非正常的状况。但是，它们足以证实这个一般性的原则，即存在这样的时刻：承认我的利益、愿望、希望和恐惧会影响我愿意相信的东西是理性的，因此是合法的。根据詹姆斯，事实是这样的：无论何时我都会发现自己面临着在这样的两者之间的一个选择，即**尚处争论中的**（live）选择与选择既是**被迫的**又是**重要的**之场合。

说这些选择是"尚处争论中的"意指它们必须全部为我提供真正的可能性。例如，信奉古代雅典（Athens）的宗教，或者相信地球是扁平的，对于大多数当代人来说就不再是尚处争论中的选择了，信奉天主教或者自由经济理论或许是，至少对某些人是。一个选择是“被迫的”就是不可避
243 免的。例如，我不能避免在吸烟或者不吸烟、结婚或者不结婚（尽管我可以延长一段时间做决定）之间选择。选择是重要的，假如它们可以被期望对一个人的生活造成巨大的影响——因为它们具有如此意义重大的长期影响，或者因为致使它们出现的机会如此稀少，或者因为选择一旦做出就不能取消。决定专门研究某个领域，决定迁居，决定积极参与政治活动，决定结婚，决定生小孩，或者决定断绝一种关系全部可以归入重要选择的范畴。

詹姆斯认为，对于是否支持某种形式的宗教信仰的选择是被迫的。假如它涉及一个人对作为一个整体之世界的观点以及对待世界的态度，它肯定算作重要的。而对于某些人，至少宗教假设无可置疑地是一种尚处在争论中的选择。因此，根据詹姆斯，这样的人可以合法地承认他们的“情欲本性”会影响他们愿意相信的东西，而不会陷入任何种类的非理性主义或者纯粹的想望的思想。在这种意义上，并且在这种程度上，宗教信仰可以认为是合理的。

不用说，詹姆斯的论证没有赢得普遍的赞同。最常见的反对意见大概是它禁锢了想望的思想。正如一个爱说笑打趣的人所言，詹姆斯的论文不冠名“信仰的意志”，而冠名“假装的意志”（“The Will to Make-believe”）更贴切。但是重要的是，要记住詹姆斯对信仰——假如它要成为合理的——施加的限制。最重要的是“尚处争论中的”选择。对于大多数现代知识分子，这意味着所讨论的信仰不能与科学发现相冲突。

詹姆斯后来评论说，他应当给他的论文冠名“信仰的权利”，由于这将会更恰当地捕捉到他在辩护的基本观念——也就是，在科学时代依然存在这样的时机：我们有权利信奉不能得到科学支持的信念。在我们行使这种权利的地方，宗教信仰代表了最重要的实例。并且在如此做时，我们的思想，尽管它超越于科学之外，既不是非理性的也不是任意的。在许多情形下，它以所谓的宗教经验为基础并由宗教经验指导：例如，一种对于上帝亲切降临的意识，或者对于他的保护性的关爱的意识。詹姆斯本人没有这样的经验，但是他对它们具有浓厚的兴趣，并且，认为它们是足够普遍和一致的，以至值得重视。一种对这些现象真正科学的态度，他论证说，不会将它们视为仅仅是大脑临时的化学反应的产物而加以排斥，而是对下

述可能性保持一种开放的心胸：这些要素或许是我们赖以理解一个对于科学所不能达到的实在之维度的窗口。

上帝之死

> 詹姆斯的论证或许是合理的。但是，论证的一个关键前提是，信仰要成为合理的，它必须是一个“尚处争论中的”选择。然而，在过去的几乎没几个世纪中，宗教主张已经变得越来越难以为许多人相信了，尤其是知识界的人士。在这种意义上，宗教信仰注定似乎——并且实际上——越来越与理性相对立吗？ 244

这里，我们涉及的或许是宗教信仰所面对的最困难的挑战。理论问题，诸如那些由证明上帝存在的尝试所提出的问题，当然是严肃的。但是，信仰者始终根据下述论点拥有避开挑战的选择：信仰并不是必须理性地加以辩护的。他们甚至可以追随克尔恺郭尔并且论证说，信仰不**应该**成为理性的，信仰的确是荒谬的，而他们信奉恰恰**因为**它是荒谬的。然而，以这样的方式信奉——甚至赞美宗教信仰的非理性是一种令人绝望的补救方法：一种宗教面临一场严重危机的象征。

这种危机由这样的事实引发，即宗教在现代社会不再享有文化霸权。几个世纪前，在所有基督教占统治地位（无论什么样的统治地位）的国家中，它的神学家和牧师一般被尊奉为科学问题、政治问题、艺术问题、道德问题和社会问题的权威。涉及世界年龄或者太阳系特征的神学论证受到重视。许多最伟大的艺术作品——例如，米开朗基罗的绘画、密尔顿（Milton）的诗歌以及巴赫的音乐——从宗教中得到它们首要的启发。教育主要由教会承办；小学生用《圣经》学习阅读；宗教教育是课程的主干；大学生要求学习神学并且每天参加礼拜仪式。当地的教堂成为每一社区社会生活的中心；它在每周一次的礼拜式上将每一个人都集合起来，并且监视重要的市民节日以及使每一个人一生中具有决定意义的事件隆重起来的典礼：降生、结婚和死亡。

今天，事情明显大不相同。确实，即使在技术先进的社会绝大多数人或许依然认为他们自己是宗教信仰者：他们核查放在他们面前的任何调查表上的恰当的选框。但是，他们的信仰的实质，以及它与他们生活的其他方面关联的方式，已有巨大的改变。宗教不再是它曾经是的社会和精神的重点。教育和艺术已经彻底被世俗化。像圣诞节或者复活节等节日以及诸如结婚和丧葬等仪式保留了某种宗教**形式**；但是，他们之所以这么做主要是因为人们发现这些形式在审美上是令人愉快的，而不是因为人们仍然沉迷于它们的宗教意义。

最富戏剧性的改变与人们实际上相信的东西有关。不久前，基督教的核心教条——耶稣圣洁的降世，他的奇迹，他的复活，天堂和地狱的存在，以及最终审判的迫近——除了几个自由思想家之外，其他所有人都将其作为事实真理而接受。现在，即使被任命的牧师也坦白地承认，他们不接受许多这样的教条。取缔了这些具体的、生动的、易于理解的主张，基督教转而坚持对于上帝存在和实质的为数不多的几个非常一般的观念。可以说，犹太教亦如此。仅有最正统的犹太教徒现在坚持认为，《出埃及记》(Exodus) 以及《圣经·旧约》之首五卷的其他的书中所描述的事件确实如它们所写的那样全部发生了。

245

弗里德里希·尼采 (1844—1900)

弗里德里希·尼采 (Friedrich Nietzsche) 是最具原创性、最令人感兴趣且最有影响力的现代思想家之一。他出生和受教育于德国，是一位聪明的学生，在 24 岁时，就在瑞士 (Switzerland) 的巴塞尔大学 (University of Basle) 被任命为古典语言学 (古典语言和文学) 教授。

由于糟糕的健康状况，十年后尼采从这个职位上退了下来，而后靠着一小笔退休金，夏季居住在瑞士，冬季来临就迁居意大利北部，在俭朴的环境中度过了 19 世纪 80 年代。在此期间，他写了一系列著作——在当时实际上没有引起任何注意，但是现在却被视为世界重要的文学财富——其中有《快乐的科学》(*The Gay Science*)、《查拉图斯特拉如是说》(*Thus Spoke Zarathustra*)、《善恶的彼岸》(*Beyond Good and Evil*)，以及《论道德的谱系》(*On the Genealogy of Morals*)。尼采糟糕的健康状况 (大概是梅毒) 最终在 1889 年以一次彻底的精神分裂达到极点。他在一家精神病院度过了他生命中最后的岁月。

尼采的著作涵盖了几乎每一个能够想象的话题，但是他特别感兴趣的是道德、宗教和艺术。在研究道德和宗教时，他通常不涉及道德和宗教主张的真实性，由于他断定它们一般是假的。相反，他视它们为心理和文化现象而加以研究，询问诸如此类的问题：为什么心理预示（type）会包含基督教道义？什么历史环境会产生犹太教？什么动机隐藏于某一特殊系列的道德—宗教学说和实践的背后？

尼采猛烈地批判基督教，但是他对耶稣却有点尊敬。尽管他承认有些宗教对于伟大的文化（例如，在古希腊和古以色列）是必要的，但是他却主张，犹太—基督教传统的主要学说不再是理智上可信的。这就是他所谓的“上帝之死”这一事件。它在西方文明中代表了一种危机，因为所讨论的形而上学学说构成了一种完整的世界观的基础，这种世界观包括一个伦理学体系和一种对生活意义的明确意识。

在这个时候，西方文化面临的危险是“虚无主义”——一种对任何事物价值的信仰的缺失——将会变得盛行起来。但是，尼采相信，上帝之死也提供一种独特的机遇，因为由于陈旧的教条的衰落，我们处于这样的境遇之中：提出新的价值，并且创造新的比基督教所提供的表达一种更强烈、更健康、更美好且更具肯定性生活态度的人生观。 246

对这种趋势最合理的解释仅仅在于，人们发现信仰古老的教条越来越困难。对此，理由是许多古老的信仰与现代科学相冲突。例如，天堂和地狱，应该在地理上可确定为超越于星球之外和位于地球的底层。但是，天文学家和地质学家对这些领域创建了模型，天堂和地狱在其中没有任何位置；而且，如今对在火和硫黄中欢腾喜跃的长角恶魔的信仰等同于对女巫或者小妖精的信仰。三个世纪前，在启蒙时代，对宗教的怀疑论最终发现于知识分子中间。自那以后，随着教育的普及和文化水平的提高，它涌入了大众中。今天，自然科学、社会科学、艺术和哲学中的研究、创造和讨论的进行实质上没有任何的宗教输入。宗教所遭受的这种对可信赖性的损失——尤其在知识界中——以及它被排挤到我们文化的边缘，是尼采在宣布著名的宣言“上帝死了”（参见上面的文框）时所指的内容的一种合理的组成部分。

这些现代文化中长期的且意义重大的趋势的结果就是，宗教只能通过继续削减它学说中的内容来维持它的合理性的主张。实际上，它已经被迫退出与科学对任何科学相信属于它的领域的问题的争论：世界的年龄、生命的起源、人性的起源、肉体复活的可能性、奇迹的可能性……留存下来的是一系列稍显模糊的对于科学无法达到的一种实在之存在的信仰：这种实在是存在或者力，或许可以描述成类似于我们所谓的目的和理解力。这种实在是我们的时空实在性的“根据”——支撑它、指导它并且赋予它（以及我们自己的生命）以意义——并且由于这种实在，我们最终可以死而复生。

当然，许多信仰者会争论这种对宗教在当代文化中的地位的解释。他们将会指出这样的事实，即几乎所有的人在大多数社会中依然认为他们自
247 己赞同某种宗教。他们还会指出在20世纪后半叶在全世界不同社会中出现的显著的宗教复兴。一个人如何看待这些现象不可避免地在某种程度上依赖于这个人对宗教的一般观念。怀疑论者倾向于认为，基础主义的复活和持续的教会参与仅仅具有短期的意义。他们指出，上帝将会缓慢地死去而不是突然地死去。但是，一般的趋势将会继续，宗教这只股票从长期看将会继续下跌，而且这种趋势被逆转的概率几乎为零。

然而，那些对宗教持赞同态度的人可能特别喜爱一种不同的解释。他们会说，在科学进步400年之后，我们开始承认，尽管科学能够对许多人类长久以来对世界提出的问题提供答案，但是它不能回答我们所有合法的问题，也不能满足我们所有真正的需求。科学对我们的宇宙所描绘的这幅图画是令人印象深刻的、美丽的且迷人的，但是它不是而且永远不能是尽善尽美的。科学理解和技术掌握也没有提供仅有的重要方式，运用它们，人们——作为个体或者形成群体——使他们自己与他们作为其组成部分的整体建立联系。一种对我们所从属的这种更大的整体的意识，一种最终赋予我们生命意义的情感，一种赞美它所信奉（而且不顾我们所有的科学而继续信奉）的神秘性的愿望：这些情感始终处于宗教的中心位置。假如这种观点是正确的，则我们可以期望宗教信仰和实践与人类经验诸如情感、需求、希望和愿望并存，并且试图表达它们。

术语表

行为功利主义：**功利主义**的一种类型，它主张，在任何特殊情况下， 248
一个人应该以这样的方式行动：使所有受那个行为影响的那些人的幸福最大化。

美学：对艺术或对我们对艺术进行反应的方式的哲学研究。这个术语还包括对一般意义上的美的研究，这种美既存在于艺术中又存在于非艺术（例如，风景）但在我们身上激发类似的反应的事物中。

分析陈述：一种仅仅根据所使用的语词的意义而成真或者假的陈述，例如，“全秃的人头上完全没有头发”是一个分析性的真理，由于“全秃”意思是“头上完全没有头发”。它的否定因此会导致一个矛盾。

先验的/后验的：两类知识之间的一种区分。先验真理（例如，“所有的三角形都有三条边”）被认为独立于经验；后验真理（例如，“大象是灰白色的”）被认为以经验为基础。

论证：一种推理思路，由一个或者多个前提以及一个它们旨在支持的结论构成。

类比论证：试图证明因为两个事物至少在一个方面是类似的，所以，它们在另一个方面也是类似的。

自主性：一个人能够独自决定将要相信什么或者做什么。

绝对命令：（1）一种拥有“做 x!”这种形式的无条件的命令；（2）康德道德理论的根本原则：“始终如此行为以便你的行为背后的原则可以被视为一条普遍的法令。”

因果原则：每一个事件都有一个原因这一原则。

不合作主义：出于良心的缘故违反法律，经常出于这样一种观点，即在法律上或者政府的政策上进行一次改革。

认识相对主义：这样的观点，即一个陈述的真或假总是相对于某个特定共同体的理论框架。

真理的融贯论：认为一个陈述的真在于它与其他陈述或信念的一致性。

融贯主义：认为一个信念构成知识，仅当它令人满意地与一个人的其余信念相一致。

249 **结论**：一个论证旨在支持的陈述。

后果论：认为一个行为道德上的正确性或错误性取决于它的后果。

习俗：人类养成的一种处理事情的方式，通常是习惯性的，并或许以某种约定为基础。

真理的符合论：认为一个陈述是真的，假如它符合它所描述的事实。

宇宙论论证：这样的论证，即以世界的存在或者世界上某个事物的存在为原因得出一个存在物（典型地是上帝）存在的结论。

演绎：一种这样的推理，即运用它，结论应该必然从前提中推导出来。

义务论：一种以义务为基础的对伦理观的探究，它主张，行为的后果在道德上是不相干的。

决定论：认为每一个事件是先验原因的必然结果。

直接实在论：认为我们的感官使我们与物质世界直接接触。

二元论：(1) **形而上学**中这样的观点，即存在两个对于世界事物的根本范畴，通常被认为是物质和精神；(2) 心灵哲学中这样的观点，即人由物质性的肉体和非物质性的心灵构成。

情感论：认为伦理话语仅仅是对说话者的情感的表达，而不是可以或真或假的陈述。

经验论：认为一切关于世界的知识都依赖于感觉经验。

副现象论：一种**二元论**，视心理事件为这样的副现象，即由物质事件诸如大脑的活动所导致，但它们自身不具备任何因果力量。

认识论：知识论。

伦理自然主义：这样的观点，即我们的伦理判断应该以我们所了解的自然界的普通特性——包括人的物质和心理属性——为根据；也是这样的观点，即伦理术语诸如“善”和“正确”可以用非伦理的术语进行分析。

伦理相对主义：认为道德信念和实践的正确或者不正确都相对于它们 250
出现于其中的文化。

伦理学：涉及正确、错误、善和恶，以及我们对这些问题的信念的哲学分支。

民族优越感：相信一个人自己的种族或文化比他人的优越。它还可以指这样的倾向，即参照一个人自己的文化来解释和评价他人的文化。

存在主义：一种对一个人如何生活这样的问题的探究，以有关个体的具体经验的事实而不是抽象的理论原则为始基。存在主义者倾向于强调**可信性**（对自身为真）的重要性，某个人，但绝不是所有的人，将自由的重要性强加给个体。

表达：这本书所使用的意思是为至少某些传递艺术家思想或者情感的艺术作品所拥有的特质。

事实/价值分歧：事实陈述与价值判断之间的逻辑区分，有些人辩论说，这反驳了将后者置于前者基础上的任何企图。也见**是/应当问题**。

可错性：（至少在原则上）可以被经验反驳的特性。在卡尔·波普尔的科学哲学中，可错性被视为真正的科学主张的特点。比较起来，宗教和占星术的主张是不可错的（并从而是非科学的），因为没有任何东西被允许算作反驳它们的证据。

宿命论：(1) 认为存在某种超自然的主宰我们命运的力量；(2) 认为无论我们做什么，即将在未来发生的事情都是正确的。

形式主义：强调形式胜过内容的任何观点。本书使用这个术语去指谓坚持这一观点的一种艺术理论，即例如，强调形状、图案、色调或者颜色，而不是**表达**或者**模仿**。

基础论：这样的观点，即一个信念构成知识，仅当它从属于一种免受怀疑论怀疑的可靠的信念基础，或者可以从这种可靠的信念基础推演出来。

自由：参见**实践的自由**、**形而上学的自由**、**积极的自由**和**消极的自由**。

功能主义：心灵哲学中这样的观点，即一种心理状态是以其功能作用为依据的心理状态的类型。功能主义典型地将大脑比做计算机，认为身体器官与硬件类似，而心灵（我们用心理术语描绘它）可与软件比较。

强决定论：这样的学说，即由于决定论是正确的，所以，我们的一切选择都是有原因地被决定的，并因此是永远不自由的。

251 **伤害原则**：认为一个人应该可以如他所愿地去行动，假如他没有对他人造成伤害的话。

假言命令：一种具有条件形式的命令，宛如这样的一条建议："如果你想要 x，那么做 y。"

假设-演绎法：一些人视为科学之核心的方法：提出一种假设，由它推演出可观察的推论，然后对这些推论的出现进行检验。

唯心主义：认为实在根本上是精神的，我们所谓的物质实在或者依赖于心灵及其内容，或者是对心灵及其内容的一种表现。

心灵的同一论：认为心理状态与某些物质状态（通常认为是大脑状态）是同一的。

非决定论：认为至少有些事件是没有原因的。根据自由意志的某些辩护者的观点，非决定论是正确的，假如自由意志是可能的。

归纳：一种推理，在其中，前提旨在支持结论，而不逻辑地蕴涵它。

工具性价值：假如我们重视某个东西仅仅由于我们认为它会产生某种其他的善的缘故，则它就对我们具有价值。

意向性：意识所具有的总是指向一个对象的特性。我们不只是有意识的，我们还总是**对**某事物有意识的。

内在价值：假如我们重视某个东西仅仅由于内在于它本身的东西，则它就具有内在价值。

是/应当问题：这样的问题，即事实陈述（"是"陈述）是否蕴涵有关应当做什么的道德陈述（"应当"陈述）。也见**事实/价值分歧**。

自由主义：一种政治哲学，它认为个体的自由是政治上的至善。这种自由一般根据消极的自由予以思考。这本书对两个主要的种类进行了区分：**意志自由论者**，倾向于认为政府是对个体自由的主要威胁，和**社会民**

主主义者，倾向于认为政府是一种使机会均等最大化的重要方式。

意志自由论：一种政治哲学，它提倡使每一个体的消极自由最大化，而反对政府的任何干预，除非出于保护这种自由的目的。

逻辑行为主义：认为心理语言（例如，有关一个人的信念或愿望的话语）完全是一种谈论行为模式的经济方式。

252 **唯物主义**：认为实在本质上是物质的。也见**物理主义**。

形而上学的自由：是一个人自己的选择的终极原因（也就是，不会使一个人的行为由外部的原因决定），也被称作**意志的自由**。

形而上学：涉及最根本的有关实在本质问题的哲学分支。

拟态：美学中使用的一个术语，有时也被翻译为复制（copy）、模仿（imitation）或者表现（representation）。

一元论：认为一切实在根本上由一种事物（例如，物质）构成。

自然化的认识论：一种对认识论的探究，它本身满足于描述这样的过程，即通过它，个体获得和修正他们的信念，同时，也是不同的共同体运用"认识规范"决定什么对他们而言算作知识的方式。没有做出任何评价这些过程或者规范的尝试。

消极的自由：免除限制，不会被他人或者政府阻止去做某件事情。

非实在论：认为我们可以认知的唯一实在必定是我们所经历的和解释的实在（相对于独立于我们而存在的实在）。

规范的科学：库恩的对于在这样的时刻什么会发生的术语，即当科学家如他们通常所做的那样解答一个主导范式之内的明确的问题时。

规范的/描述的：规范的陈述告诉我们我们应当做什么，**描述的**陈述告诉我们什么是事实。

客观的：独立于主体的思想或者愿望而存在的特性。

奥卡姆剃刀：一条理论上的经济原则。它主张，当我们在两种解释之间选择时，我们应该始终选择最简单的，一切其他的事情也同样。

本体论论证：证明上帝的存在为上帝的概念所蕴涵的一种尝试。

本体论：对存在（being or existence）的哲学研究。

范式：某种事物的理想的或者典型的实例。在库恩的科学哲学中，这个术语指的是一系列普遍的假定和看待在一个特殊时刻主导一个科学领域的事物的方式。

家长式作风：为他人决定什么是他们的最大利益。 253

感觉：通过感官对世界的意识或理解。

现象论：认为一切对于世界的主张必须单纯地根据我们实际的和可能的感觉经验予以理解。

现象学：对于事物对我们显现的方式的任何研究或者描述。更明确地说，现象学等同于埃德蒙德·胡塞尔首创的一种哲学流派，它认为真理以我们对于世界如何对我们显示的直接意识为根据。

物理主义：认为终极的实在是物质的。**物理主义**这个术语如今经常指**唯物主义**，由于它更准确地表达了这样的观点，即终极实在由可以相互转化的物质和能量构成。

积极的自由：达到完全的自我实现的自由，这包括免除禁止或者阻止自我实现的限制，诸如贫穷或者无知。

实践的自由：如一个人所愿地去行为的自由。

选择功利主义：功利主义的一种类型，它专注于满足最大多数人的愿望，而不是试图计算快乐或者幸福的数量。

前提：旨在支持论证结论的陈述。

预设：预先或者想当然地假定的某种东西。

第一性的质和第二性的质：伽利略、笛卡儿和洛克主要对认识论做出的一种区分。**第一性的质**（例如，形状、数目、运动）被认为真正从属于物质对象，并且是可以用数学描述的事物的属性。**第二性的质**这个术语具有两种意义：（1）诸如颜色、味道、气味等我们直接感知的并且“内在于”感知主体心灵的属性；（2）为一个导致我们具有这些感觉的对象所拥有的属性。

充足理由原则：这样的原则，即每一个事件或者事态都具有一个完全的解释。

唯理论：认为我们可以单纯依据理性，而不求助于感觉经验证实重要的真理。

实在论：这样的一般意义上的学说，即某一种事物（例如，物理对象、道德上的善、数学实体）独立于我们对它们的信念而存在。也见**直接实在论、典型实在论、科学实在论**。

254 **还原论**：这样的尝试，即根据其他想象上更简单的事物解释某个复杂的事物。典型地，还原论者说，某个 x“只不过”是 y，因此将 x 还原为 y。

相对主义：见**认识相对主义**和**伦理相对主义**。

可靠论：这样的理论，即一个信念当它通过下述程序被获得时构成知识：我们有合理的理由视之为获得真实信念的可靠的途径。

典型实在论：认为我们的感觉印象由独立存在的物质实体的属性导致，并且我们可以根据我们的印象推断有关这些实体的东西。

典型的感觉论：这样一种对于认识的解释，它认为，我们实际上感知的东西是我们自己的主观的感觉印象，根据这种印象，我们对物质世界的事物的存在和实质进行推断。

革命的科学：库恩的对于出现在下述时刻的科学的术语：积累的问题（“异常现象”）不能在已经存在的范式内得到解决，并且为了解除接踵而至的理论危机，一种新的范式被需求。

权利：这样一种在政治哲学中得到辩护的基本主张，即能够做某件事情或者拥有某个东西。

规则功利主义：功利主义的一种类型，它认为，在任何特定的情境下我们都应该遵循这样的普遍规则，即假如它被人人遵守的话，则它被认为增进普遍的幸福。

怀疑论：认为人或者没有或者不能获得知识。

科学实在论：认为科学为我们提供了一幅对于独立存在的实在的真实的图像。

情境伦理学：这样的观点，即由于我们发现我们自己所处的每一个情境都不同，所以，我们对于正确和错误的判断仅能适用于描绘那个情境特征的特殊条件。

滑坡论证：这样一种论证形式，即断言：假如某些事物得到承认，那么其他不太值得渴望的事物就会出现。

社会契约：一个社会中的统治者和被统治者之间的一种假设的协议，出于长期的相互利益的理由而缔结。社会契约论者像托马斯·霍布斯和约翰·洛克运用这样的观念对政府或者统治者的合法性进行辩护。

社会民主主义：一种自由主义，它以对其他理想诸如平等和正义的关切来缓和对个体自由的承诺。

255 **弱决定论**：这样一种观点，即虽然决定论是真实的且我们的选择通常受到因果决定，但当我们做我们想做之事时我们仍可以被说成是在自由行动。

唯我论：认为除了我自己的心灵及其内容，没有任何东西存在。

合理性：论证的一种特性。一个演绎论证是合理的，仅当所有的前提是真实的并且它在逻辑上是有效的（也就是，结论从前提中推导出来）。

草人论证：一种虚假的推理，它包括提出一个人的反对者的立场的一种被歪曲的形式，而后攻击那种形式而不是他们实际的立场。

主观性：从属于思维主体或者作为思维主体之创造物的一种属性。

综合陈述：这样的陈述，即它的真不仅仅由所使用的语词的意义决定，例如，“行星不是由乳酪构成的”是一个综合陈述。它的否定不会蕴涵一个矛盾。

目的论的：与一个事物的目标或目的有关。

神正论：试图去调和上帝的善与世界上的邪恶的存在。

神学：对于一种特殊的宗教之前提的详尽的理论阐述。

真理：见**真理的融贯论**、**真理的符合论**。

类型/殊型：同一类事物的不同事例被称作殊型；它们是其殊型的这一类事物是一个类型。类型同一论者认为，精神状态的一个特殊类型等同于物质（大脑）状态的一个特殊类型；殊型同一论者认为，任一精神状态都等同于某种物质状态，但他们承认精神状态在物质上以各种各样的方式实现。

功利主义：这样的学说，即一个行为的道德价值由它所产生的快乐或者幸福（"功利"）的数量决定。参见**行为功利主义**、**选择功利主义**、**规则功利主义**。

有效性：论证的一种特性。一个演绎论证是有效的，仅当不可能出现这种情况：前提真而结论假。

唯意志论：宗教哲学中这样的观点，即因为一个人希望某个东西是真实的而相信它，这可以是合法的。

推荐读物

形而上学

256 Martin Heidegger, *Basic Writings*, trans. David Farrell Krell, New York: Harper and Row, 1977. 10篇出自20世纪最具原创性和影响力的思想家之一的论文。尽管有时难读，但这些论文为本书提及的多数其他思想家所喜爱的反思形而上学问题的方式提供了一种重要的选择。

Ted Honderich, *How Free Are You*? Oxford: Oxford University Press, 1996. 一种简短易懂的对决定论的辩护，以及对自由意志信念的批判。

Robert Kane, *The Significance of Free Will*, Oxford: Oxford University Press, 1998. 一种对量子不确定性观念的深奥辩护，承认自由意志和终极责任的可能性，对当前有关自由意志问题的争论提供了有价值的解释。

Immanuel Kant, *Prolegomena to Any Future Metaphysics*, ed. and trans. Gary Hatfield, Cambridge: Cambridge University Press, 1997. 康德旨在以一种易于理解的方式（这仍不意味着它容易做到!）阐述他的形而上学。

Plato, *Republic*, trans. G. M. A. Grube, Indianapolis: Hackett, 1992. 人们普遍认同，这是最伟大的哲学著作之一。它重在讨论现象与实在之间的差异，但它涵盖了从形而上学到认识论、伦理学和政治论等哲学的多个领域。

Jean-Paul Sartre, *Existentialism and Humanism*, trans. P. Mairet, London: Methuen, 1948. 萨特于1964年发表的一次著名的论及人的自由和责任的讲演。

Richard Taylor, *Metaphysics*, 2nd edn, Upper Saddle River, NJ: Prentice Hall, 1974. 通俗易懂的对于形而上学问题之选择的导论性探讨。

认识论

George Berkeley, *Principles of Human Knowledge* and *Three Dialogues between Hylas and Philonous*, London: Penguin, 1988. 贝克莱两部主要的哲学著作，为反对唯物主义和支持唯心主义做了生动且刺激的论证。

Roderick Chisholm, *Theory of Knowledge*. Englewood Cliffs, NJ: Prentice Hall, 1989. 一部简明、易读的认识论导论，示范了一种为许多分析哲学家钟爱的探究。

René Descartes, *Meditations on First Philosophy*, trans. Donald Cress, Indianapolis: Hackett, 1980. 哲学史上影响巨大的一部著作，在其中，笛卡儿试图驳斥怀疑论，并为近代科学奠定形而上学的基础。

Hilary Putnam, *The Many Faces of Realism*, LaSalle, IL: Open Court, 1991. 4次易懂的讲座，其中探讨了实在论与非实在论争论的内部问题及其含义。

Richard Rorty, *Objectivity, Relativism, and Truth*. Cambridge: Cambridge University Press, 1991. 明白易懂但颇见水平的论文集，涉及的是关于真理、知识、意义、解释和文化的流行争论，以及所谓的相对主义的相关话题。

心灵哲学

David Chalmers, *The Conscious Mind: In Search of a Fundamental Theory*, Oxford: Oxford University Press, 1997. 一种对二元论的浅显易懂的当代辩护，它对各种形式的唯物主义提出了富有挑战性的问题。

Daniel Dennett, *Brainstorms*, Montgomery, VT: Bradford Books, 1978. 最重要且有争议的当代哲学家之一的有关心灵及其活动实质的论文集，内容新颖但写作手法时而欠佳。

Nicholas Humphrey, *A History of the Mind*, New York: Harper, 1992. 旨在使人感到妙趣横生地解释意识的起源，提供了丰富且发人深省的有关认识实质的信息。

Edmund Husserl, *The Paris Lectures*, trans. Peter Kostenbaum, The Hague: Martinus Nijhoff, 1964. 现象学大师的一部条理非常清晰的现象学导论。

Gilbert Ryle, *The Concept of Mind*, New York: Barnes and Noble, 1949. 大概是对逻辑行为主义之表现最广泛的理解。

John Searle, *Minds, Brains, and Science*, Cambridge, MA: Harvard University Press, 1984. 6次通俗易懂的讲座，在其中，塞尔辩护了一种唯物主义的心灵观，同时反对将心灵与数字计算机进行类比。

科学哲学

Nelson Goodman, *Fact, Fiction and Forecast*, Cambridge, MA: Harvard University Press, 1955. 一种对归纳问题的颇富原创性和发人深省的探讨。

258 Carl G. Hempel, *Philosophy of Natural Science*, Englewood Cliffs, NJ: Prentice Hall, 1966. 科学哲学领域一位杰出人物对该领域的一部简短却缜密的导论。涉及了一些本书未予处理的问题，诸如科学解释的实质，以及科学概念的定义。

David Hume, *An Enquiry Concerning Human Understanding*, ed. Eric Steinberg, Cambridge: Hackett, 1977. 休谟对其怀疑论哲学最完美的阐述。

Thomas S. Kuhn, *The Structure of Scientific Revolutions*, 2nd edn, Chicago: University of Chicago Press, 1970. 一种对科学活动及科学进步易读的、具有吸引力的且极具权威的解释。

Karl Popper, *The Logic of Scientific Discovery*, London: Hutchinson, 1959. 20 世纪最重要的科学哲学家之一的最重要的著作。

Bas C. Van Fraassen, *The Scientific Image*, Oxford: Clarendon Press, 1980. 一种对科学实在论的富有挑战性的批判，也有助于读者了解当代科学哲学的有关争论。

伦理学

Aristotle, *The Ethics of Aristotle*, trans. J. A. K. Thomson, London: Penguin, 1955. 大概是绝无仅有的最具权威的伦理学著作。这是一部有关亚里士多德《尼各马可伦理学》的翻译著作。

John Finnis, *Fundamentals of Ethics*, Washington, DC: Georgetown University Press, 1983. 以一种坚定的态度对主要问题的一种富有刺激性的评述。

Immanuel Kant, *Foundations of the Metaphysics of Morals*, trans. Lewis White Beck, New York: Macmillan, 1985. 康德的一部比较易读的著作，毫无疑问是西方伦理学史上最重要的文本之一，尽管有时晦涩，但它仍不乏对道德推理之实质的渊博的真知灼见。

Alasdair MacIntyre, *After Virtue*, London: Duckworth, 1981. 一种对道德哲学如何陷入困境的富有刺激性的分析。这是几部有助于恢复亚里士多德德性伦理学传统的著作之一。

John Stuart Mill, *Utilitarianism*, Indianapolis: Hackett, 1979. 一位功利主义早期拥护者对功利主义的典雅陈述和辩护。

Friedrich Nietzsche, *On the Genealogy of Morality*, trans. Maudemarie Clark and Alan Swensen, Indianapolis: Hackett, 1998. 一种对主流伦理学的彻底背叛，尼采以这样的观点审视了道德概念、态度和惯例，即揭露它们原初的社会和心理功能。

政治哲学 259

Hannah Arendt, *Between Past and Future: Eight Exercises in Political Thought*, New York: Penguin, 1954. 关于遍及现代政治文化和哲学的极端个人主义的一位重要的批评者的有代表性的文集。

Alan Brown, *Modern Political Philosophy: Theories of the Just Society*, London: Penguin, 1986. 一部条理清晰且有刺激性的导论，也是一部关于辩论的导论。

Robert Dahl, *Democracy and Its Critics*, New Haven: Yale University Press, 1991. 达尔构造了一些有吸引力的对话来讨论有关自由主义民主论的最根本的问题。

John Stuart Mill, *On Liberty*, Indianapolis: Hackett, 1978. 这种对个人主义的著名辩护和伤害原则标志着现代自由主义政治论的开端。

Robert Nozick, *Anarchy, State and Utopia*, New York: Basic Books, 1984. 一种支持极端自由意志论的富有想象力的论证。

John Rawls, *A Theory of Justice*, Cambridge, MA: Harvard University Press, 1971. 略显枯燥，并且不可否认的冗长，但这却是过去半个世纪最受关注的政治哲学著作。多数主要思想表达在该著作的前半部分，罗尔斯在那里对传统的社会契约论提出了一种崭新的观点。

Charles Taylor, *The Ethics of Authenticity*, Cambridge, MA: Harvard University Press, 1992. 一种现代的对真正自我之地位的清晰易懂且令人兴奋的讨论。

艺术哲学

Aristotle, *Poetics*, trans. Richard Janko, Indianapolis: Hackett,

1987. 对文学艺术之表达和感染功能的颇具权威的解释。

H. Gene Blocker, *Philosophy of Art*, New York: Scribner, 1979. 一种对当代艺术哲学之主要问题和研究动向的有益的、全面的论述。

R. G. Collingwood, *The Principles of Art*, Oxford: Oxford University Press, 1938. 一种对艺术的权威的解释，即视艺术为对情感的表达，以及一种自识的方式。

Immanuel Kant, *Critique of Judgement*, trans. Werner Pluhar, Indianapolis: Hackett, 1987. 康德重要的美学著作，晦涩但价值巨大。

Roger Scruton, *The Aesthetics of Music*, Oxford: Oxford University Press, 1997. 对一个颇为难解之领域的明白易懂且有见地的探讨。

260 Anne Sheppard, *Aesthetics: An Introduction to the Philosophy of Art*, Oxford: Oxford University Press, 1987. 一部关于主要美学问题的简明的导论。

宗教哲学

Sigmund Freud, *The Future of an Illusion*, trans. and ed. James Strachey, London: W. W. Norton, 1961. 一篇简短易读的论文，表达了弗洛伊德对作为人类最终要摆脱之物的宗教的怀疑论和理性主义的观点。

John H. Hick, *Philosophy of Religion*, Englewood Cliffs, NJ: Popular Philosophy, New York: Dover, 1956. 出自一位重要的美国实用主义者的一部关于理性、信仰和人生的有代表性的文选。

C. S. Lewis, *Mere Christianity*, London: Geoffrey Bles, 1952. 一种极其明白易懂的对某些主要基督教教义的辩护。

Friedrich Nietzsche, *The Portable Nietzsche*, ed. and trans. Walter Kaufmann, New York: Penguin, 1976. 全文收录了尼采的五部著作，还摘录了他的许多其他著作，尼采的宗教思想表达在许多著作，尤其是他的后期著作《反基督徒》中。

Richard Swinburne, *Is There a God?* Oxford: Oxford University Press, 1996. 一种简短的、易读的、对有神论的最新辩护。

索　引[1]

[1] 所标页码为原书页码。黑体的页码数参见文框。

atomism 原子主义 17
Augustine of Hippo，St 希波的圣奥古斯丁 232，233
authority：relation with power in society 权威：与社会中的权力相关联 158，176-8；of the state 政府的 176-81

Babbage，Charles 巴贝奇，查尔斯 194
Bach，Johann Sebastian 巴赫，约翰·塞巴斯蒂安 200，202，244
Bacon，Francis 培根，弗朗西斯（1561—1626）32，59-60，111-2
bacteriology：before Pasteur 细菌学：帕斯特之前 114
Balzac，Honoré de：novels 巴尔扎克，奥诺雷·德：小说 194
beauty：and aesthetic response 美：和艺术反应 209-10；and artistic form 和艺术形式 205-6；subjective judgement of 的主观判断 211
Beethoven，Ludwig van 贝多芬，路德维希·范 202，206，211
begging the question 用未经证明的假设作论证 **44**，101，102
behaviour：codes of 行为：的准则 125；relationship with mind 与心灵的关系 82，86-7；and responsibility for actions 和导致行为的原因 13-4；and theories of human nature 和人的本质论 167；traditional ethical notions 传统的伦理观 140
behaviourism 行为主义 75；**see also** logical behaviourism **也见**逻辑行为主义
beliefs：and certainty 信念：和确定性 30-2；coherence of 的一致性 54；connected with literature 与文化相关联 194-5；criteria for 的标准 29-30，36；and cultural difference 和文化差异 130，132；and desires 和愿望 169；difference between religious and scientific 宗教的和科学的之间的差异 237-8，243；diversity of 的多样性 128；and emotions 和情感 203；and ethics 和伦理学 119，129，133；and facts 和事实 52-3，54；and faith 和信仰 238；James's view of 詹姆斯的观点 242-3；and knowledge 和知识 2-3，57，58，238；naturalized epistemology 自然化的认识论 59；and rationality 和理性 8-9，238，242；religious 宗教的 217，219，238，238-40，244-7；and responses to art 和对艺术的反应 200；scientific view of 的科学观 240；and subjectivity 和主观性 34-5

译后记

经过我们的艰苦努力，《哲学是什么》这部译著终将与读者见面了。其中，第一章和第三章由梁义民翻译，夏国军校对；其余所有章节均由夏国军译校。

我们能够做这样的工作，首先受益于以我们的博士生导师（夏国军的导师是钱捷教授，梁义民的导师是任晓明教授）为代表的诸位恩师的辛勤栽培和谆谆教诲，我们在此向老师们致以最诚挚和最深切的谢意！当然，我们更感谢陈波教授的惠助、教导和推荐，我们因此有幸从事此项翻译工作。同时，也感谢中国人民大学出版社的李艳辉主任和诸位编辑的信任、指教和辛勤付出。

我们凭专业直觉感到原著是一本很不错的哲学入门书，它对哲学所涵盖的领域做了比较全面且不乏特色的评介，但并不晦涩深奥；对此，原著作者在序言中做了明确的介绍，我们无须赘言。但是，限于我们的语言文字能力和翻译水平，我们恐怕难以切实地展现原著的文采以及绝对准确地表达原著的应有之义。所以，敬请各位前辈、同仁和广大读者对我们的翻译错误批评指正！

夏国军

2010 年 3 月 6 日

图书在版编目（CIP）数据

哲学是什么 / ［英］霍奈尔，［美］韦斯科特著；夏国军等译．
北京：中国人民大学出版社，2010
（国外经典哲学教材译丛）
ISBN 978-7-300-12551-0

Ⅰ．①哲…
Ⅱ．①霍… ②韦… ③夏…
Ⅲ．①哲学-高等学校-教材
Ⅳ．①B

中国版本图书馆 CIP 数据核字（2010）第 147133 号

国外经典哲学教材译丛
中央高校基本科研业务费专项资金资助
辽宁省社科联人文社科基金资助

哲学是什么

［英］克里斯·霍奈尔（Chris Horner）
［美］埃默里斯·韦斯科特（Emrys Westacott） 著
夏国军　等　译

Zhexue Shi Shenme

出版发行	中国人民大学出版社		
社　　址	北京中关村大街 31 号	**邮政编码**	100080
电　　话	010－62511242（总编室）		010－62511770（质管部）
	010－82501766（邮购部）		010－62514148（门市部）
	010－62515195（发行公司）		010－62515275（盗版举报）
网　　址	http://www.crup.com.cn		
经　　销	新华书店		
印　　刷	天津鑫丰华印务有限公司		
开　　本	720 mm×1000 mm　1/16	**版　　次**	2010 年 11 月第 1 版
印　　张	23.5 插页 1	**印　　次**	2024 年 7 月第 4 次印刷
字　　数	362 000	**定　　价**	88.00 元